ACCESO GRATIS *a la Lectura en la Nube*

Para visualizar el libro electrónico en la nube de lectura envíe junto a su nombre y apellidos una fotografía del código de barras situado en la contraportada del libro y otra del ticket de compra a la dirección:

ebooktirant@tirant.com

En un máximo de 72 horas laborables le enviaremos el código de acceso con sus instrucciones.

La visualización del libro en **NUBE DE LECTURA** excluye los usos bibliotecarios y públicos que puedan poner el archivo electrónico a disposición de una comunidad de lectores. Se permite tan solo un uso individual y privado

ECONOMÍA SOCIAL Y SOLIDARIA (ESS) Y ESTADO

Encuentros y desencuentros de experiencias de articulación

Procedimiento de selección de originales, ver página web:
www.tirant.net/index.php/editorial/procedimiento-de-seleccion-de-originales

ECONOMÍA SOCIAL Y SOLIDARIA (ESS) Y ESTADO

Encuentros y desencuentros de experiencias de articulación

LUIS MIGUEL UHARTE POZAS (Dir.)

tirant lo blanch
Valencia, 2024

Directores de la Colección:
Francisco Manuel Silva Ardanuy
Javier Pérez Royo

EDITA: TIRANT LO BLANCH
C/ Artes Gráficas, 14 - 46010 - Valencia
TELFS.: 96/361 00 48 - 50
FAX: 96/369 41 51
Email:tlb@tirant.com
www.tirant.com
Librería virtual: www.tirant.es
DEPÓSITO LEGAL: V-2515-2024
ISBN: 978-84-1071-031-3
MAQUETA: Tink Factoría de Color

Si tiene alguna queja o sugerencia, envíenos un mail a: *atencioncliente@tirant.com*. En caso de no ser atendida su sugerencia, por favor, lea en *www.tirant.net/index.php/empresa/politicas-de-empresa* nuestro procedimiento de quejas.

Responsabilidad Social Corporativa: http://www.tirant.net/Docs/RSCTirant.pdf

Autores

Gerardo Avalle
Karin Berlien Araos
Mario Coscarello
Saúl Curto
Andoni Egia-Olaizola
Enekoitz Etxezarreta-Etxarri
María Mercedes Ferrero
Juliana Hernández Bertone
Jon Morandeira-Arca
Daniela Osorio-Cabrera
Rosina Pérez
Luis Miguel Uharte Pozas
Unai Vázquez Puente
Gabriela Veras-Iglesias
Esteban Zamora

ÍNDICE

ECONOMÍA SOCIAL Y SOLIDARIA (ESS) Y ESTADO: MÁS ALLÁ DE LAS POLÍTICAS PÚBLICAS. HACIA UNA ALIANZA ESTRATÉGICA[1]

Luis Miguel Uharte Pozas
luismiguel.uharte@ehu.eus
Departamento de Antropología Social
Instituto de Derecho Cooperativo y Economía Social GEZKI)
Grupo de investigación 'Parte Hartuz'
Universidad del País Vasco (UPV/EHU)

1. *Estado de la cuestión: las políticas públicas como eje de análisis convencional de la relación entre el Estado y la ESS*

A la hora de analizar la relación entre el Estado y los diversos agentes de la Economía Social y Solidaria (ESS) el principal eje de análisis que encontramos en la literatura académica (Chaves, Gallego y Savall, 2020; Laville, 2016) e incluso en las propuestas del movimiento de ESS (Olatukoop, 2019; REAS, 2016) es la categoría de "políticas públicas". En muchos casos, además, vinculado a los grandes temas que dominan la investigación en el área: emprendimiento social (Sánchez, Martín, Bel y Lejarriaga, 2018; Gaiger, 2004; Monzón y Herrero, 2017), innovación social (Bouchard, 2013; Defourny & Nyssens, 2013; Levesque, 2013), desarrollo local y comunitario (Evans y Syrett, 2007; Guridi y Pérez de Mendiguren, 2016), sostenibilidad (Chaves y Monzón, 2012; Lee, 2020), etc.

Las políticas públicas hacia la ESS han sido diferentes según el momento histórico y según territorios. En una primera etapa, primó más un modelo unidireccional en el que la administración pública planificaba y dirigía. Más recientemente, la participación del movimiento de ESS ha ido cobrando fuerza, incluso en la planificación (Chaves, 2019; Levesque, 2013; Vaillancourt, 2011). Vaillancourt (2011: 14-17), para el caso canadiense, pero que en gran medida puede servir para otros países, recuerda una etapa —hasta los años 80— de mono-construcción por parte del Estado y una posterior en la que las dinámicas de co-construcción junto al sector de ESS van tomando fuerza. En el caso español, Chaves

1 Actividad realizada en el marco del Grupo de Investigación "Parte Hartuz", IT1556-22, grupo de investigación del Sistema Universitario Vasco 2022-2025.

(2019: 19-23) indica que, hasta el inicio de la crisis económica de 2008, la orientación fue top-down, mientras que a partir de mitad de la segunda década del siglo XXI se produce el inicio de una "segunda generación de políticas públicas de fomento de la economía social", en el que destaca un "enfoque relacional", de "co-producción" con el sector.

Respecto a las tipologías de políticas públicas, encontramos múltiples maneras de clasificarlas. Una tipología muy citada es la realizada por Chaves, Gallego y Savall (2020: 51-2) cuando plantean que existen 2 tipos de políticas: las "políticas soft, dirigidas a establecer un ecosistema institucional y cultural favorable para que se creen, crezcan y desarrollen empresas de la economía social; y las políticas hard, dirigidas a favorecer el desarrollo económico-empresarial de las empresas de economía social, favoreciendo sus factores de competitividad y/o mejorando sus ventas". Las políticas soft plantean "medidas institucionales" (organismos públicos de fomento, interlocución, etc.) y "medidas cognitivas" (difusión, formación…). Las políticas hard se traducen en "medidas de oferta" y "medidas de demanda" (contratación pública, etc.).

Otra manera de clasificar las políticas públicas que está teniendo bastante visibilidad es la que se basa en el criterio de "estrategias" para apoyar a la ESS (Boixader, 2014), es decir, en los tipos de apoyo que se pueden brindar desde el Estado. Tipos de apoyo que en función del nivel de compromiso estatal con la ESS pueden ser de mayor o menor calado y que se verbalizan de diferente manera: "posibilitar" (generar condiciones básicas para el desarrollo de la ESS), "facilitar" (suprimir barreras para su desarrollo), "proyectar" (integrar la ESS al desarrollo local), (Boixader, 2014: 70-1), "transformar" (impulsar un paradigma económico alternativo) (Etxezarreta y Morandeira, 2022), etc.

Por último, hay que subrayar la centralidad que están adquiriendo en los últimos años las políticas públicas desde los entes locales, tanto en su versión sistémica como en su orientación más rupturista, ya que se considera que el ámbito local es un espacio privilegiado para el impulso de medidas de apoyo a la ESS y para el ensayo de nuevos modelos económicos (Etxezarreta y Morandeira, 2022; García Jane, 2014; Olatukoop, 2019; Subirats, 2014).

2. *Marco general de la propuesta*

Sin pretensión de minusvalorar el enfoque de "políticas públicas hacia la ESS", en esta propuesta teórica y analítica vamos a proponer una redefinición del enfoque o más bien una mirada diferente. Una mirada que propone superar el planteamiento de "apoyar" unos (entes públicos) a otros (organizaciones de la ESS), que en cierta medida está anclado en una concepción relacional un tanto jerárquica (de arriba hacia abajo) e incluso en algunos casos paternalista (del más fuerte al más débil). Una mirada que pretende relacionar a los agentes públicos y a los de la ESS al mismo nivel, como potenciales aliados de una política alternativa, reivindicando, en consecuencia, una 'política de alianza' o una 'alianza política'. Una alianza política en términos estratégicos entre agentes públicos y agentes del campo de la economía solidaria y otros actores sociales y políticos que comparten un proyecto de cambio sistémico.

Esto implica, por tanto, relacionarse de otra manera, como agentes que se alían para construir en pie de igualdad y de manera horizontal una propuesta alternativa en términos políticos y económicos. Sin embargo, esto no supone caer en la ingenuidad de asumir a todos como agentes con el mismo grado de poder. Es obvio que el Estado y sus instituciones tiene una capacidad agencial mucho mayor, por lo que el despliegue de medios deberá ser mucho mayor por parte de este.

La citada alianza política se plantea además para poner las bases de un proyecto de transformación integral, holístico y sistémico. Esto supone, como diría Coraggio (2016a: 22-23), tener claro que las propuestas reformistas que no promueven "la democracia a nivel meso y sistémico" sino solo a nivel de empresa o a nivel local, no son la vía de cambio. "Sin democracia real que pueda encarar en toda su complejidad" el orden dominante, "este tipo de políticas terminan siendo compensatorias", además de "despolitizar" a los que se pretende integrar en el sistema. El horizonte de cambio, siguiendo al autor, exige un "programa de acción estratégica para la transición, basado en prácticas articuladas a nivel micro, meso y sistémico con dimensiones sociales, culturales y políticas, que requiere la transformación de una serie de instituciones". En síntesis, se aspira a "otro sistema económico, otros valores y otra institucionalidad".

El carácter integral (Coraggio, 2016b; García Jane, 2014) de la propuesta implica que no se aspira solo a una economía alternativa, sino más bien a un sistema alternativo en términos políticos, económicos y culturales[2]. De hecho, la alternativa sistémica se sustenta en un nuevo modelo de poder (político) y un nuevo marco de valores (cultural) que junto al nuevo orden económico conforman una propuesta sistémica radicalmente diferente al actual status quo. Esto significa asumir la mirada sustantivista que dentro de la antropología económica subraya el carácter "imbrica-

2 "La transformación de la economía, la transformación cultural y política están íntimamente ligadas" (Coraggio, 2011: 271).

do" (*embedded*) de la economía en otras instituciones (políticas, sociales, culturales...) y por tanto su articulación con otras esferas, negando así su supuesto carácter "autónomo": "Los sistemas económicos, por regla general, están integrados en las relaciones sociales" (Polanyi, 1989: 424).

"La economía humana, pues, está incrustada y enredada en instituciones económicas y no económicas. La inclusión de lo no económico es vital. Pues la religión o el gobierno pueden ser tan importantes para la estructura y el funcionamiento de la economía como las instituciones monetarias o la disponibilidad de herramientas y máquinas que aligeren el trabajo de la mano de obra" (Polanyi, 1976: 161).

3. *Una alianza estratégica: sus dimensiones*

La alianza estratégica que se propone es consciente de que el Estado no es un ente neutro en el marco del conflicto de clases que se da en una sociedad capitalista. Como bien recuerda Singer (2009: 60), la relación con el Estado se da "en el campo de las luchas sociales, se da bajo el signo de la contradicción de clases" que en muchos casos implica una "disputa abierta entre intereses antagónicos". De hecho, una de las funciones principales del Estado es garantizar el orden, por lo que en el marco del orden capitalista su papel es dotar de estabilidad al sistema.

Sin embargo, paralelamente, al interior del Estado y de sus diferentes instituciones se produce una disputa clasista entre diferentes sectores (García Linera, Prada, Tapia y Vega, 2010)[3], por lo que hay margen para aliarse con gobiernos de diferente nivel (locales, regionales, nacionales) cuando están conducidos por movimientos políticos favorables a la ESS, como lo demuestran múltiples ejemplos.

En el momento histórico actual de dominación del sistema capitalista a escala global, resulta más necesario que nunca la alianza política con el Estado, según lo manifiestan tanto teóricos/as como incluso el propio movimiento de la ESS. Laville (2016; 51), por ejemplo, indica que "la desmesura del nuevo capitalismo global solo puede ser combatida a partir de alianzas en las que la economía social y solidaria favorece las co-construcciones con los poderes públicos (desde el nivel local hasta los niveles nacional e internacional)". Coraggio (2016c: 119-120), por su parte, considera que "la

3 "El Estado es una relación y un conjunto de estructuras que es resultado de la lucha política. El Estado es un campo de lucha (...) La lucha política se despliega fuera y dentro del Estado, un Estado dividido por el modo en que los sujetos que gobiernan diferentes niveles y espacios relacionan las estructuras estatales con las estructuras sociales" (García Linera, Prada, Tapia y Vega, 2010: 5)

disyuntiva entre una acción centrada en el Estado o en la sociedad es una falsa opción" y que "la mediación política del Estado" es vital para construir un proyecto global alternativo. Desde la Red de Economía Alternativa y Solidaria (REAS) se subraya la necesidad de articularse "con el Estado":

> "no hay ninguna posibilidad concreta de conformar un sector de Economía Solidaria si no es sobre la base de una activa intervención estatal a favor del mismo, a partir de la disputa por orientar los recursos públicos y la legislación hacia el apoyo y consolidación de estas formas económicas alternativas, única manera posible de lograr un alcance masivo y trascender las micro-experiencias" (REAS, 2011b: 21).

La alianza política que se defiende indudablemente tiene sus riesgos por el evidente desequilibrio de poder entre el Estado y el movimiento de la ESS. Por lo que uno de los principios básicos será que las entidades de la ESS mantEngan su autonomía política. Para REAS, "la clave en todas las vinculaciones es no perder autonomía de decisión, ni aceptar en sus acuerdos de trabajo criterios que sean incompatibles con sus principios" (REAS, 2011b: 67). En la misma línea, Singer (2009: 61) señala la importancia de no "perder su autonomía", ya que de ésta depende "su poder político". Un riesgo para la autonomía suele provenir de la potencial dependencia económica. En relación a esto, REAS, en su Carta de la Economía Solidaria indica que "el hecho de desarrollar acciones subvencionadas por la administración, no significa que no se pueda mantener la independencia política" (REAS, 2011a: 10).

Teniendo en cuenta, como señalábamos antes, que la alianza estratégica es de carácter integral, las dimensiones que vamos a tener en cuenta a la hora de analizarla van a ser diversas. Las dimensiones o planos para evaluar la relación y articulación entre el Estado y el movimiento de la ESS van a ser tres. Por un lado, la dimensión política, lo que significa evaluar todos aquellos aspectos que tienen que ver con la construcción de una nueva arquitectura del poder en términos políticos, institucionales y jurídicos. Por otro lado, la dimensión económica, es decir, todo el conjunto de medidas para avanzar hacia un sistema económico alternativo. En tercer lugar, la dimensión cultural, que apela a diversos elementos que pueden ser válidos para la promoción de un nuevo sistema de valores.

3.1. Una nueva arquitectura del poder

Una de las dimensiones fundamentales de la alianza estratégica entre el Estado y el movimiento de la ESS es la política, por la importancia que tiene dotarse de una estructura de poder que pueda hacer mínimamente frente a la todopoderosa maquinaria de poder que dispone el capitalismo y sus diversos agentes. En este sentido, el gran reto es poner las bases de una nueva arquitectura del poder en la que participen como aliados las diferentes administraciones públicas y las diversas organizaciones y grupos que promueven una economía alternativa a la dominante. Para que esta nueva arquitectura sea posible es necesario conjugar una serie de aspectos fundamentales: un nuevo marco jurídico, planes y programas compartidos, un nuevo modelo de gestión del poder, unas estructuras acordes a dicho modelo de gestión y, la materialización de este nuevo modelo de poder en todas las escalas en las que está presente la actividad económica (no solo la local, sino también las escalas superiores: regional, nacional, etc.).

Una nueva arquitectura del poder exige, en primera instancia, un nuevo marco jurídico-político que otorgue seguridad jurídica y dote de protección legal a la alianza política que se pretende impulsar. Estamos hablando de leyes no solo de carácter local, sino sobre todo de alcance "nacional" (Laville, 2016: 53), que sitúen a la ESS en una posición privilegiada. Esto implica que no sean exclusivamente leyes de "reconocimiento" de la ESS, sino instrumentos legales que den prioridad a la "otra economía" (Cattani, 2004) frente a la economía convencional[4].

Junto a las leyes orgánicas se considera necesario que la ESS tenga también una presencia destacada en la ley fundamental de cualquier estado, es decir, en la Constitución. Una presencia que vaya más allá de lo testimonial y del mero reconocimiento jurídico (Coraggio, 2014). Esto significa que la Carta Magna proponga expresamente la construcción de una economía alternativa que sustituya a la actual y que tenga como principios básicos los de la ESS. Aunque no supuso una ruptura clara con el sistema económico capitalista, la nueva Constitución de Ecuador de 2008 es uno de los ejemplos más citados por los/as teóricos/as (Coraggio, 2014: 15; Jacomé, 2022: 307; Jiménez, 2016: 111) ya que en su artículo 283 planteaba que "el sistema económico es social y solidario (...) y tiene por objetivo garantizar la producción y reproducción de las condiciones materiales e inmateriales que posibiliten el Buen Vivir[5]" (Asamblea Nacional de Ecuador, 2008: 139).

---

4 Coraggio (2014: 16) considera que una de las leyes orgánicas más avanzadas de ESS fue la aprobada en Ecuador en 2011. Por nuestra parte, destacaríamos también la ley orgánica del sistema económico comunal de Venezuela de 2010 (Uharte, 2020).

5 La propuesta del Buen Vivir o Sumak Kawsay planteaba un cambio radical de paradigma económico, ya que proponía un sistema antagónico al capitalismo y a los modelos económicos de la modernidad basados en el crecimiento a través de la explotación intensiva de la naturaleza (Gudynas, 2011). Según Jiménez (2016: 120), en el caso ecuatoriano en la práctica se priorizó "una orientación económica desarrollista

El marco jurídico debe ir acompañado de planes y programas gubernamentales que tengan como objetivo el impulso de políticas públicas que estén orientadas a la promoción de la ESS y a su posicionamiento como un sector económico central en el nuevo modelo que se aspira a construir. Por una parte, es importante la aprobación y puesta en marcha de planes de alcance nacional, que vayan más allá de iniciativas aisladas de carácter local. Planes, por tanto, que marquen una política nacional, de Estado. De nuevo, los ejemplos más avanzados en este sentido han sido algunos latinoamericanos, concretamente los planes nacionales de Venezuela, Ecuador y Bolivia (Coraggio, 2014: 20)[6].

Las propuestas teóricas de planes de carácter estratégico que proponen diversas entidades de la ESS también hay que reivindicarlas como herramientas programáticas fundamentales. La propuesta de planes de "sostenibilidad de la vida", como la de REAS (2016: 89-90), que apuestan por poner las bases de un nuevo paradigma económico, son una buena referencia. Complementariamente, también hay que poner en valor las propuestas de planes estratégicos de carácter municipal que pretenden instaurar a nivel local ecosistemas alternativos de economía. Planes que son diseñados conjuntamente entre la administración pública y el movimiento de ESS (Boixader, 2014: 84; García Jane, 2014: 119).

La nueva arquitectura del poder también exige, como es obvio, un modelo de gestión coherente con la alianza política que se está proponiendo. Esto significa, en primera instancia, que los modelos de gestión clásicos, en los que el Estado era quien planificaba y tomaba las decisiones en relación a las políticas públicas dirigidas a la ESS, quedan fuera de la ecuación. Los modelos de "mono-construcción" por parte del Estado (Vaillancourt, 2011) que antes señalábamos serían antagónicos a la propuesta que aquí se presenta.

También quedan fuera de la propuesta los modelos de gestión basados en el principio de "co-producción", según la caracterización que hace Vaillancourt, es decir, entendiendo ésta como la "participación de los actores de la sociedad civil y del mercado en la implementación de las políticas públicas", pero no en su planificación. La idea de la "co-construcción" se acerca mucho más al enfoque que proponemos, ya que implica parti-

---

keynesiana, basada en el crecimiento como eje central, la cual está muy distante de promover un sistema económico solidario".

6 Jiménez (2016: 123) reivindica el carácter rupturista del Plan Nacional del Buen Vivir 2014-17 de Ecuador. El Proyecto Nacional Simón Bolívar. Primer Plan socialista de desarrollo 2007-2013 de Venezuela también es un ejemplo paradigmático en este sentido.

cipación del sector de ESS tanto en la implementación como en la planificación de políticas (Vallaincourt, 2011: 2). De hecho, este enfoque de la "co-construcción" está siendo reivindicado en los últimos tiempos por un buen número de autores/as (Álvarez, 2017; Catalá, 2020; Coraggio, 2016a; Etxezarreta y Morandeira, 2022; Laville, 2016; Savall, 2013; Vaillancourt, 2011; Vaillancourt, Ducharme, Aubry y Grenier, 2015).

Un aspecto importante en relación a la co-construcción es quienes participan en dicho proceso, ya que no hay consenso al respecto. Vaillancourt (2011: 15-16) indica que hay modelos de co-construcción en los que la participación está restringida a ciertos actores de la sociedad civil, excluyendo a otros muchos. Un modelo de este tipo sería el de "co-construcción neoliberal", en el que participan junto al Estado "las elites socioeconómicas ancladas dentro de las fuerzas del mercado". Otro modelo sería el de "co-construcción corporativista", en el que "ciertos sectores de actividad socioeconómica y actores ligados al mundo patronal y sindical están incluidos en el diálogo y en la deliberación con el Estado, mientras que otros son excluidos". El autor propone un modelo diferente al que denomina de "co-construcción democrática", en el que toman parte tres agentes: Estado, sociedad civil y agentes de mercado. Vaillancourt aclara que su modelo

> "se diferencia de una co-construcción anti-capitalista en la cual el Estado sería partenaire de la sociedad civil contra los actores y los principios de la economía de mercado. Se inscribe dentro de una perspectiva de economía plural que toma nota sobre las lecciones de las fallas del socialismo real en los antiguos países comunistas desde la caída del muro de Berlín. También, busca la ruptura con el neoliberalismo, pero no con la economía de mercado" (Vaillancourt, 2011: 17).

Frente a esta propuesta de Vaillancourt de inspiración 'socialdemócrata', basada en una estructura tripolar (Estado-ESS-Mercado) en la que no parece que se corrigen los desequilibrios previos entre unos agentes y otros (fundamentalmente el poder de los agentes mercantiles), encontramos otras que plantean reducir sustancialmente el peso y el poder de las fuerzas del capital. Laville (2016: 51), por ejemplo, propone una co-construcción en la que toma parte la empresa convencional, pero no cualquiera, sino especialmente la que opera a escala local y tiene arraigo territorial:

> "alianzas en las que la economía social y solidaria favorece las co-construcciones con los poderes públicos (desde el nivel local hasta los niveles nacional e internacional) sin olvidar las relaciones con una economía mercantil territorializada (conjunto de pequeñas y medianas empresas que guardan un arraigo territorial)"

Etxezarreta y Morandeira (2022: 1), por su parte, apelan a un modelo de co-construcción "cuyo principal resultado son las organizaciones híbridas":

> "Se denominan organizaciones híbridas a las nuevas estructuras locales participadas tanto por las personas trabajadores, las usuarias y demás agentes del territorio, que mediante modelos organizacionales diversos (partenariados público-cooperativos, cooperativas integrales, empresas o fundaciones públicas, etc...) canalizan las nuevas políticas públicas de fomento mediante esquemas de construcción conjunta del diseño, la planificación y la propia ejecución de la actividad económica en cuestión"

Desde una perspectiva más expresamente anticapitalista, desde diferentes redes de la ESS se propone constituir "consejos locales" en los que participen la administración pública las entidades de ESS y los movimientos sociales del territorio. Dichos consejos tendrían como objetivo fundamental diseñar e implementar la "transición" hacia una economía más "democrática", "feminista" y "ecologista". El paradigma organizativo aquí sería tripartito, a través de una alianza que denominan "público-cooperativo-comunitaria" (Olatukoop, 2019; Xarxa, 2019).

Aunque la propuesta de 'co-construcción' nos parece valiosa en términos de avanzar hacia un nuevo modelo de gestión, consideramos que puede ser más apropiada la idea de 'co-gobierno' para denominar al nuevo paradigma de gestión y distribución del poder que proponemos. En términos semánticos y también en clave política, nos seduce más la categoría de 'co-gobierno', ya que la 'co-construcción' se circunscribe exclusivamente a la acción de "construir" algo de manera conjunta, mientras que el 'co-gobierno' alude directamente a la acción de "gobernar" y, por tanto, se refiere expresamente al ejercicio del poder en toda su magnitud. Además, la 'con-construcción' sigue en gran medida anclada al imaginario de las políticas públicas, mientras que el 'co-gobierno' lo concebimos como más apropiado para pensar en términos de la alianza política y estratégica que proponemos.

La categoría de co-gobierno ha sido especialmente utilizada como propuesta en el ámbito educativo (Vázquez y Uharte, 2021). Sin embargo, nos inspiramos especialmente en las definiciones que se han hecho en el ámbito estrictamente político. Tapia (2007: 13-15), por ejemplo, indica que el co-gobierno supone que las organizaciones de las clases trabajadoras participen "en los procesos de deliberación y toma de decisiones a nivel del gobierno nacional". Esto implica participar "en el manejo de la economía, en la política macroeconómica" y específicamente en la "cogestión" de las empresas estatales.

Rauber (2017:43), aunque utiliza la categoría de co-gobernación en vez de la de co-gobierno, tiene un planteamiento similar al de Tapia que nos parece sugerente: "Abrir las puertas del gobierno y el Estado a la participación de las mayorías populares en la toma de decisiones, en la ejecución de las mismas y en el control de los resultados, para construir colectivamente un nuevo tipo de institucionalidad, de legalidad y legitimidad".

El co-gobierno, por tanto, supone un giro radical en el modelo de gestión y de relación entre el Estado y la diversidad de agentes de la sociedad civil (entidades de la ESS y otros movimientos) que aspiran a la construcción de una economía alternativa. Obviamente, para que este paradigma de gestión sea factible hace falta un "cambio en la cultura política, una superación de la tecnocracia y el reconocimiento de una diversidad de saberes" (Coraggio, 2016a: 23) y es fundamental considerar a los movimientos sociales como aliados estratégicos (Coraggio, 2019b).

A su vez, para que el co-gobierno tenga una materialización práctica hacen faltan unas estructuras acordes a dicho paradigma, es decir, una nueva institucionalidad. En el modelo clásico de políticas públicas la institucionalidad se expresa en diferentes organismos estatales que cumplen diferentes funciones: organismos de dirección (ministerios de trabajo, de políticas sociales...), organismos específicos de ejecución (direcciones de economía social, etc.) y, organismos de diálogo social (consejos económicos y sociales de concertación)[7] (Chaves, Gallego y Savall, 2020: 53).

En los modelos más actuales se han producido cambios interesantes, según Chaves (2019:23), ya que se está viviendo una "segunda generación de fomento de la economía social". Esto se ha traducido en un cambio de un enfoque 'Top-down' (dirigista desde el Estado) hacia uno 'Bottom-up' y ha traído como consecuencia "un enfoque de mainstreaming", es decir, una "integración" de la economía social "en las principales políticas de carácter general de los gobiernos", lo que supone una transversalización en diferentes ministerios y áreas, superando su aislamiento en un área u organismo específico.

De todas formas, la existencia de un organismo específico no debe estar reñida con una política de transversalidad. De hecho, en muchos lugares las propias entidades de la ESS han pedido su creación (Singer, 2009)[8]. Una de las cuestiones fundamentales aquí es la composición de

---

7 Una de las críticas habituales a los organismos de diálogo social es que habitualmente son instancias consultivas y no decisorias, como reivindica el movimiento de ESS (García Jane, 2014: 113)

8 Para el caso brasileño, Singer (2009: 57) recuerda como tras la victoria del PT en las elecciones presidenciales de 2002 "las grandes organizaciones nacionales que han

dicho organismo. Desde el paradigma de co-gobierno obviamente se plantea una composición mixta, con participación de miembros de la ESS y del Estado. Es importante que haya un equilibrio de fuerzas en su composición (participación igualitaria)[9] (Correa, 2022; Hillenkamp, 2016; Martí, 2022; Singer, 2009) y que el co-gobierno se exprese en todas las fases que componen la acción de gobernar (planificar, ejecutar y evaluar).

Un riesgo que señalan diferentes autores/as en relación a la participación de líderes del movimiento de la ESS en este tipo de organismos es que suelen debilitar a las propias entidades por la transferencia de importantes cuadros políticos hacia el Estado. Jiménez (2016: 136) recuerda los casos en que un gran número de "lideres medios y altos" se incorporan al "sector público", debilitando así a "los movimientos sociales". Eizaguirre (2016: 225), por su parte, recuerda el problema de la "cooptación de miembros de los movimientos sociales por parte de las Administraciones públicas". Este no es un asunto sencillo de resolver, ya que como bien señala Singer (2009: 64) muchas veces "los agentes del Estado son en ocasiones oriundos del movimiento de economía solidaria", pero "a partir del momento en que asumen responsabilidades gubernamentales su punto de atención inevitablemente se amplía" y tienen que intentar conciliar diferentes intereses, muchas veces contrapuestos.

Otro debate importante es el rango que se le otorga al organismo específico que se ocupa de la ESS. Normalmente suelen ser órganos subordinados a algún ministerio (direcciones, etc.). Una propuesta interesante nos parece la que se produjo en Ecuador en 2016, cuando en el contexto de la reforma de la ley de Economía Popular y Solidaria se planteó "transformar al IEPS (Instituto Nacional de Economía Popular y Solidaria) en una entidad con rango de ministerio", aunque finalmente no se materializó (Jacomé, 2022: 313). Un ejemplo más paradigmático es el venezolano, ya que en 2009 se creó el Ministerio para las Comunas, con el objetivo

---

apoyado la economía solidaria se dirigieron al presidente electo y solicitaron la creación de la Secretaría de la Economía Solidaria (SENAES) en el Ministerio del Trabajo y Empleo. El Presidente atendió inmediatamente el pedido y así surgió en el gobierno federal un órgano especializado en fomento, estudio y divulgación de la economía solidaria". Por otro lado, a nivel municipal en muchos sitios las entidades de la ESS han señalado el papel fundamental que tienen que jugar las Agencias de Desarrollo Local para la promoción de una economía alternativa (Eizaguirre, 2016: 221).

9 Correa (2022: 29-30) pone como ejemplo algunos países latinoamericanos (Argentina, Brasil, Costa Rica, Uruguay…) donde esta estructura mixta es una realidad. Indica además que en Argentina y Costa Rica el sector cooperativo tiene mayoría en dichos organismos. En el último caso, incluso, el sector designa al presidente de la institución, lo cual le da más poder.

expreso de impulsar la economía comunal como base del nuevo modelo económico (Uharte, 2020). Este aspecto es relevante ya que supone situar la economía solidaria al mismo nivel que otras áreas ministeriales y otorgarle una importancia estratégica en el proyecto de país.

Aunque esto es importante no es suficiente, ya que los planteamientos más recientes subrayan la necesidad de que la ESS sea abordada desde una perspectiva transversal (Correa, 2022; Eizaguirre, 2016; García Jane, 2014), como anteriormente indicábamos, por lo que se sugiere que tenga presencia en las diversas áreas de intervención de las administraciones públicas y, en consecuencia, en diferentes organismos estatales. Esto implica articulación "horizontal" entre organismos del mismo nivel, por ejemplo, entre diferentes ministerios y, articulación "vertical", entre organismos nacionales, regionales y locales (Correa, 2022: 42-43).

La transversalidad tampoco es garantía de redefinición profunda del rumbo económico, ya que hay casos en los que la presencia institucional de la ESS es amplia pero la relevancia que se le otorga frente a la economía convencional es mucho menor. El caso brasileño puede ser un buen ejemplo, ya que durante el gobierno del PT se logró que "22 de los 33 ministerios y secretarías especiales del gobierno federal desarrollaran políticas de economía solidaria" (Singer, 2009: 59), pero esto no se tradujo en darle una prioridad a la ESS frente a la economía capitalista (Coraggio, 2014: 8)[10].

Las propuestas más rupturistas en términos institucionales son aquellas que reivindican ir más allá de la estructura estatal existente y crear una nueva institucionalidad acorde a la nueva arquitectura de poder que se propone. Esto significa apelar a una nueva ingeniería política que apuesta por crear estructuras ad hoc en las que se encuentran agentes diversos (estatales, ESS, movimientos sociales, comunitarios, académicos, etc.) que deliberan, deciden y evalúan conjuntamente, convirtiéndose de facto en nuevas estructuras de (co)gobierno. A nivel local existen propuestas y experiencias interesantes en este sentido[11]. El gran reto es dar el salto a escalas regionales y nacionales.

---

10 Coraggio (2014: 8) indica que en Brasil "Los documentos de política estatal ven la Ecosol como una vía para resolver la desocupación más que como una opción estructural (Otra economía)".

11 Las organizaciones híbridas que proponen Etxezarreta y Morandeira (2022) son un caso muy interesante: "Se denominan organizaciones híbridas a las nuevas estructuras locales participadas tanto por las personas trabajadores, las usuarias y demás agentes del territorio, que mediante modelos organizacionales diversos (partenariados público-cooperativos, cooperativas integrales, empresas o fundaciones públicas, etc...) canalizan las nuevas políticas públicas de fomento mediante esquemas de construcción

Al hilo de este último comentario vamos a abordar el último aspecto de este apartado de la dimensión política: la escala donde se construye el nuevo modelo de gestión. En los últimos tiempos, existe un consenso amplio respecto a la importancia de la escala local para el impulso de políticas públicas de apoyo a la ESS. Tanto investigadores/as (Boixader, 2014; Catalá, 2020; Etxezarreta y Morandeira, 2022; García Jane, 2014) como las propias entidades de la ESS (Olatukoop, 2019; REAS, 2016; XES, 2019) están apelando a la centralidad del ámbito local y están realizando propuestas en este sentido.

Nos parecen especialmente relevantes las propuestas que pretenden ensayar a nivel local paradigmas alternativos a la economía convencional, poniendo la semilla de microsistemas que luego puedan replicarse en otros lugares. Entre otros, son destacables los planteamientos en clave de nuevo "municipalismo" (Blanco, Gomá y Subirats, 2018), los de "ecosistemas" locales (García Jane, 2014), los de "soberanías territoriales" (Etxezarreta y Morandeira, 2022), los territorios en transición (Boixader, 2014; Xes, 2019), los del paradigma de "sostenibilidad de la vida" (REAS, 2016). A su vez, también son sugerentes las propuestas de redes supramunicipales que agrupan a ayuntamientos que "pretenden promover políticas públicas que permitan alcanzar un modelo económico más sostenible en el que la economía social sea el motor del cambio" y las "redes sectoriales supramunicipales en las que se coordinan esfuerzos por conseguir un objetivo específico, como puede ser la soberanía energética, la soberanía alimentaria o el fomento del comercio justo, entre otras" (Catalá, 2020: 31).

Sin embargo, es necesario también ser conscientes de las limitaciones que tienen las propuestas que se enmarcan en el ámbito local. García Jane (2014: 120) advierte que "conviene no idealizar la acción local. Esta choca con muchas limitaciones competenciales, financieras y productivas". En relación a esta cuestión, la reflexión de Eizaguirre (2016: 223) nos parece muy pertinente, porque señala los límites de lo local y la importancia de políticas a escala nacional y continental:

> "el sector social y solidario no representa una oposición seria a los actores económicos globales, puesto que su desarrollo e implantación está muy limitada al nivel local (...) En este sentido una cuestión importante para la literatura que analiza los retos del sector social comprometido con la economía social y solidaria es la superación de la trampa del localismo (...) el desarrollo de una economía con criterios sociales y formas de funcionar democratizadoras

---

conjunta del diseño, la planificación y la propia ejecución de la actividad económica en cuestión". Los Consejos Locales de ESS que propone Olatukoop (2019) son otro ejemplo relevante, al articular agentes públicos, cooperativos y comunitarios.

que vayan más allá de la lógica competitiva del beneficio propio, requiere también del desarrollo de políticas de fomento de la democratización de la economía a nivel estatal o Europeo"[12].

Esto apela por tanto a la trascendencia de superar la escala local, ya que el cambio sistémico al que se aspira exige cambios en las escalas superiores (regionales, nacionales, continentales y globales). Como bien señala Coraggio: "La transición a un SESS (Sistema de Economía Social y Solidaria) implica un salto en la escala" (Coraggio, 2016a: 25). Es necesario un "programa de acción estratégica (...) basado en prácticas articuladas a nivel micro, meso y sistémico" (Coraggio, 2016a: 22). En síntesis, es obvio que el cambio no puede construirse sólo desde arriba (Rebollo, 2014), como en los ensayos históricos, pero también es evidente que no se puede hacer solo desde abajo. A su vez, este planteamiento de articulación de escalas implica ser consciente de que la nueva arquitectura del poder que se defiende exige el ejercicio de este en todos los espacios estratégicos (desde lo local hacia lo global).

Cuadro 1. Dimensión política: una nueva arquitectura del poder

Tipo de medidas	Medidas concretas
1° Legales: Nuevo marco jurídico	• Constitución • Leyes: nacionales, regionales, locales
2° Planificación: Planes y programas	• Planes nacionales, regionales, locales • Planes estratégicos
3° Gestión: Nuevo modelo de gestión	• Co-construcción
4° Institucionales	• Organismos específicos: composición y rango) • Transversalidad
5° Espaciales: Escalas	• Escala nacional (y hacia arriba) • Escalas menores: locales, regionales

3.2. Nuevo sistema económico

Uno de los objetivos estratégicos de esta propuesta de alianza política es, obviamente, la construcción de un nuevo sistema económico antagónico con el actual orden dominante. Por ello, el planteamiento que vamos

12 "La necesidad de implicarse en los sistemas de gobernanza multinivel a escala europea es una cuestión que redes como RIPESS o la EMES toman en consideración, y que pueden rescatar el sentido social y progresista de la gobernanza a nivel europeo promoviendo el cambio en las estructuras de los Estados-nación en favor de posturas comprometidas a nivel macroeconómico con el fomento de la economía social y solidaria. De momento la realidad está muy lejos de esto" (Eizaguirre, 2016: 223).

a hacer no debe concebirse exclusivamente como una batería de medidas, al estilo de las políticas públicas de apoyo que habitualmente se promueven. Indudablemente es valioso y operativo la presentación de una serie de medidas que apoyen el avance de la ESS y, de hecho, una sección de este apartado se va a centrar en enumerar una serie de políticas que se consideran adecuadas para el fortalecimiento de una economía solidaria. Sin embargo, en esta introducción al apartado consideramos que hay que subrayar la importancia que tiene partir de una cosmovisión integral, sistémica, que aspira a fundar un orden alternativo: "se aspira a (...) otro sistema económico" (Coraggio, 2016a: 23); un sistema basado en la "democracia económica" (Laville, 2016: 47); "va más allá de la propuesta de construir un subsistema de ESS dentro de una economía mixta. Procura la construcción de Otra Economía. Aquí se trata de buscar formas de 'superación' del sistema cultural capitalista" (Coraggio, 2013: 21).

Esto implica una ruptura profunda con la concepción muy extendida de considerar la ESS parte de la política social o como una vía para la inserción laboral de sectores excluidos. Eizaguirre (2016: 223-5) advierte del "riesgo de institucionalizar" las "políticas de fomento de la ESS" como políticas "dentro del conglomerado de proyectos que componen las políticas sociales". Indica que "el modelo dominante" son las "empresas de inserción social", funcionales al "mercado de trabajo", además de servir al "apaciguamiento de la conflictividad social". En muchos casos ocupan "nichos de mercado que no tienen interés" para las "empresas pertenecientes al sector privado tradicional". En la misma línea, Laville (2016: 53-4) advierte que la ESS no puede ser "un sub-servicio público (...) una sub-economía reservada a la inserción (...) Se trata no de desarrollar una política social, sino de ofrecer los medios necesarios para la construcción y la consolidación de un campo de actividades económicas"[13]. García Jane (2014: 112) señala que el reto es "pasar de políticas asistenciales compensatorias, dirigidas a las personas desempleadas y en riesgo de exclusión, a políticas de desarrollo endógeno, comunitario y autocentrado".

Por tanto, la ESS debe ser la referencia filosófica para diseñar una política económica alternativa que aspire a construir un sistema alternativo y no una política social o laboral. Dicha política económica alternativa tiene que estar presente en todas las áreas de trabajo de la administración

13 Jacomé (2022: 313) recuerda el caso ecuatoriano, en el que el Instituto de Economía Popular y Solidaria se adscribió al Ministerio de Inclusión, el cual estaba encargado de la atención a la población "en situación de pobreza y vulnerabilidad". A pesar de que la constitución promovía la creación de un sistema económico solidario, su inclusión en el área de bienestar social limitó su proyección e impacto.

pública y, a su vez, ser la hoja de ruta compartida de la alianza política que se propone.

Es obvio que la aspiración de construir un sistema económico diferente al orden dominante exige un proceso largo, por lo que la perspectiva de la "transición" (Boixader, 2014; Coraggio, 2016a; García Jane, 2014; Olatukoop, 2019; REAS, 2016) resulta fundamental incorporarla a nuestro imaginario. Las propuestas de "transición" que últimamente están teniendo más eco y que incluso se están intentando ensayar son las vinculadas al ámbito local. Los municipios en transición y las ciudades en transición son un ejemplo de esto.

La "transición", de todas formas, necesita aterrizarse en políticas económicas concretas que se puedan implementar y evaluar. Dichas políticas se pueden dividir en dos grandes grupos: políticas de carácter más integral y sistémico y, políticas de carácter más sectorial o localizado. Chaves, Gallego y Savall (2020: 51), para el caso de las políticas públicas, establecen una clasificación entre "políticas soft, dirigidas a establecer un ecosistema institucional y cultural favorable" y, "políticas hard", dirigidas a apoyar directamente a las empresas.

Según Chaves (2019: 23) el "enfoque de ecosistemas" ha tomado fuerza actualmente en el marco de "nueva generación de políticas de fomento de la economía social" e implica superar los enfoques "estrictamente presupuestarios". Esto supone una mirada "holística" frente a "instrumentos aislados" y un "enfoque de mainstreaming", es decir, una "integración en las principales políticas de carácter general de los gobiernos".

En los últimos tiempos diferentes investigadores/as han interiorizado el concepto de ecosistema en sus planteamientos teóricos (Arcos y Morandeira, 2020; Bastida, Olveira y Savall, 2020; Etxezarreta y Morandeira, 2022; Fernández y Miró, 2016). Arcos y Morandeira (2020: 39), por ejemplo, plantean que "los Ecosistemas de ESS serían el reflejo de una manera muy definida y alternativa de obrar, de llevar a cabo el acto económico, reenfocándolo al bienestar de la persona desde una perspectiva multidimensional y alineada con los valores de ESS".

Lo relevante aquí, según nuestro criterio, es que la idea de ecosistema alude a una integralidad, es decir, a un proyecto holístico, sistémico y no a medidas parciales. Proyecta, por tanto, la pretensión de construir un nuevo sistema económico en clave de ESS que aspira a sustituir al orden dominante y a sus valores y lógicas económicas. Lo más importante no es una u otra medida de política pública sino el horizonte y, sobre todo, la voluntad de construir un ecosistema económico alternativo. Lo trascendental, por ejemplo, no es que exista un presupuesto especial para ESS sino que exista un presupuesto diseñado para la transición hacia la "otra" economía.

Si aterrizamos en el debate en torno a las medidas necesarias para erigir el (eco)sistema alternativo, creemos que podemos hablar de dos tipos de medidas: unas que sirven para "abonar" la transición y otras para fortalecer a las empresas de la ESS. En cuanto a las medidas para abonar la transición destacaríamos aquellas que se centran en impulsar modelos de propiedad y gestión alternativos.

En el campo de la gestión económica alternativa existen diferentes opciones que ya se están ensayando, principalmente en el ámbito local. REAS (2016: 45) destaca la "gestión de servicios de responsabilidad pública desde modelos innovadores" a partir de la idea de "gobierno abierto": "propuestas como la gestión cooperativa y comunitaria de bienes comunes (...) la cooperativización de servicios públicos"[14]. La gestión compartida entre la administración pública y las entidades de la ESS es otra opción plausible. Desde Olatukoop (2019) y la XES (2019) reivindican prácticas de gestión compartida en servicios públicos, entre administración pública, agentes de la ESS, trabajadoras/es y usuarias/os. Esto supone llevar a la práctica lo que denominan el paradigma de gestión público-cooperativo-comunitario.

En el terreno de la propiedad también se deben resaltar propuestas muy valiosas para avanzar en clave de transición. Las iniciativas de propiedad mixta entre el Estado y las entidades de la ESS es una alternativa interesante. García Jane (2014: 117) reivindica específicamente en el ámbito local la participación de ayuntamientos como socios de cooperativas, para así darles más solidez y viabilidad, sobre todo al principio. Otra propuesta estimulante sería el apoyo del Estado para el rescate de empresas privadas en crisis, con el objetivo de que se transformen en cooperativas de trabajadoras/es (Olatukoop, 2019) o en empresas mixtas público-cooperativas. También es muy interesante el apoyo público a empresas privadas tradicionales para que transiten hacia otro tipo de empresa, más acorde a los valores de la ESS. Eizaguirre (2016: 222-3) subraya que "las administraciones pueden promover el cambio organizacional de las empresas configuradas según el modelo hegemónico tradicional propio del capitalismo de mercado, mediante el condicionamiento de la ayuda".

---

14 "Las cooperativas de servicios públicos se vienen a caracterizar, principalmente, por prestar un servicio considerado de interés para la comunidad y por integrar societariamente a una administración o entidad pública que conserva siempre el control en cuanto a las condiciones de prestación de los servicios públicos" (REAS, 2016: 45)

Vamos a abordar a continuación las medidas que consideramos que pueden encuadrarse dentro de la idea de "fortalecimiento" de las empresas de la ESS. Aquí puede haber cierto paralelismo con la categorización que realizan Chaves, Gallego y Savall (2020: 52) en relación a las políticas públicas que denominan "políticas hard", es decir, "políticas económicas de fomento de la ESS". Políticas que dividen en "medidas de oferta", dirigidas a fortalecer la estructura y "medidas de demanda", dirigidas a fortalecer sus ventas.

Dentro de las 'medidas de oferta' estarían aquellas de apoyo financiero, fiscal, material, dotacional, etc. En primer lugar, hablaremos del apoyo financiero que puede realizarse a través de diversas herramientas. Una de ellas, de carácter general, sería que la administración pública (en sus diferentes niveles) otorgara un espacio privilegiado a la financiación de la ESS en sus presupuestos generales. Otro, de carácter más específico, sería el apoyo financiero directo a través de diferentes instrumentos: por un lado, subvenciones (Boixader, 2014; Chaves, Gallego y Savall, 2020) y, por otro lado, préstamos en condiciones preferenciales (Catalá, 2020; REAS, 2016).

Respecto a las subvenciones, Chaves, Gallego y Savall (2020: 54-5) destacan las siguientes "líneas de ayuda": "la incorporación de socios a cooperativas o sociedades laborales; inversiones en inmovilizado; asistencia técnica; para actividades de formación, fomento y difusión; para gastos de estructura de entidades asociativas y federativas". En los últimos tiempos, en materia de financiación a fondo perdido ha cobrado fuerza el "matchfunding", una "fórmula de financiación de proyectos que combina el apoyo ciudadano a través de la financiación colectiva o crowdfunding con la financiación institucional" (Catalá, 2020: 27).

En cuanto a los préstamos, pueden ser públicos o también, como señala García Jane (2014: 118), pueden ser "mixtos", entre administración pública y banca ética. Hay que recordar la importancia del préstamo público a la ESS ya que en muchos casos los proyectos "por su situación, naturaleza o dimensión carecen de los avales y recursos necesarios para acceder al crédito en el sistema financiero convencional" (REAS, 2016: 62).

En el campo de las finanzas, un buen número de investigadores/as reivindican la necesidad de que las administraciones públicas apoyen expresamente a la banca ética (Catalá, 2020; Jacomé, 2022; Olatukoop, 2019; REAS, 2016). Lo pueden hacer a través de diferentes instrumentos: como financiadores, como socios y como clientes. Para el caso de los ayuntamientos, Catalá (2020: 27) indica que "los municipios pueden participar de manera directa en las cooperativas de finanzas éticas y solidarias" (como socios). A su vez, REAS (2016: 64) señala que la administración local puede "contribuir" al fortalecimiento de este sector utilizando "los servicios de Banca Ética, esto es, abrir una cuenta, domiciliar recibos, realizar transferencias y/o cualquier otro servicio de intermediación financiera que se requiera para la actividad de la entidad local". Catalá (2020: 27) subraya el notable impacto de ejercer de cliente: "la mayoría de las entidades de crédito cooperativo destacan por tener un elevado impacto territorial, por lo que favorecería que una entidad como son los ayuntamientos actuaran como clientes de este tipo de banca". Los impactos positivos de esta herramienta son diversos, destacándose entre otros el fortalecimiento del musculo financiero de la siempre frágil banca ética y, paralelamente, el incremento del prestigio de dicha banca gracias a la presencia de una entidad pública.

El terreno de la fiscalidad es un campo muy importante a la hora de favorecer a las empresas de la ESS. Se plantea la necesidad de "una fiscalidad específica para las distintas formas jurídicas de la economía social" (Chaves, Juliá y Monzón, 2019: 48) y solidaria. Una fiscalidad, obviamente, más favorable que la de las empresas privadas tradicionales, para así proteger su surgimiento, crecimiento y expansión[15].

Algunos/as autores/as y entidades (Catalá, 2020; Boixader, 2014; REAS, 2016) reivindican un trato fiscal favorable en el ámbito local "para incentivar la ESS o el desarrollo de actividades que tengan un impacto positivo de carácter social o medioambiental" (REAS, 2016: 37). Se proponen "exenciones" y/o "bonificaciones" en diferentes tributos municipales: impuesto de actividades económicas, sobre bienes inmuebles, sobre vehículos, sobre construcciones, instalaciones y obras, sobre uso del espacio público (Boixader, 2014: 74). De cualquier manera, teniendo en cuenta la limitada potestad impositiva de los entes locales, hay que subrayar que el trato fiscal más favorable debe darse en los principales impuestos que gravan la actividad empresarial (impuestos de sociedades, etc.).

El apoyo material es otro terreno en el que se pueden promover una serie de medidas relevantes. Por una parte, tenemos la cesión de "espacios físicos (terrenos, solares, instalaciones, edificaciones, etc.)" como un instrumento "facilitador del desarrollo de la ESS en términos de infraestructura" (Boixader, 2014: 73). Aquí existe tanto la opción de alquiler a bajo coste como la cesión gratuita (Eizaguirre, 2016: 221). Sobre este aspecto,

---

15 Chaves, Gallego y Savall (2020: 54) señalan que en el caso del Estado Español existe una "fiscalidad específica" que "contempla una presión fiscal menor que para las empresas privadas capitalistas. En este régimen fiscal especial existen dos tipos de protección, las cooperativas protegidas y las especialmente protegidas".

es importante también el dónde se ceden los espacios, es decir, si se ubican en lugares periféricos o en lugares emblemáticos. En este sentido, como acertadamente apunta Boixader (2014: 73) "hay que considerar también la importancia desde el punto de vista de dar visibilidad y generar efectos de irradiación. Un planteamiento espacial adecuado al entorno no solo de la forma y las funcionalidades, sino sobre todo del carácter simbólico de los lugares donde se desarrolla, constituye un activo fundamental para las iniciativas".

La cesión de espacios públicos, además de favorecer la promoción de la ESS cumple otra función importante en términos del nuevo sistema económico: una "gestión no especulativa del suelo" (REAS, 2016: 32). La cesión se plantea para actividades económicas de todos los sectores: tierras públicas para "usos agroecológicos", solares para "vivienda social y cooperativa", infraestructura para industria y servicios, etc. Dicha cesión, además, contempla modelos de gestión alternativos, destacándose, sobre todo, la "autogestión" por parte de la ESS como la "cogestión" entre "la entidad y la administración" (Catalá, 2020: 29-30).

Por otra parte, en lo concerniente al apoyo material, además de los citados espacios físicos también hay que mencionar el apoyo en acceso a suministros y materiales de trabajo de todo tipo y, la ayuda en el pago de servicios básicos (agua, electricidad, gas...) (Uharte, 2022).

Un ámbito muy relevante es el apoyo al empleo en las empresas de ESS (Chaves, Juliá y Monzón, 2019). Aquí se pueden destacar "medidas de ayuda a la creación y estabilización del empleo en la ESS" y "medidas de apoyo a la formación en ESS" (Etxezarreta y Morandeira, 2022).

Después de haber presentado las medidas de apoyo a la "oferta" vamos a abordar ahora las consideradas "medidas de demanda", es decir, las que están dirigidas a fortalecer las ventas y su "actividad económica" en general (Chaves, Gallego y Savall, 2020: 52). En este ámbito destacarían especialmente las iniciativas de compra y contratación pública responsable y las de apoyo a la comercialización (mercados sociales, etc.). En primera instancia, vamos a mencionar la denominada "compra pública responsable":

> "La compra pública responsable se basa en la contratación de productos y servicios desde criterios relacionados con el medio ambiente, la equidad social o la ética (...) La administración pública (...) facilita la participación de determinadas empresas (...) integrando aspectos sociales, éticos y/o ambientales en las diferentes fases y procedimientos de la contratación pública" (REAS, 2016: 22-23).

Lo relevante aquí es que ya no es el precio el criterio determinante a la hora de comprar o contratar, sino aspectos de orden social y ético, por lo que las empresas de la ESS se ubican en una posición ventajosa respecto a las tradicionales capitalistas. Hay que aclarar que hay diferentes tipos de compra y contratación pública responsable. La más habitual es la "inclusión de cláusulas sociales" en la licitación. "Las cláusulas sociales se pueden incluir en todas las fases del procedimiento de licitación (preparación, adjudicación y ejecución) y existen diferentes temáticas sociales y ambientales que pueden ser de común aplicación" (REAS, 2016: 23).

Otro tipo es el "contrato reservado", una "figura legal que implica que, en la licitación de un contrato público, únicamente podrán participar y en consecuencia resultar adjudicatarias determinadas iniciativas empresariales". Esta es una manera eficaz de blindar la adjudicación a una entidad del ámbito de la ESS. Dentro de este tipo existe a su vez la "reserva de mercado", es decir, "cuando se utiliza el contrato reservado de forma estratégica, cuantificada y planificada. Esto es, cuando una administración pública decide que un porcentaje del total del presupuesto de adjudicación de contratos públicos serán adjudicados mediante contratos reservados, de forma que se genere" para las empresas de la ESS "un mercado protegido que facilite su sostenimiento y crecimiento". Un tercer tipo son los "modelos integrales", que implican que "las cláusulas sociales deban incorporarse preceptivamente en todos los contratos públicos" (REAS, 2016: 23-24).

Una reflexión importante en relación a la contratación pública responsable es que, a pesar de que se ha avanzado jurídicamente en cuanto a la aprobación de instrumentos legales[16], sobre todo ha tenido impacto en los "servicios de bienestar social", favoreciendo a las "organizaciones del llamado tercer sector de acción social" (Chaves, Juliá y Monzón, 2019: 49). Por lo que el gran reto es replicar esta lógica al resto de sectores de la economía, si realmente se aspira a transformar radicalmente el sistema económico.

Otra medida de 'demanda' relevante es el apoyo a la compra-venta de productos y servicios de la ESS en el mercado, pero sosteniendo otros modelos de mercado, alternativos al mercado convencional capitalista. Un ejemplo paradigmático es el apoyo a los denominados 'mercados sociales',

---

16 Chaves, Juliá y Monzón (2019b: 46) señalan las "Directivas europeas 2014/23/UE y 2014/24/UE relativas a contratación pública (public procurement) que permiten la inclusión de cláusulas sociales". Catalá (2020: 28) cita el caso español y concretamente la Ley 9/2017 que da "facilidades a las empresas de la ES mediante la inclusión de cláusulas sociales".

esos espacios de "distribución y consumo de bienes y servicios que funciona con criterios éticos, democráticos, ecológicos y solidarios, constituida por empresas y entidades de la ESS, junto con consumidores y consumidoras individuales y colectivos". El objetivo sería "potenciar la visibilidad, viabilidad y sostenibilidad de las entidades de ESS y, especialmente, crear circuitos alternativos al comercio convencional desde la perspectiva del consumo crítico, consciente y transformador" (REAS, 2016: 71).

En clave de alternativa al mercado global también hay que destacar el apoyo a los Circuitos Cortos de Comercialización (CCC), es decir, los "sistemas de comercio basados en la venta directa de productos de temporada reduciendo al máximo el número de personas u organizaciones intermediarias entre quienes producen y quienes consumen" y generando así un "impacto medioambiental más bajo", además de proteger a las/os productoras/es locales. El apoyo a los mercados de productos tradicionales, a los mercados locales y a las redes de soberanía alimentaria sería un buen ejemplo en esta línea (REAS, 2016: 74-5).

Otra herramienta para fomentar mercados locales de productos de la ESS es la moneda social. Un tipo de moneda alternativa a la oficial, que "incentiva el comercio y el empleo locales porque, como no tiene valor fuera del territorio, debe circular dentro de este y, cada vez que lo hace, genera riqueza local (García Jane, 2014: 115)[17]. Un tipo de moneda con la que no se puede especular y que puede surgir desde la "sociedad civil" y tener apoyo público o puede ser directamente creada por las administraciones para proteger la economía local (Eizaguirre, 2016: 221).

El apoyo a prácticas de "economía desmonetizada" es otro instrumento muy sugerente, ya que plantea un tipo de intercambio alternativo al convencional que se efectúa en el mercado libre, al hacer desaparecer la moneda como mercancía inevitable. El apoyo a sistemas de trueque y la promoción de bancos de tiempo son dos casos relevantes (Catalá, 2020; REAS, 2016). Otro tipo de intercambio y consumo alternativo es el denominado "consumo colaborativo", que tiene como fin promover un consumo menos individualista y más sostenible (REAS, 2016: 49).

---

17 "Las posibilidades que abre una moneda local son formidables. Un ayuntamiento podría pagar una parte de las nóminas o facturas a sus trabajadores y proveedores en dicha moneda, lo mismo que las subvenciones a entidades y las ayudas de servicios sociales. También podría entregar moneda local a los ciudadanos a cambio de que participaran en obras comunitarias o tuvieran cuidado de las personas necesitadas, tal como hace el ayuntamiento belga de Gent, en el barrio de Rabot-Blai-Santvest, con una moneda local, la toreke, que luego sirve para coger el autobús, ir al cine o comprar productos ecológicos. De manera inversa, podría aceptar que la ciudadanía pagara algunos impuestos también con esa moneda" (García Jane, 2014: 115).

A su vez, para potenciar la compra de productos y servicios de la ESS por parte de la ciudadanía Laville (2016: 62) propone el "apoyo a la capacidad de solvencia", es decir, crear "sistemas de subvención al consumo mediante vales-servicios", especialmente dirigidos a los "hogares con ingresos más bajos". Otro instrumento es fijar una cuota de presencia obligatoria de productos de la ESS en las cadenas tradicionales de comercialización (Jiménez, 2016)[18].

Cuadro 2. Dimensión económica: un nuevo sistema económico

Tipos de medidas	Medidas concretas
1° Concepción de la ESS	Proyecto integral: más allá de inclusión social y laboral
2° Transición	Plan para la transición
3° Medidas concretas (fortalecimiento)	Apoyo a oferta: • Apoyo financiero • Apoyo fiscal • Apoyo material (espacios, suministros, servicios...) Apoyo a demanda: • Compra y contratación pública responsables • Apoyo a comercialización (mercados sociales, moneda social...)

3.3. Nuevo patrón cultural

El carácter integral y holístico de la alianza estratégica que proponemos exige, como planteábamos al inicio de este trabajo, además de una nueva arquitectura de poder y un nuevo sistema económico, un nuevo patrón cultural. No hay transformación profunda ni hay un nuevo paradigma sino se producen cambios de calado en el ámbito cultural y en el de los valores. La alternativa sistémica se expresa, por tanto, también en el terreno de la cultura (Coraggio, 2016a; García Jane, 2014).

Reivindicando otra vez la mirada sustantivista de la Antropología Económica: el nuevo proyecto económico debe estar "imbricado" (Polanyi, 1976) en un marco cultural alternativo, con valores antagónicos

18 Jiménez (2016: 122) destaca la iniciativa del gobierno ecuatoriano presidido por Correa: "cabe resaltar políticas públicas que han actuado positivamente en términos de los derechos de los consumidores y del fomento de un consumo responsable. Por ejemplo, la Superintendencia de Control del Mercado emitió una Resolución que dispone una cuota de 15% de presencia en las perchas o estanterías de los supermercados de productos que vienen de la economía popular, solidaria y de las PYMES, lo que ha permitido que algunos actores de la EPS accedan a las grandes cadenas de supermercados para colocar sus productos".

a los de orden actual. Si la economía es una "parte de la cultura" de una sociedad (Coraggio, 2011: 286), los valores que esa cultura potencie serán los dominantes en las prácticas económicas entre sus diferentes agentes. En consecuencia, la disputa, o en palabras de Coraggio (2011: 137), la "lucha" es también "cultural". En realidad, siguiendo al autor, es "una lucha donde economía, política y cultura se ven fuertemente imbricadas" (Coraggio, 2011: 166). En síntesis, "construir otra economía (...) es, a la vez, construir otra sociedad y otra cultura, otra subjetividad" (Coraggio, 2011: 202).

La cultura alternativa se expresa en unos valores alternativos a los de la "cultura capitalista" (Coraggio, 2011: 132), por lo que los valores predominantes de ésta deben ser sustituidos por otros antagónicos (solidaridad, cooperación, ayuda mutua, bien común, etc.). Se plantea, por tanto, "otra racionalidad" (Coraggio, 2011: 299) diferente a la hegemónica. La nueva cultura prioriza, en la línea de la antropología sustantiva, principios como la reciprocidad y la redistribución igualitaria frente al principio absoluto del intercambio mercantil del capitalismo (Polanyi, 1989; Coraggio, 2011). Frente al principio utilitarista de la reproducción ampliada del capital del sistema dominante se pone en el centro el principio ético de la "reproducción ampliada de la vida" (Hinkelamert y Mora, 2013: 6).

Este cambio, obviamente, no puede ocurrir de un día para otro, por lo que de nuevo la idea de transición cobra especial importancia. El proceso será largo y estará lleno de contradicciones y, además, se encontrará permanentemente con obstáculos impuestos por la cultura dominante.

El objetivo a largo plazo es, "propiciar un nuevo sujeto (...) que cuida del territorio donde vive" (García Jane, 2014: 112) y que se rige prioritariamente por una racionalidad solidaria.

Para que el cambio cultural se produzca hay que activar diferentes mecanismos que potencien los nuevos valores. La alianza política entre el Estado y la ESS tendría, por tanto, como objetivo estratégico, el impulso de un conjunto de medidas en esta dirección. Algunas que podríamos destacar, a partir de las propuestas de diversos/as autores/as y entidades de la ESS, serían las siguientes: dinámicas de sensibilización dirigidas hacia diferentes sectores, formación política que complemente a la de carácter más técnico y, apoyo estratégico a la investigación.

En cuanto a las dinámicas de sensibilización a favor de la ESS hay que puntualizar que es conveniente compatibilizar las de carácter general con las dirigidas a colectivos específicos. En primer lugar, diferentes voces subrayan la importancia de realizar campañas de sensibilización hacia la ciudadanía en general (Boixader, 2014; Catalá, 2020; Chaves, Gallego y Savall, 2020; Eizaguirre, 2016; REAS, 2016). Eizaguirre (2016: 216) destaca que "la producción de eventos, ferias y festejos alrededor de las formas alternativas de producción consumo y distribución de recursos es una manera evidente de promover el cambio cultural mediante la sensibilización ciudadana al respecto de la existencia de alternativas a las opciones de actividad económica hegemónicas".

Un sector prioritario en relación a la sensibilización es la juventud, por lo que la inclusión de la ESS en los planes de estudios de los centros educativos de los diferentes niveles formativos sería fundamental (Chaves, Juliá y Monzón, 2019: 50; Jiménez, 2016: 117; Olatukoop, 2019; XES, 2019). El papel de las diferentes administraciones públicas en este ámbito es crucial, teniendo en cuenta que son las encargadas de fijar los criterios generales de los planes de estudio.

Otro sector considerado también de gran relevancia es el personal de las administraciones y los cargos públicos. Eizaguirre (2016: 218) indica que es estratégica la sensibilización a favor de la ESS entre "los cargos electos y los gestores de políticas públicas". Parece bastante obvio, teniendo en cuenta que es crucial contar con aliados entre la clase política y entre aquellos/as que tienen poder de decisión y gestión. Incluso, más allá de los/as decisores políticos, sería apropiada la sensibilización dirigida hacia todos/as los/as servidores/as públicos/as, según Jiménez (2016: 117).

En el campo de la sensibilización, otro reto fundamental es implicar a los medios de comunicación para que participen en campañas a favor de la ESS. Eizaguirre (2016: 218) considera que las administraciones públicas pueden incidir en los medios para que se sumen a las dinámicas de sensibilización. En este sentido, el papel que pueden jugar los medios públicos es de gran relevancia, teniendo en cuenta, en el caso de algunos países y territorios, el nivel de influencia que tienen.

Como hemos indicado anteriormente, la formación política que complemente a la de carácter más técnico es otra herramienta fundamental para la construcción de un nuevo patrón cultural. Independientemente de quien se ocupe de realizar esta formación y acompañamiento político (directamente las entidades de la ESS, el Estado o una estructura mixta), es importante que se incorpore como objetivo estratégico. Esta formación debe ser continua y, por tanto, brindarse en todo momento: antes de ponerse en marcha un proyecto, en sus inicios y, a lo largo de todo su ciclo de vida. Al principio es importante por la posible falta de formación y, posteriormente, es también relevante por la necesidad de evitar desvíos en los valores y principios que guían la marcha de la empresa.

Un ámbito de disputa cultural en relación a la formación política (disfrazada de técnica) es el del 'emprendimiento empresarial'. Teniendo en cuenta que los modelos de emprendimiento dominantes son funcionales a la racionalidad dominante del sistema capitalista, la propuesta que están haciendo algunos/as autores/as y entidades de la ESS es redefinir dichos modelos apostando por uno alternativo. Desde REAS (2016: 77-78), por ejemplo, proponen el "emprendizaje en Economía Social y Solidaria". En primer lugar, indican que hay que "revisar los modelos de emprendimiento que estamos fomentando desde las instituciones públicas para ver si se adaptan al cambio de modelo socioeconómico que queremos impulsar".

> "Frente al modelo hegemónico de emprendizaje caracterizado por elementos como las startup (...) desde la ESS se apuesta por impulsar iniciativas de emprendizaje colectivas entendidas éstas como herramientas de transformación social (...) y no solamente como una iniciativa económica e individual" (REAS, 2016: 78-79).

Esto supone un cambio radical en relación al emprendimiento, ya que implica sacarlo de la racionalidad maximizadora y egoísta de la economía formal y situarlo en clave de economía sustantiva, re-conceptualizándolo como un instrumento para la formación técnico-política del nuevo sujeto de la otra economía.

Junto a la sensibilización y a la formación, el otro mecanismo primordial para fomentar los nuevos valores del patrón cultural alternativo sería el de la investigación. En este terreno, la alianza entre el Estado y el movimiento de la ESS se amplía al incluir un agente cultural estratégico: las universidades y otros centros de investigación.

La importancia del fomento de la investigación sobre ESS ha sido subrayada por autores de prestigio. Chaves, Gallego y Savall (2020: 51), en su clasificación de políticas públicas, incluyen el "fomento de la investigación", junto a la "difusión" y al "fomento de la formación" como "medidas cognitivas" de las "políticas soft", es decir, de aquellas "políticas dirigidas a crear un ecosistema favorable a las empresas de ES". Laville (2016: 59), por su parte, reivindica la trascendencia de financiar la "investigación en economía social y solidaria" y de "promover programas de investigación" que ayuden a su desarrollo y fortalecimiento.

Teniendo en cuenta la tendencia creciente de financiación pública a la investigación funcional al desarrollo y crecimiento del sector empresarial privado capitalista, especialmente al de los grandes conglomerados, la propuesta aquí es en dirección contraria. Se plantea una apuesta decidida por canalizar, de manera masiva, fondos públicos hacia la investigación en favor de la 'otra economía'. Investigación que sea funcional a su fortalecimiento, consolidación y multiplicación. La articulación ESS-Estado-Universidades será, como hemos indicado antes, fundamental. De hecho, existen experiencias interesantes de participación de grupos de investigación universitarios en iniciativas para el fortalecimiento de la ESS (Pastore, Altschuler y Coscarello, 2022). Asimismo, destacan los emprendimientos de 'incubadoras universitarias de economía solidaria' que han surgido para acompañar a las empresas y redes de la ESS (Coscarello, 2022; Etxezarreta, 2016).

Cuadro 3. Dimensión cultural: un nuevo patrón cultural

Tipos de medidas	Medidas concretas
1° Sensibilización	• General: ciudadanía • Sectorial: juventud, clase política, burocracia, mass media
2° Formación política	• Modelos alternativos de emprendimiento
3° Investigación	• Incubadoras universitarias

4. *Bibliografía*

ÁLVAREZ, J., *Economía social y solidaria en el territorio: significantes y co-construcción de políticas públicas*, Pontificia Universidad Javeriana, Bogotá, 2017.

ARCOS, A., Morandeira, J., "Ecosistemas locales de economía social y solidaria en la Comunidad Autónoma Vasca. Una aproximación desde las entidades", *Revista Iberoamericana de Economía Solidaria e Innovación Socioecológica*, 3, 2020, 37-59. http://dx.doi.org/10.33776/riesise.v3i0.4544

Asamblea Nacional de Ecuador, *Constitución de la República del Ecuador*, Asamblea Nacional, Quito, 2008.

BASTIDA, M., OLVEIRA-BLANCO, A., SAVALL-MORERA, T., "Medidas para el fomento y consolidación de un ecosistema favorable a la Economía Social en Galicia. La Red Eusumo", *CIRIEC-España, Revista de Economía Pública, Social y Cooperativa*, 98, 2020, 59-94. http://dx.doi.org/107203/ciriec-e.98.15872.

BLANCO, I., GOMÀ, R., SUBIRATS, J., "El nuevo municipalismo: derecho a la ciudad y comunes urbanos". *Gestión y análisis de políticas públicas*, 20, 2018, 14-28. https://doi.org/10.24965/gapp.v0i20.10491

BOIXADER, J., "Instrumentos de gestión local para el impulso de la economía social y solidaria", en García Jane, J. (coord.), *Guía de economía social y solidaria para la administración local*, Diputación de Barcelona, Barcelona, 2014, pp. 68-85.

BOUCHARD, M., *Innovation and the Social Economy. The Quebec Experience*, University of Toronto, Toronto, 2013.

CATALÁ, B., *Las políticas públicas de economía social desplegadas por los ayuntamientos de la Comunitat Valenciana*, CIRIEC, Valencia, 2020.

CATTANI, A., "La otra economía: los conceptos esenciales", en Cattani, A., *La Otra Economía*, Altamira, Porto Alegre, 2004, pp. 23-30

CHAVES, R., "La segunda generación de políticas de fomento de la economía social en España y en la Comunitat Valenciana. Un primer balance", en Fajardo, G., Chaves, R. (Dir.), *La economía social en la Comunitat Valenciana: regulación y políticas públicas*, CIRIEC, Valencia, 2019, pp. 19-27

CHAVES, R., MONZÓN, J. L., "Beyond the crisis: the social economy, prop of a new model of sustainable economic development". *Service Business*, 6(1), 2012, 5-26. https://doi.org/10.1007/s11628-011-0125-7.

CHAVES, R., JULIÁ, J., MONZÓN, J.(Dirs.), *Libro blanco del cooperativismo y la economía social en Valencia*, CIRIEC, Valencia, 2019.

CHAVES, R., GALLEGO, J., SAVALL, T., "Políticas públicas y entorno de la economía social", en Chaves, R., Fajardo, I., Monzón, J., *Manual de Economía Social*, Tirant lo Blanch, Valencia, 2020, pp. 43-64

CORAGGIO, J., *Economía social y solidaria. El trabajo antes que el capital*, Abya Yala, Quito, 2011.

CORAGGIO, J., "Las tres corrientes de pensamiento y acción dentro del campo de la economía social y solidaria". *Revista Brasileira de Estudos Urbanos e Regionais*,15(2), 2013, 11-24. http://dx.doi.org/10.22296/2317-1529.2013v15n2p11

CORAGGIO, J., "La presencia de la economía social y solidaria y su institucionalización en América Latina", *UNRISD Occasional Paper: Potential and Limits of Social and Solidarity Economy*, 7, United Nations Research Institute for Social Development, Geneva, 2014, 1-33.

CORAGGIO, J., "La economía social y solidaria: niveles y alcances de acción de sus actores. el papel de las universidades", en Puig, C. (coord.), *Economía Social y Solidaria: conceptos, prácticas y políticas públicas*, Hegoa-UPV/EHU, Bilbao, 2016a, pp. 15-40.

CORAGGIO, J., "Movimientos sociales y economía", en Coraggio, J. (coord.), *Economía Social y Solidaria en movimiento*, UNGS, Buenos Aires, 2016b, pp. 15-35.

CORAGGIO, J., "Sobre las relaciones entre economía, democracia y revolución", *Cadernos Prolam/USP*, 15(28), 2016c, 108-124.

CORREA, F., "Institucionalidad cooperativa en América Latina: panorama general", en Correa, F. (ed.), *Instituciones y políticas públicas para el desarrollo cooperativo en América Latina*, CEPAL, Santiago de Chile, 2022, pp. 21-51.

COSCARELLO, M., "Las incubadoras universitarias como promotoras de la economía social, solidaria y popular", *ORG&DEMO, Marilia*, 23(1), 2022, 11-30

DEFOURNY, J., NYSSENS, M. "Social Innovation, Social Economy and Social Enterprise: What Can the European Debate Tell Us?" In Moulaert, F., MacCallum, D., Mehmood, A., *The international handbook on Social Innovation. Collective action, Social Learning and Transdiciplinary Research*, Edward Elgar, Cheltenham, 2013, pp. 40-52

EIZAGUIRRE, S., "De la innovación social a la economía solidaria. Claves prácticas para el desarrollo de políticas públicas", *CIRIEC-España*, 88, 2016, 201-230

ETXEZARRETA, E. (coord.), *Incubadoras de economía social y solidaria: experiencias internacionales y definición participativa de una incubadora social universitaria,* GEZKI.UPV/EHU, Donostia, 2016.

ETXEZARRETA, E., MORANDEIRA, J., "Cambio de paradigma en las políticas públicas de fomento de la economía social en el País Vasco. ¿Hacia modelos de hibridación organizacional a nivel local?", *Manuscrito facilitado por los autores*, 2022.

EVANS, M., SYRETT, S., "Generating Social Capital?: The Social Economy and Local Economic Development", *European urban and regional studies*, 14(1), 2007, 55-74. https://doi.org/10.1177/0969776407072664

FERNÁNDEZ, A., MIRÓ, I., *La economía social y solidaria en Barcelona. Ayuntamiento de Barcelona*, La ciutat invisible, Barcelona, 2016.

GAIGER, L., "Emprendimientos económicos solidarios". en Cattani, A., *La Otra Economía*, Altamira, Porto Alegre, 2004, pp. 229-241.

GALERA, G., SALVATORI, G., *Políticas públicas para la economía social y solidaria: hacia un entorno favorable. El caso de Europa*, OIT, Turín, 2015.

GARCÍA JANE, J., "Conclusiones y recomendaciones: ayuntamientos por la economía social y solidaria", en García Jane, J. (coord.), *Guía de economía social y solidaria para la administración local,* Diputación de Barcelona, Barcelona, 2014, pp. 110-120.

GARCÍA LINERA, Á., PRADA, R., TAPIA, L., VEGA, O., *El Estado. Campo de lucha*, Muela del Diablo, La Paz, 2010.

GUDYNAS, E., "Buen vivir: germinando alternativas al desarrollo". *ALAI*, 462, 2011.

GURIDI, L., PÉREZ DE MENDIGUREN, J., "La economía social y solidaria, las capacidades colectivas y el desarrollo humano local", en Puig, C. (coord.), *Economía Social y Solidaria: conceptos, prácticas y políticas públicas*, Hegoa-UPV/EHU, 2016, pp. 169-184.

HILLENKAMP, I., "¿Innovar para sostenerse? Representaciones y prácticas de la Economía Popular y Solidaria en América Latina", Puig, C. (coord.), *Economía Social y Solidaria: conceptos, prácticas y políticas públicas*, Hegoa-UPV/EHU, 2016, pp. 65-82

HINKELAMMERT, F., MORA, H., "Economía, vida humana y bien común", *Reflexiones sobre Economía Critica*, 25, 2013, 1-133.

JACOMÉ, H., "Transformaciones en la institucionalidad y la política pública del cooperativismo y la economía popular y solidaria en Ecuador", en Correa, F. (ed.), *Instituciones y políticas públicas para el desarrollo cooperativo en América Latina,* CEPAL, Santiago de Chile, 2022, pp. 289-331.

JIMÉNEZ, J., "Avances y desafíos de la economía social y solidaria en Ecuador", en Puig, C. (coord.), *Economía Social y Solidaria: conceptos, prácticas y políticas públicas*, Hegoa-UPV/EHU, 2016, pp. 107-139.

LAVILLE, J., "La economía social y solidaria frente a las políticas públicas", en Puig, C. (coord.), *Economía Social y Solidaria: conceptos, prácticas y políticas públicas*, Hegoa-UPV/EHU, 2016, pp. 41-64.

LEE, S., "Role of social and solidarity economy in localizing the sustainable development goals", *International Journal of Sustainable Development y World Ecology*, 27(1), 2020, 65-71. https://doi.org/10.1080/13504509.2019.1670274

LEVESQUE, B. "Social Innovation in Governance and Public Management Systems: Towards a New Paradigm?" In Molulaert, F., MacCallum, D., Mehmood, A., *The international handbook on Social Innovation. Collective action, Social Learning and Transdiciplinary Research*, Edward Elgar, Cheltenham, 2013, pp. 25-39.

MARTÍ, J., "Institucionalidad especializada y co-construcción de políticas públicas de fomento cooperativo en Uruguay (2008-2020)", en Correa, F. (ed.), *Instituciones y políticas públicas para el desarrollo cooperativo en América Latina*, CEPAL, Santiago de Chile, 2022, pp. 379-433

MONZÓN, J.L., HERRERO, M., "Empresas sociales, emprendimiento social y economía social", *Revista Española del Tercer Sector*, 35, 2017, 19-44

OLATUKOOP, *15 neurri, udalerrietan ekonomia social eraldatzailea sustatzeko*, 2019.

https://olatukoop.eus/2019/11/15-neurri-udalerrietan-ekonomia-sozial-eraldatzailea-sustatzeko/

PASTORE, R., ALTSCHULER, B., COSCARELLO, M., "Democratización universitaria y del conocimiento para potenciar las economías transformadoras", *Tekoporá. Revista Latinoamericana de Humanidades Ambientales y Estudios Territoriales*, 4(1), 2022, 75-100. https://doi.org/10.36225/tekopora.v4i1.147

POLANYI, K., *La gran transformación. Crítica del liberalismo económico*, La Piqueta, Madrid, 1989.

POLANYI, K., "El sistema económico como proceso institucionalizado", en Godelier, M., *Antropología y economía*, Anagrama, Barcelona, 1976, pp. 155-178.

RAUBER, I., *Refundar la política. Desafíos para la nueva izquierda latinoamericana*, Continente, Buenos Aires, 2017.

REAS, *Carta de la Economía Social y Solidaria*, REAS, Bilbao, 2011a.

REAS, "Experiencias de economía social y solidaria: compartiendo estrategias y aprendizajes", *Papeles de Economía Solidaria*, 2, 2011b, 1-75.

REAS, *Transformando los territorios desde la economía solidaria. herramientas para el impulso de políticas públicas locales*, REAS, Bilbao, 2016.

REBOLLO, O., "¿Cómo construir una nueva política pública en torno a la economía social y solidaria?", en García Jane, J. (coord.), *Guía de economía social y solidaria para la administración local*, Diputación de Barcelona, Barcelona, 2014, pp. 63-67.

SÁNCHEZ J., MARTÍN S., BEL, P., "Educación y formación en emprendimiento social: características y creación de valor social sostenible en proyectos de emprendimiento social", *REVESCO. Revista de Estudios Cooperativos, 129*, 2018, 16-38. https://doi.org/10.5209/REVE.62492

SAVALL, T., "Análisis de la participación de la economía social en el diálogo social", *GEZKI*, 9, 2013, 111-141

SINGER, P., "Relaciones entre sociedad y estado en la economía solidaria", *Iconos. Revista de Ciencias Sociales*, 33, 2009, 51-65.

SUBIRATS, J., "Notas sobre cambio de época y economía social. ¿Nuevas políticas de desarrollo local?", en García Jane, J. (coord.), *Guía de economía social y solidaria para la administración local,* Diputación de Barcelona, Barcelona, 2014, pp. 10-21.

TAPIA, L., *La igualdad es cogobierno*, CODES-UMSA, La Paz, 2007.

UHARTE, L.M., "Las comunas en Venezuela: un ensayo de democracia política y económica", en Garzon, O., Sallerin, M., Uribe, E., *Venezuela, la révolution bolivarienne 20 ans après*, L'Harmattan, París, 2020, pp. 87-95.

UHARTE, L.M., "Las empresas de la economía solidaria: una guía para analizar su carácter transformador", en Aguilar, M. (dir.), *Innovación social y elementos diferenciales de la economía social y cooperativa*, Marcial Pons, Madrid, 2022, pp. 219-235.

VAILLANCOURT, Y., "La economía social en la co-producción y en la co-construcción de las políticas públicas", *Revista del Centro de Estudios de Sociología del Trabajo*, 3, 2011, 1-38

VAILLANCOURT, Y., DUCHARME, M., AUBRY, F., "El tercer sector en la co-construcción de la política AccèsLogis en Quebec", *Revista +E*, 5, 2015, 50-59.

VÁZQUEZ, U., UHARTE, L.M., "De la gobernanza a la cogobernación: explorando vías para la inclusión social de los sectores subalternos a través de los movimientos populares", en Olivero, S., Martínez A. (coord.), *Identidades, segregación, vulnerabilidad. ¿Hacia la construcción de sociedades inclusivas? Un reto pluridisciplinar*, Dykinson, Madrid, 2021.

XES (Xarxa d'economia Solidària de Catalunya), *15 mesures cap a l'Economia Social i Solidària als municipis*, 2019.
https://xarxanet.org/biblioteca/15-mesures-cap-leconomia-social-i-solidaria-als-municipis

LO COMUNITARIO COMO EJE VERTEBRADOR DE LA POLÍTICA PÚBLICA LOCAL DE FOMENTO DE LA ECONOMÍA SOCIAL: EL CASO DE *HERNANI BURUJABE*[1]

ENEKOITZ ETXEZARRETA-ETXARRI
enekoitz.etxezarreta@ehu.eus
Departamento de Economía Aplicada
Instituto de Derecho Cooperativo y Economía Social GEZKI)
Universidad del País Vasco (UPV/EHU)
JON MORANDEIRA-ARCA
jon.morandeira@ehu.eus
Departamento de Economía Financiera II
Instituto de Derecho Cooperativo y Economía Social (GEZKI)
Universidad del País Vasco (UPV/EHU)
ANDONI EGIA-OLAIZOLA
a-egia@hernani.eus
Técnico de Desarrollo Local
Ayuntamiento de Hernani

1. *Introducción*

El presente artículo trata de recoger una de las experiencias más avanzadas en políticas públicas de fomento de la economía social del País Vasco, el desarrollado en el municipio de Hernani (Gipuzkoa), con el objetivo de interpretarlo desde el marco de las políticas transformadoras de fomento de la economía social (Chaves-Ávila y Gallego-Bono, 2020).

La experiencia analizada, denominada bajo el título *Hernani Burujabe* (Hernani Soberana), se distingue porque articula una serie de políticas sectoriales de ámbito local, que plantean como principal objetivo la recuperación de soberanías populares, mediante la participación directa del ámbito comunitario tanto en el diseño como en la implementación y gestión de las políticas públicas, que se canalizan mediante colaboraciones público-cooperativo-comunitarias de diversa naturaleza.

La elección de dicha experiencia se justifica, por tanto, en la medida en que plantea un esquema de intervención público-comunitaria de carácter

1 Actividad realizada en el marco del Grupo de Investigación "Gizarte Ekonomia eta bere Zuzenbidea", IT1711-22, grupo de investigación del Sistema Universitario Vasco 2022-2025.

transformador a distintos niveles: en primer lugar como política pública municipal, porque trata de revertir las lógicas de *up-down* al empoderar lo máximo posible el ámbito comunitario en las distintas fases de la política pública (diseño, implementación, ejecución y evaluación) acercándose a esquemas de municipalismo transformador (Etxezarreta, Arrillaga y Soto, 2020) o co-gobierno (Uharte, 2024); en segundo lugar, también como política de fomento de la economía social, al tratar de superar una visión limitada y sectorial de la economía social y abordar su promoción desde una perspectiva holística y ecosistémica (Chaves y Gallego, 2020); en tercer lugar, como planteamiento alternativo de desarrollo local, al pivotar su estrategia en la recuperación de soberanías en ámbitos estratégicos para la sostenibilidad de la vida (Egia, 2021; Arrillaga, 2021a, 2021b), y; en cuarto lugar, por la nueva institucionalidad que articula para su implementación bajo una nueva arquitectura política que plantea modelos de gobernanza público-comunitaria de carácter innovador.

Para tratar de exponer de forma analítica los citados elementos de la experiencia analizada, el artículo se estructura de la siguiente manera: en este primer apartado introductorio se establecen las bases teóricas del estudio, se recogen las principales tipologías de políticas públicas de fomento de la economía social y se realiza un análisis somero sobre la evolución histórica de dichas políticas, tanto a nivel estatal como a nivel del País Vasco, y se interpreta la experiencia desde la óptica del desarrollo local; en un segundo apartado se desarrollan las características principales de la experiencia *Hernani Burujabe,* analizando la institucionalidad, el modelo de gobernanza y el despliegue sectorial del programa; para finalizar se desarrolla el apartado de discusión y conclusiones, donde se reconstruyen los elementos constitutivos de la experiencia en el marco de las propuestas de alianzas estratégicas desarrolladas en el marco teórico introductorio de este trabajo monográfico (Uharte, 2024)

2. *Aproximación teórica: Hernani Burujabe desde la óptica de las políticas públicas y el desarrollo local*

2.1. Tipologías y evolución de las políticas públicas de fomento de la economía social

2.1.1. *Tipologías de políticas públicas*

Para el ejercicio de teorización del estudio de caso analizado en este trabajo, es necesario proponer, en primer lugar, una tipología estándar de las políticas públicas. Para ello, sirven de referencia los primeros trabajos del investigador Rafael Chaves (2009, 2010 y 2012) donde se establecen las bases teóricas que engloban todas las medidas que se contemplan en el ámbito de las políticas públicas. En el siguiente cuadro se muestran las tipologías principales:

Cuadro 2. Políticas Públicas sobre la economía social

<table>
<tr><th colspan="3">POLÍTICAS dirigidas a las entidades de economía social</th></tr>
<tr><td colspan="3">Políticas de oferta (sobre la estructura de las organizaciones)</td></tr>
<tr><td>Medidas Institucionales</td><td>• Reconocimiento de la economía social como actor privado.
• Reconocimiento de la capacidad operativa de la economía social en todo sector de actividad económica.
• Reconocimiento de la economía social como actor político.
• Organismos públicos de fomento de la economía social</td><td>Políticas soft</td></tr>
<tr><td>Medidas Cognitivas</td><td>• Difusión, formación e investigación en economía social.</td><td>Políticas soft</td></tr>
<tr><td>Medidas Económicas</td><td>• Medidas presupuestarias.
• Medidas fiscales.
• Otras medidas de apoyo financiero.
• Medidas de apoyo técnico.</td><td>Políticas hard</td></tr>
<tr><td colspan="3">Políticas de demanda (sobre la actividad de las organizaciones)</td></tr>
<tr><td colspan="2">• Medidas de acceso a la condición de proveedor de la Administración Pública.
• Medidas de regulación y aplicación de partenariados público-privados con la economía social.</td><td>Políticas hard</td></tr>
<tr><th colspan="3">POLÍTICAS dirigidas al empleo en las entidades de economía social</th></tr>
<tr><td colspan="2">• Medidas de ayuda a la creación y estabilización del empleo en la economía social.
• Medidas de apoyo a la formación en economía social.
• Otras medidas.</td><td>Políticas hard</td></tr>
</table>

Fuente: Morandeira (2013, p. 185) con base en Chaves (2009, 2010 y 2012).

Como se observa en el cuadro, el estudio de las políticas públicas sobre la economía social debe enfocarse diferenciando entre las políticas públicas sobre la economía social que inciden directamente sobre las entidades de economía social y las que lo hacen directamente en el empleo de las entidades de economía social (Chaves y Monzón, 2000 y Chaves, 2008).

Entre las primeras, se diferencian aquellas dirigidas a la estructura de las entidades (*políticas de oferta*) y las que actúan sobre la actividad de las organizaciones. Pero, además, se pueden categorizar las políticas de fomento de la economía social en dos grandes grupos (Chaves, 2010 y 2012): las políticas *soft* y las políticas *hard*. Las primeras dirigidas a establecer un entorno o marco ambiental institucional y cultural propicio en el que surjan, operen y se desarrollen; y las segundas dirigidas a las propias entidades en su condición de unidad económica/empresarial.

A continuación, se realiza un breve repaso histórico de la evolución de las políticas públicas de fomento de la economía social, para explicar cuáles son los elementos cualitativamente distintos que aparecen en el contexto de estas políticas de "nueva" generación. Para ello, se aborda en primer lugar los cambios identificados en distintos territorios del estado español para luego aterrizar en el estudio concreto del caso vasco.

2.1.2. *Evolución general de las políticas públicas a nivel del estado*

La economía social aparece como concepto en las normas y los órganos de la Administración Pública tanto a nivel estatal como en las comunidades autónomas en la década de los 80, pero será a partir de los 90 cuando se empezará a dar verdadera difusión al concepto mediante la aplicación de las primeras políticas de fomento.

Estas primeras medidas se basan en una concepción restringida de la economía social limitando su actuación a las cooperativas y sociedades laborales y se desarrollan, aunque existe cierta coordinación a nivel estatal, de manera descentralizada en cada una de las comunidades autónomas, con escasa participación del nivel comarcal/regional y local (Fajardo, 2019).

Chaves (2019) realiza una evaluación de esta primera generación estableciendo dos modelos de intervención pública: por un lado, el modelo minimalista en el que la comunidad autónoma se limita a reproducir y gestionar las partidas presupuestarias y las medidas establecidas por el estado sin ninguna innovación y con un interés moderado sobre el sector; y por otro lado, identifica otro modelo más desarrollado que muestran ciertas comunidades autónomas (Murcia y Andalucía principalmente) con una visión más amplia de la economía social, acompañada de partidas presupuestarias y medidas más ambiciosas. En este segundo modelo, se realizan ciertas innovaciones institucionales ya que se materializan a más largo plazo y con el acuerdo de diferentes agentes, entre otros, entidades locales, empresas del sector y sindicatos.

La crisis de 2008 dejará en evidencia las debilidades intrínsecas de estas medidas de "primera generación": la relativa poca incidencia en la verdadera expansión de las entidades de economía social, especialmente en la activación del emprendimiento, y en general la desconexión que mostraba con el desarrollo local. Esta reflexión se une, casi de manera sincronizada, con la revisión general de las políticas de desarrollo local, ya que la crisis de 2008 muestra el agotamiento también de los modelos de intervención activados para el desarrollo local (Subirats, 2014; Estela, 2014).

Debido a la escasa capacidad de incidencia de este modelo, y teniendo en cuenta la nueva correlación de fuerzas que los resultados electorales municipales dieron desde 2015, surgieron planteamientos locales nuevos. El Comissionat d'Economía Cooperativa, Social y Solidarià y el Pla d'Impuls de l'economia social y solidrarià de la ciutat de Barcelona (2016-2020) son, en este sentido, las principales referencias que posibilitan empezar a hablar de una nueva generación de políticas públicas. (Chaves, 2019, p. 21).

Tal y como se ha adelantado este proceso coincidirá casi simultáneamente, con el proceso de ruptura con el modelo más clásico del desarrollo local (García Jané, 2014a). Las entidades de economía social han sido consideradas (y utilizadas) por el modelo tradicional de desarrollo como el mejor modelo de organización de las actividades económicas que generan nuevo empleo (rentas), y por ser una muy buena herramienta para la inserción laboral de personas en riesgo de exclusión social. Pero fueron las propias entidades de la economía social las que provocaron superar esta visión reduccionista sobre su función, convirtiéndose esenciales en el viraje estratégico que se da en el ámbito del desarrollo local, al primar las dinámicas cuyo objetivo es la satisfacción de necesidades sociales frente a las que tienen como objetivo la generación de nuevas rentas por medio del empleo (Estela, 2014).

Este enfoque que pone en el centro la satisfacción de necesidades sociales coincide con la manera de percibir las entidades de economía social de García Jané (2014a), quién considera que las entidades de economía social son un mecanismo adecuado para dar respuesta a las diferentes necesidades del territorio. De esta manera, según García Jané (2014b), la política de fomento de la economía social respondería a las siguientes ideas principales: se centraría en la satisfacción de las necesidades del territorio, por medio de procesos creativos y cooperativos, siguiendo dinámicas de co-construción mediante proyectos integrales, incidiendo en la transversalidad de la economía social en las políticas públicas e inspirada en los proyectos innovadores que ejercen la labor tractora.

Por su parte, Chaves (2019) y Chaves-Ávila y Gallego-Bono (2020) destacan cuatro características principales en estas nuevas medidas:

- Políticas que se sustentan en una lógica *Bottom-up*, desbancando el protagonismo a la lógica *Top-down*. La economía social tendrá una mayor participación en el diseño, planificación e implementación de estas políticas, transitando desde un liderazgo de las instituciones públicas hacia esquemas de co-construcción.
- Son políticas que priorizan una visión *holística* frente a medidas aisladas de ayudas/subvenciones económicas. Políticas con un enfoque más global y estratégico, más allá de la aplicación de medidas presupuestarias concretas.
- Se basan en un enfoque *ecosistémico*, De esta manera, el objetivo principal es la dinamización de los recursos que los agentes del territorio son capaces de activar, habilitando plataformas que posibiliten su participación estructural.
- Medidas tomadas bajo un enfoque *mainstream*, buscando la transversalidad y complementariedad de estas medidas entre diferentes políticas públicas locales.

La caracterización que realiza Chaves (2019) tiene como idea central el carácter relacional de las nuevas medidas. Este carácter relacional impregna cada una de las cuatro características anteriores: una relación más estrecha con el sector (*bottom-up*), mayor coordinación entre diferentes medidas (*holístico)* y diferentes departamentos (*mainstream*), y buscando la implicación de agentes locales públicos, privados, comunitarios y educativos (*ecosistémico*).

En un modo sintético se puede afirmar que la nueva generación se caracteriza por un mayor protagonismo del ámbito local, las instituciones públicas pasan a funciones dinamizadoras y se prioriza fomentar las iniciativas dirigidas a la satisfacción de necesidades del territorio.

2.1.3. *Políticas públicas de fomento de la economía social en Euskadi*

En el País Vasco es en 1986 cuando se cita explícitamente por primera vez el concepto de economía social en la "Dirección de Cooperativas y Economía Social", que se ubica dentro de la estructura del Departamento de Trabajo del Gobierno Vasco (Etxezarreta y Morandeira, 2012), siendo la muestra del inicio de esa primera generación de políticas públicas. Al igual que en el resto del estado, las primeras medidas parten de una concepción limitada del concepto de economía social, vinculando todas las medidas exclusivamente a las cooperativas y sociedades laborales (Morandeira et al., 2020). La Dirección de Economía Social del Gobierno Vasco ha sido desde entonces el organismo referencial de la política pública de fomento de la economía social, que tras varios planes estratégicos alineados con la "primera" generación de dichas políticas, empieza a adoptar un nuevo enfoque a partir del "Plan de Actuación de la Dirección de Economía Social. Gobierno Vasco 2017-2020" (Gobierno Vasco, 2017) y el posterior "Plan Estratégico interdepartamental de Economía Social. 2021-2024" (Gobierno Vasco, 2021).

En el proceso de diseño y elaboración de los dos últimos Planes y en su propio contenido, se pueden identificar ciertas características de las denominadas políticas de segunda generación. Tal y como se expone en dichos documentos, en su elaboración han participado directamente y activamente los agentes de la economía social (lógica *bottom-up*), y uno de los principales objetivos de ambos Planes fue alinear dicho plan con otros planes y otros departamentos del Gobierno Vasco en busca de cierta transversalidad (enfoque *holístico* y *mainstream*) (Morandeira et al., 2020).

Aun siendo dicho organismo referente en el fomento de la economía social en el País Vasco, existe además un amplio campo de actuación a nivel local. Se apunta, de forma muy resumida, los ámbitos institucionales desde los cuales existe una mayor capacidad de incidencia sobre la economía Social. A un nivel intermedio, el provincial, del Concierto Económico Vasco se deriva la potestad exclusiva en materia de fiscalidad para las Haciendas Forales vascas que desarrollan una fiscalidad específica para cooperativas, asociaciones y fundaciones. Además, las Diputaciones Forales tienen competencias en departamentos con capacidad financiera para promover políticas públicas de promoción de la economía social.

En el ámbito comarcal, se encuentran las mancomunidades (asociaciones municipales) y con un carácter muy especial las Agencias de Desarrollo Comarcal. Las agencias vascas se reúnen en Garapen (Asociación Vasca de Agencias de Desarrollo)[2], y tienen competencias específicas en materia de promoción económica local, empleo, inclusión social y emprendimiento. En este sentido, las Agencias de Desarrollo Comarcal se pueden convertir en grandes protagonistas en la promoción de la economía social, tal y como se refleja en la participación de Garapen en la Red de Entidades para el Desarrollo Local (REDEL)[3] que para 2019-2020 ya marcaba varios ejes de actuación para la promoción de la economía social (Alberdi y Urbieta, 2020).

2 http://www.garapen.net/public_home/ctrl_home.php
3 https://asociacionredel.com/

En el ámbito más local o municipal, los ayuntamientos son los agentes institucionales con mayor potencial de actuación, en la medida en que se puedan identificar infinidad de actuaciones puntuales realizadas a distintos niveles (Soto et al., 2021), pero éstas no se encuentran articuladas de ninguna manera formal, ni en el seno de las entidades representativas (en el caso vasco EUDEL), ni a través de otro tipo de redes municipales específicas del entorno, que servirían de referencia para su formalización[4]. A este respecto, la ausencia de una visión estratégica compartida entre los agentes del desarrollo local y los agentes de la economía social para diseñar de forma conjunta una "hoja de ruta" compartida en el ámbito de las políticas públicas de fomento de la economía social a nivel local (Soto et al., 2021) hace que la experiencia de *Hernani Burujabe* sea una experiencia única a nivel del territorio, aunque ya se empiezan a vislumbrar en más municipios algunas experiencias que parcialmente tratan de incidir en distintas soberanías sectoriales, principalmente en energía (mediante comunidades energéticas) y alimentación.

Por tanto, se concluye este primer apartado señalando que existe un amplio margen de desarrollo en el País Vasco para una aplicación más generalizada y orientada al nuevo enfoque de política públicas a nivel local, que más allá de implementar las "medidas blandas" (reconocimiento institucional y cognitivo más que necesarias), necesitaría de una visión estratégica compartida y una articulación institucional multinivel para una implantación más efectiva y extendida de las políticas de nuevo cuño (Morandeira et al., 2020).

2.2. *Hernani Burujabe* desde la óptica del desarrollo local tranformador

La experiencia que se analiza a continuación, más allá de ubicarse como un ejemplo paradigmático de políticas públicas de nueva generación para el fomento de la economía social, se enmarca también dentro de una estrategia más amplia de desarrollo local alternativa o transformadora (Egia, 2021; Arrillaga, 2021a, 2021b). Dicha estrategia trata de superar la visión del territorio como "espacio atractor-receptor de inversión" y consiste en la construcción de un modelo de desarrollo local basado en

---

4 Como, por ejemplo: la Réseau des collectivités Territoriales pour une Economie Solidaire (Réseau des collectivités Territoriales pour une Economie Solidaire, 2019) en Francia; la Red de Municipios por la Economía Social y Solidaria en Cataluña (Europapress, 2017); la Red de Municipios por la Economía Social en Valencia (Xarxa de Municipis Per L'Economia Social, 2023).

las formas organizativas de la ESS y atravesado por sus valores (Arrillaga, 2021b).

Este nuevo marco conceptual para el desarrollo local se reorienta hacia nuevos objetivos, más allá de la implantación de actividades económicas que generen nuevos puestos de empleo, trata de fomentarlos en ámbitos que son fundamentales para la sostenibilidad (Villalba-Eguiluz et al., 2020) o la sostenibilidad de la vida (Jubeto et al., 2014; Carrasco, 2014; Herrero, 2022) también llamados últimamente como *foundational economy* (Russel et al., 2022). Esta nueva mirada trata de orientar el desarrollo local hacia los ámbitos productivos y reproductivos estratégicos para acometer la transición socio-ecológica necesaria, mediante procesos de reapropiación popular que pretenden recuperar las soberanías en dichos espacios (Baladre, 2018; Arrillaga y Etxezarreta, 2022). La reapropiación popular o construcción de soberanías sucede sobre la base de la autogestión colectiva y comunitaria de las actividades necesarias para la reproducción de la vida.

En este contexto de nueva noción de desarrollo local, se propone el concepto de Soberanía Territorial que se articula mediante la activación de Soberanías Sectoriales (en sector energético, cuidados, alimentación, telecomunicación, comercio, moneda, etc.) (Hiritik at, 2021) donde se abre un elenco de oportunidades para un protagonismo renovado de los agentes de la economía social. En tanto que la economía social es un modelo de organización colectiva que funciona democráticamente es al mismo tiempo una escuela de ciudadanía activa que crea comunidad y enseña a relacionarse fuera de las lógicas capitalistas (de producción, consumo, distribución, financiación, vivienda) (Arrillaga, 2021b). La economía social reproduce, en definitiva, una serie de valores contra-hegemónicos que contribuyen a la creación de un capital social basado en la cooperación, la reciprocidad, el compromiso, la confianza y la ayuda mutua (Arrillaga, 2021b; Laville y García Jané, 2009).

El desarrollo local transformador se articularía con la economía social al menos a tres niveles: el microeconómico-empresarial, donde la política incide en orientar las actividades empresariales hacia los modelos de la economía social transformadora (Begiristain, Etxezarreta y Morandeira, 2021); el nivel meso donde se articulan las redes empresariales, bajo el modelo de ecosistemas locales cooperativos (Egia, 2021; Villalba-Eguiluz et al., 2020; Arcos y Morandeira, 2020), y; a nivel macro mediante la configuración partenariados público-cooperativo-comunitarios (Bance, 2018; Bance et al., 2022;), que en consonancia con las aproximaciones de lo "común" (Coriat, 2015; Dardot y Laval, 2014), teorizan sobre modelos que posibilitan el acceso universal, la planificación comunitaria y la gestión cooperativa de las actividades económicas.

Los citados ecosistemas locales cooperativos y partenariados público-cooperativos, son estrategias que en la línea defendida por Fraisse (2022) superarían las lógicas de co-producción, que limitan la participación ciudadana únicamente a la fase de la provisión del servicio (Pestoff et al., 2012). En este sentido, el desarrollo local transformador que aquí se propone se asienta sobre modelos de co-construcción que habilitan procesos constituyentes abiertos a la participación de agentes interesados múltiples en las fases de elaboración, implementación, monitorización y evaluación de las políticas públicas (Fraisse, 2022), a semejanza de algunas experiencias similares estructuras, por ejemplo, en base los Polos Territoriales de Cooperación Económica para el caso francés (Demoustier e Itçaina, 2018).

En este sentido, tal y como propone García Jané (2014a), la economía social adopta una diversidad de modelos organizacionales que, según el objetivo pretendido por la intervención pública, ofrecerían distintas "herramientas" para canalizar las estrategias de desarrollo local transformador, tal y como viene recogido en el Cuadro 1.

Cuadro 1. Entidades de economía social según objetivo de la intervención pública

Objetivo de la intervención pública	Entidad de economía social
Fomento del asociacionismo y participación ciudadana	Asociaciones de usuarios. Cooperativas de usuarios
Colectivización de la actividad económica	Asociaciones con actividad económica Sociedades Laborales Cooperativas de Trabajo Asociado
Integración social justa de la actividad económica	Cooperativas de Iniciativa Social Empresas de Inserción Centros Especiales de Empleo
Fórmulas de cooperación público-cooperativo-comunitario	Cooperativas Integrales con participación Pública Fundaciones públicas

Fuente: elaboración propia.

3. *Estudio de caso: el programa municipal Hernani Burujabe*

3.1. Contextualización del caso y método del estudio

Hernani es un municipio situado en el Territorio Histórico de Gipuzkoa (País Vasco), concretamente, en la comarca de Beterri-Buruntza. El municipio alcanza un nivel de desarrollo socio-económico importante y cuenta con una masa demográfica suficientemente relevante para la implementación de políticas públicas de carácter transformador. En la siguiente imagen se muestran algunas de las principales características socioeconómicas del municipio:

Imagen 1. Principales variables socioeconómicas de Hernani

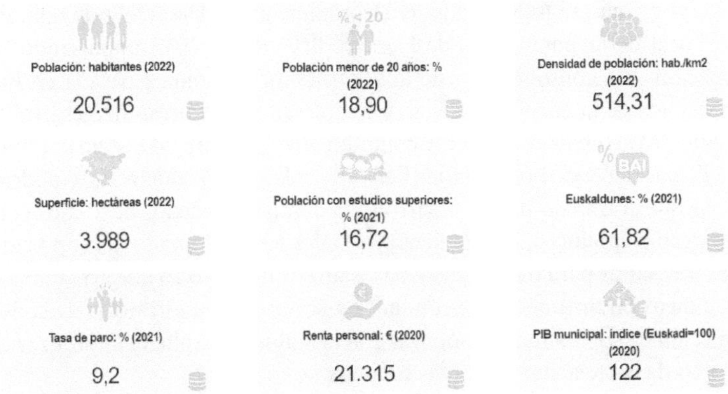

Fuente: Instituto Vasco de Estadística (2023)

Cabría añadir, desde una aproximación más política, que la política municipalista desarrollada por la izquierda independentista que gobierna durante las últimas décadas el municipio "constituye una alternativa política y social que señala las contradicciones del modelo productivo capitalista y su superación; a la par que profundiza en los principios de libertad y participación en su sentido más radical y extensivo desde los núcleos más cercanos a las cotidianidades vividas de la sociedad en su conjunto" (Caamaño, 2022).

Dicha visión se recoge en distintos documentos internos y públicos, como podría ser la ponencia sobre la estrategia municipalista a seguir durante la legislatura de 2023-2027 (EH Bildu, 2023), estrategia que tal y como afirma Thompson (2021) se podría enmarcar dentro de las historias de municipalismo y movimiento cooperativo con honda tradición en acción colectiva, ayuda mutua y solidaridad comunitaria, y que frecuentemente se encuentran influenciadas por identidades culturales fuertes y luchas de auto-determinación nacional.

En este sentido, el programa de *Hernani Burujabe* constituye uno de los principales ejes de trabajo establecidos en los últimos años desde el Departamento de Desarrollo Económico Local del municipio, y se plantea desde una visión que considera que la escala local es el mejor sitio desde donde empezar a desarrollar una política de escala que plantee alternativas al modelo hegemónico dominado por el poder del dinero y la mercantilización (Swyngedouw 1997, p. 577), ejercitando políticas transformadoras y prefigurativas mediante procesos colaborativos de construcción conjunta (Rusell, 2019).

Tal y como se ha señalado, el Departamento de Desarrollo Económico Local del ayuntamiento de Hernani lleva desde 2013 impulsando la creación y la consolidación de una estructura económica basada en los principios de la economía social, y ha liderado un proceso de desarrollo económico comarcal que tenía como objetivo generar un Sistemas Local de Economía Social y Solidaria (Egia-Olaizola, 2021) comarcal. Se podría decir que el trabajo previo desarrollado durante alrededor de 7 años con los agentes políticos, económicos y sociales ha posibilitado las condiciones necesarias para dar un paso más y lanzar un proyecto que articulara a la dimensión institucional, económica y social en una estrategia de construcción de soberanías económicas con la ambición explícita de superar el marco de las relaciones sociales capitalistas.

Para el análisis de la experiencia de *Hernani Burujabe*, se realiza una síntesis de diversos informes (Hiritik at, 2022) y presentaciones que desarrollan un análisis descriptivo de la experiencia, análisis de contenido y su aplicación específica al análisis de sitios web (Herring, 2010), así como de documentación interna[5] escrita en co-autoría por uno de los autores de este mismo artículo, que en su doble condición de investigador y practicante (*practitioner)* posibilita realizar el análisis de este estudio de caso mediante una aproximación más propia de la Investigación-Acción-

---

5 Para el desarrollo de este apartado se han trabajado las siguinetes fuentes:
La página web de "Hernani Burujabe" entre 21/11/2022-10/05/2023 https://burujabe.hernani.eus/es/web/hernani-burujabe/
Fuentes primarias, acceso a documentación no pública, material proporcionado por "Hernani Burujabe".
Hiritik At (2022). Lurralde burujabetza. Utopia planifikatzen segitzeko proposamen bat. Hiritik At.

Participativa (Fals-Borda y Rodríguez-Brandao, 1987; Fals-Borda y Rahman, 1991).

3.2. *Hernani Burujabe*: inspiración teórica, modelo de gobernanza y despliegue sectorial

A continuación, se detallan los aspectos más importantes que constituyen el programa de *Hernani Burujabe*, desde la idea principal, su despliegue efectivo y su articulación organizativa.

3.2.1. *Inspiración teórica: el reforzamiento del ámbito comunitario para afrontar la transición eco-social*

Como primera aproximación a la experiencia analizada podría indicarse que dicho programa transciende el ámbito específico de las políticas públicas de fomento de la economía social a nivel local. De hecho, *Hernani Burujabe* no constituye en sí mismo una línea de ayuda municipal a la economía social, sino que vehiculiza a través de la promoción de la economía social unos objetivos de carácter más global y transformador que, podríamos resumir en dos ideas fuerza: i) la activación del ámbito comunitario como eje vertebrador de la política de desarrollo local, para ii) constituir un modelo alternativo de desarrollo, basado en la recuperación de soberanías sectoriales, necesarios para afrontar la inevitable transición socio-ecológica.

Hernani Burujabe, por tanto, es un proceso de transición hacia "mayores cuotas de soberanía" necesarias para responder desde lo local a los retos globales planteados por los límites socio-ecológicos del actual modelo de desarrollo. En el fondo es un proyecto de ciudad, una propuesta teórica y práctica, para avanzar hacia una transición socio-ecológica que articule el tejido económico, el tejido social y el tejido administrativo del municipio.

Un modelo que dé respuesta a las múltiples necesidades que tienen las personas mediante los recursos que disponen los territorios, avanzando hacia la profundización de la cota de soberanía en los principales sectores que sostienen la vida (alimentación, energía, finanzas, trabajo, tecnología, cultura...). Se propone como principal esquema de actuación un modelo de provisión público-comunitaria que promueve los siguientes modelos de propiedad y gestión: la publificación de los medios de producción de los sectores estratégicos, a través de la planificación comunitaria de cada sector y mediante la gestión y dinamización cooperativa de los recursos publificados, siempre bajo las líneas de actuación establecidas en la planificación comunitaria.

3.2.2. *Despliegue sectorial de la propuesta: las soberanías sectoriales*

La mencionada "recuperación de soberanías" que trata de promover el programa se organiza mediante la reapropiación público-comunitaria de algunos sectores de actividad considerados como esenciales para el sostenimiento de la vida, tales como: la alimentación, los cuidados, la energía, el pequeño comercio, la cultura, etc.

En la siguiente imagen se reflejan los sectores que se están constituyendo, con distintos niveles de desarrollo, en el marco de *Hernani Burujabe*: en el centro de la imagen se sitúa la ciudadanía, sobre la que pivota la activación y la planificación de las soberanías sectoriales (alimentación, cuidados, energía, pequeño comercio, cultura, etc.) que serán articuladas mediante la moneda local Ekhi en ese camino hacia la soberanía territorial, fomentando en todo momento la paridad, la interculturalidad, la sostenibilidad y el uso del euskera.

Imagen 2. Soberanías sectoriales y modelo de gobernanza

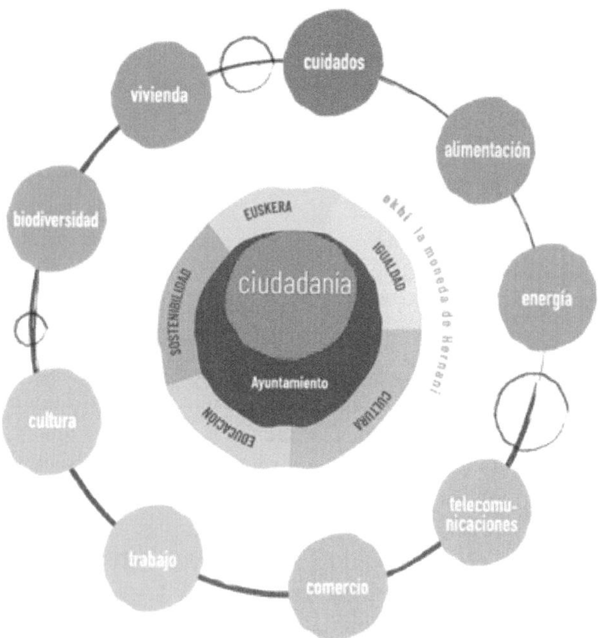

Fuente: material proporcionado por *Hernani Burujabe*.

El nivel de desarrollo alcanzado hasta el momento varía de unos sectores a otros. Como principales líneas de trabajo, podríamos señalar que las soberanías sectoriales se están abordando, en cada sector, mediante la activación de los siguientes procesos:

- En el ámbito energético, se ha constituido ENHERKOM una cooperativa integral sin ánimo de lucro, el cual gestiona la "comunidad energética" que la sostiene.
- En el sector de los cuidados, la iniciativa AUZOZAINTZA, diseñada como red público-comunitaria para la planificación de la provisión de cuidados, está siendo gestionada a través de dos cooperativas de iniciativa social: ZABALDUZ y MAITELAN.
- En alimentación, la estrategia pivota sobre tres estrategias principales: la constitución de un BANCO PÚBLICO DE TIERRAS, la apertura del espacio HERRILUR-TIENDA KM0 y la iniciativa de PRÁCTICAS PARA PERSONAS AGRICULTORAS, todas ellas participadas por distintos agentes del municipio.
- En cuanto a la soberanía monetaria, se acuña la moneda local EKHI, gestionada por la cooperativa de consumo EKHILUR y el ayuntamiento.
- En referencia al comercio local, la iniciativa MERKATARITZA busca activar el pequeño comercio del municipio a través de la adopción de la moneda local, implantando un sistema de pago propio y un portal electrónico de los comercios.
- En el ámbito de las telecomunicaciones se encuentra en proceso una estrategia de conexión a internet vía radioenlace para las zonas rurales que será desarrollado por la cooperativa EHKOM.
- Y, por último, en lo que a la biodiversidad se refiere, la iniciativa SAGARRETA, gestionada por la asociación ciudadana del mismo nombre, impulsa dinámicas relacionadas con el conocimiento y el cultivo de la biodiversidad del municipio.

Tal y como se puede apreciar, aún existen algunos sectores en los que no se ha podido activar un proceso comunitario que lo impulse (vivienda, cultura), y en el resto de sectores los agentes participantes son variados y con distintos niveles de implicación. Tratando de detallar con algo más de precisión el nivel de movilización comunitaria que alcanza cada proyecto podríamos añadir las siguientes consideraciones:

- En relación a la soberanía energética se ha creado una organización híbrida, una comunidad energética, una cooperativa integral sin ánimo de lucro como organización híbrida participada por empresas locales, personas usuarias y Ayuntamiento. Esta alianza público-cooperativo-comunitario se materializa en una entidad de economía social para canalizar la política/estrategia local de transición energética.

- o Se aplica la misma medida de intervención del modelo transformador en el caso de la soberanía monetaria y comercial en el que desarrolla un sistema propio de pago, sistema de moneda complementaria a la oficial (García Jané, 2014a), gestionado por EKHILUR, cooperativa de consumo sin ánimo de lucro formada por personas consumidoras, negocios locales, empresas, asociaciones y entidades públicas, entre las que se encuentra el Ayuntamiento de Hernani junto a diferentes comercios del municipio.
- o En el ámbito de la soberanía alimentaria se desarrollan dos iniciativas vinculadas de gestión comunitaria de la problemática del acceso a las tierras para el mantenimiento de la agricultura, mediante un parternariado entre el Ayuntamiento y HENASE (asociación de personas agricultoras y ganaderas), en el que se pretende, por un lado, la compra-alquiler de las tierras por parte del Ayuntamiento para su posterior cesión a la Asociación con el fin de desarrollar una gestión comunal de esos bienes comunes/colectivos, y; por otro lado, se habilita un espacio gestionado por HENASE y HERRILUR (asociación de consumo) para, entre otras, la comercialización de los productos locales, los denominados circuitos cortos de comercialización (Begiristain y López, 2016), como medida de demanda que incida en la actividad de estas entidades de economía social.
- o Por su parte, respecto a la soberanía de los cuidados, se ha creado la red público-comunitaria Auzozaintza para atender las necesidades personas mayores por medio de un partenariado público-cooperativo entre el Ayuntamiento y Maitelan (cooperativa integral de iniciativa social) y Zabalduz (cooperativa de iniciativa social). Se trata de una medida de demanda para la prestación de servicios públicos por medio de un convenio firmado entre las partes.
- o Por último, en relación a la soberanía de telecomunicaciones, se da una colaboración público-comunitaria entre el Ayuntamiento y EHkom (cooperativa integral sin ánimo de lucro) para crear infraestructuras público-comunitarias de conexión a internet en zonas rurales, contratando los servicios de la cooperativa.

Tal y como se puede observar, todo el despliegue sectorial de soberanías se realiza mediante la activación de diversos agentes públicos, sociales y económicos del municipio, bajo un modelo de gobernanza cuya exposición merece ser tratada en un apartado diferenciado.

3.2.3. *Modelo de gobernanza mediante una nueva arquitectura política*

Esta propuesta de transformación municipalista en clave de soberanía territorial, requiere de la puesta en marcha de una nueva arquitectura política para avanzar en la democratización de la administración pública y de la economía en los sectores estratégicos. Para ello, se considera el territorio como la interacción de tres grupos de agentes: la ciudadanía; el Ayuntamiento; y el tejido económico (Imagen 3).

Imagen 3. Grupo de agentes

Fuente: elaboración propia (https://burujabe.hernani.eus/es/que-es)

En el vértice ciudadano se aglutinan los agentes, asociaciones y/o individuos. La ciudadanía tendrá la misión de identificar las necesidades y los deseos económicos y llevar a cabo su planificación estratégica. En este sentido, la comunidad está en el centro de la propuesta, ya que ésta parte de las necesidades y los deseos marcados por la comunidad. Para ello, se crean marcos de decisión y una planificación comunitaria de carácter profundamente democráticos.

En el vértice público se encuentra el Ayuntamiento. El Ayuntamiento facilitará los recursos necesarios para ejecutar dicha planificación estratégica; siendo protector del patrimonio común, defensor del interés general y garante de la universalidad de los derechos. El sector público debe promover el acceso universal a los recursos en los ámbitos estratégicos, además de asegurar el alcance universal a los mismos. Toda la ciudadanía debe tener el derecho y la oportunidad a implicarse en los procesos que se fomenten. Además, el Ayuntamiento deberá garantizar la equidad social sobre los beneficios que se generen en este proceso.

Y, por último, en el vértice económico se encuentra el tejido económico comprometido con el desarrollo local. El sistema económico debe satisfacer las necesidades de la sociedad. El principal papel de los agentes económicos de cada sector será dinamizar los recursos proporcionados por el Ayuntamiento en función de la planificación estratégica comunitaria y participativa realizada.

El ecosistema de gobernanza que se propone está compuesto por cuatro elementos clave: Grupos Promotores, Mesas Sectoriales, Foro de Soberanía y Consejo de Soberanías (Imagen 4).

Imagen 4. Ecosistema de gobernanza

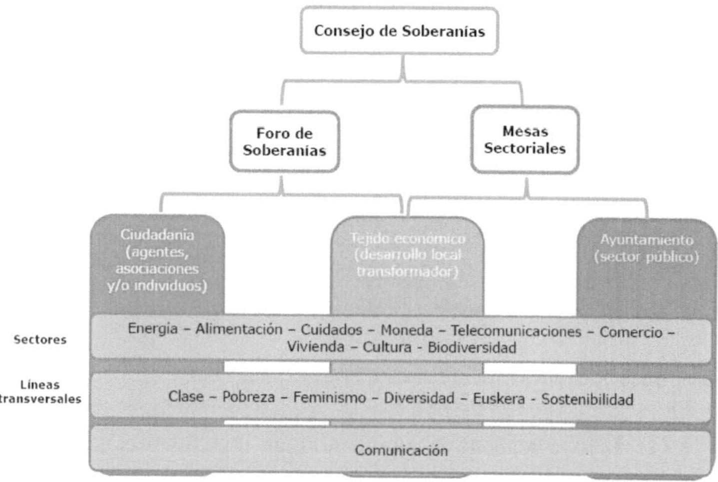

Fuente: elaboración propia (Hiritik At, 2022; y Fuentes primarias, material proporcionado por *Hernani Burujabe*).

Es vital en esta arquitectura, por un lado, "Bidean", grupo de ciudadanas creado con el objetivo de promover *Hernani Burujabe* mediante la socialización del proceso, sumando al proceso de soberanía territorial a los agentes sociales y políticos y alineando sus reivindicaciones al mismo. Además, es la encargada de dinamizar el "Foro de Soberanías", punto de encuentro entre la ciudadanía y el tejido económico (grupo promotor de cada sector). Por otro lado, están los "Grupos Sectoriales" como puntos de encuentro auto organizado por las personas interesadas en el proceso de soberanía de cada sector económico. Para la conformación de estos grupos se establece como características esenciales: necesidad de una masa crítica suficiente, ya que se trata de definir las políticas públicas de abajo arriba por lo que es vital el apoyo de la ciudadanía; tener una propuesta de articulación con el Ayuntamiento y la ciudadanía; un proyecto de soberanía en clave de iniciativa socioeconómica público-ciudadana; y la voluntad de incorporarse en el ecosistema de gobernanza de *Hernani Burujabe*.

Las Mesas Sectoriales son el espacio de trabajo compartido en el que se articular la iniciativa ciudadana, los proyectos económicos y la política municipal, se acuerdan las propuestas de la iniciativa ciudadana y las prioridades municipales, y se establecen los planes sectoriales. Por tanto, la mesa está compuesta por representantes de la iniciativa ciudadana, promotores del proyecto de soberanía, el/la edil responsable, el personal técnico responsable y el personal técnico de desarrollo local.

El Foro de Soberanías es el espacio compuesto por los "Grupos Promotores" de los sectores económicos y "Bidean" con el objetivo de profundizar y extender la auto organización económica de los/as ciudadanos/as y la coordinación y articulación entre los diferentes sectores.

El Consejo de Soberanías es articulado como el espacio/órgano superior de *Hernani Burujabe*, es decir, el marco principal de toma de decisiones. Aglutina a los tres vértices del territorio con el objetivo de establecer las preferencias en la planificación económica estratégica. Es su vocación ser el espacio que posibilite la participación de toda la ciudadanía profundizando, así, en la democracia mediante la democratización de la economía.

4. *Interpretación del estudio de caso a través de la óptica de las políticas públicas*

A continuación, realizamos un ejercicio analítico-interpretativo de la experiencia descrita en el marco de los estudios realizados desde el ámbito de las políticas públicas de fomento de la economía social. Para ello, trataremos en primer lugar de ubicar dicha propuesta dentro de una aproximación más convencional sobre la temática, para luego tratar de resignificarlo bajo el esquema propuesto en este monográfico de caracterización de alianzas estratégicas (Uharte, 2024).

4.1. *Hernani Burujabe* desde la óptica de las políticas públicas de fomento de la economía social

Tal y como se ha adelantado en el estudio de caso, siendo precisos habría que señalar en primer lugar que *Hernani Burujabe* no es una propuesta vinculada directamente al fomento de las entidades de economía social existentes. Se trata más bien de un programa de desarrollo económico local, que se sustenta en una estrategia de activación comunitaria articulada tanto para la planificación como para la gestión a través de diversas fórmulas de cooperativismo de trabajo, de consumo o de carácter integral. Tampoco el objetivo final perseguido por el programa se enmarca dentro de las políticas de fomento de la economía social, ya que la economía social se reconoce como principal herramienta para acometer la necesaria transición socio-ecológica que se pretende afrontar mediante dicha estrategia.

Este enfoque que trasciende el ámbito específico del fomento de la economía social posibilita, sin embargo, que las praxis que se desarrollan en cada uno de los sectores desplegados se traduzcan en un impulso de las organizaciones de economía social, ya que son el continente adecuado para el desarrollo de las iniciativas socioeconómicas vinculadas a las soberanías sectoriales, y, por ende, a la materialización de la pretendida soberanía territorial.

Siendo esto así, también tendría su lógica realizar una primera interpretación de *Hernani Burujabe* desde la óptica de las políticas públicas de fomento de la economía social. Tal y como ha quedado recogido en el apartado teórico, las políticas de segunda generación que están floreciendo en los últimos años marcan dos orientaciones claras: por un lado, se le da un protagonismo renovado al ámbito local y, por otro, se establece una perspectiva ecosistémica. En este sentido, el objetivo de estas políticas no es sólo incidir sobre los agentes de la economía social, sino que favorecer y fortalecer las relaciones y su articulación entre diferentes agentes del territorio.

Realizando un análisis adicional para el caso del País Vasco concluimos que, aunque a nivel autonómico la economía social cuenta con un importante grado de institucionalización y reconocimiento (Morandeira et al, 2020), esta incidencia pierde fuerza a medida que nos acercamos a la escala local, aunque la reorientación de dichas políticas hacia la priorización del emprendimiento en economía social obliga a tener que reforzar el vínculo entre la economía social y la escala local.

En este contexto de reorientación de la política pública de fomento de la economía social hacia lo local y lo ecosistémico, se ha descrito el programa de *Hernani Burujabe* como propuesta de transformación del modelo de desarrollo territorial en clave de soberanías sectoriales, para responder a las necesidades del territorio articulando el tejido económico, social y administrativo del municipio de Hernani.

En este sentido, *Hernani Burujabe* podría ser referenciado como uno de los casos paradigmáticos de las políticas públicas de fomento de segunda generación, al incorporar las principales características atribuidas a las políticas públicas de este tipo (Chaves-Ávila y Gallego-Bono, 2020), tales como:

- o Estar diseñada como una política con lógica de *bottom-up* en el que la economía social tiene mayor protagonismo en los esquemas de co-contrucción (Vaillancourt, 2008) que se plantean. En este sentido, es reseñable la definición de los "Grupos Sectoriales" como el grupo de personas interesadas, incluidas iniciativas socioeconómicas público-privadas-comunitarias, en el proceso de soberanía de cada sector que se incorpora a la arquitectura de gobernanza.
- o Recoge, además, una visión holística y coordinada frente a los instrumentos aislados de financiación (subvenciones o contratos públicos).
- o Incorpora finalmente un enfoque ecosistémico con la coordinación de todas las iniciativas de las soberanías sectoriales a través de las "Mesas Sectoriales" y con el "Consejo de Soberanías" como órgano superior para la planificación económica estratégica para la co-construción de la política municipal.
- o Y tiene vocación de pasar a ser una visión *mainstreaming* en la política municipal, ya que el propio Ayuntamiento de Hernani está llevando a cabo una nueva arquitectura política interna para poder incorporar el modelo de gobernanza de *Hernani Burujabe* en su estructura interna, a través de la constitución de 4 grupos de trabajo: el Municipalismo Ciudadano, la Ciudadanía Municipalista, el Desarrollo Local Soberano y la Comunicación[6].

---

[6] Cada grupo, en detalle, trata de acometer las siguientes funciones: el Municipalismo Ciudadano tiene como fin adecuar el ayuntamiento a las formas de organización y decisión establecidas en *Hernani Burujabe*; la Ciudadanía Municipalista será el grupo que se encargue de la articulación con los grupos de ciudadanos que se están organizando en *Hernani Burujabe*; el Desarrollo Local Soberano es el grupo que trata de reflexionar sobre los proyectos concretos de la materialización de las soberanías y el rol del Ayuntamiento en los mismos, y la Comunicación, aun siendo un elemento transversal, dada su importancia se le dedica un grupo específico para el desarrollo de la comunicación tanto interna como externa.

Como primera conclusión, por tanto, cabría afirmar que, aunque sin ser diseñada desde una lógica convencional de política pública de fomento, *Hernani Burujabe* supone a todas luces una experiencia que se aproxima a las políticas más transformadoras caracterizadas en este ámbito. Sin embargo, y en consonancia con el enfoque desarrollado en la presenta obra, también cabría realizar una interpretación de dicha experiencia desde otra óptica más colaborativa, que supere la concepción relacional un tanto jerárquica y paternalista que subyace de manera intrínseca en la aproximación de la política pública (Uharte, 2024). Valiéndonos del esquema propositivo que incluye una triple dimensión (cultural, política y económica) de la alianza estratégica realizamos una última reflexión al respecto.

4.2. *Hernani Burujabe* como experiencia de alianza estratégica entre lo público, lo comunitario y la economía social

Rescatamos para finalizar una idea que constituye la esencia misma de la propuesta analizada: la comunidad se sitúa en el centro de la propuesta, ya que de ésta parten las necesidades y los deseos, así como los marcos de decisión y planificación comunitaria de carácter profundamente democráticos.

Lo comunitario es lo que trata de incorporarse a la política de desarrollo local con pleno derecho de identificar necesidades, co-diseñar planes municipales y ejecutarlos mediante estructuras socio-económicas que adoptan las fórmulas organizativas de la economía social. La economía social, por tanto, así como la política municipalista transformadora, serían dos espacios de apertura y reapropiación comunitaria para la recuperación de soberanías, tanto en el ámbito de la política pública como en el desarrollo de actividades socio-económicas.

Siendo ésta la esencia misma de la propuesta de *Hernani Burujabe*, también aparecen en su despliegue elementos claramente identificados en las dimensiones culturales, políticas y económicas que constituyen la colaboración estratégica entre el ámbito comunitario y el público (Uharte, 2024).

Empezaríamos por mencionar los aspectos que recobran una relevancia significativa en la propuesta analizada, vinculados a la dimensión política, que es la que claramente se pretende reforzar en primera instancia. *Hernani Burujabe* destaca como programa que trata de generar un cambio en la cultura política (Coraggio, 2016), mediante la constitución de una nueva institucionalidad (Coraggio, 2013) para tal efecto.

En primer lugar, se constituye como un Plan Estratégico impulsado desde el Departamento de Desarrollo Económico Local (no de Economía Social) que pretende generar nuevas estructuras que funcionen bajo los valores de la economía social. Ese mismo plan trata de abarcar las dimensiones económica, social e institucional mediante la constitución *ad hoc* de una nueva arquitectura política, tanto para el despliegue del programa, así como para el conjunto de la actividad municipal del ayuntamiento.

El modelo de gestión que se ha detallado en el apartado previo parte de un modelo claro: la publificación de los medios de producción, orientada sobre una planificación comunitaria y ejecutada mediante fórmulas socio-económicas cooperativas. Así en cada uno de los sectores desplegados se observa la participación de los tres "vértices" (ciudadano, público, económico), así como su articulación en base a cuatro estructuras generadas *ad hoc:* los Grupos Promotores, las Mesas Sectoriales, el Foro de Soberanías y el Consejo de Soberanías. Cada una de estas cuatro estructuras generadas y replicadas para cada sector constituyen espacios de co-construcción en primera instancia y también de co-producción, al otorgar al ámbito comunitario plenas competencias en el co-diseño de planes municipales sectoriales (que derivan de las mesas), así como en la ejecución de las mismas (mediante su participación en los Foros y el Consejo de Soberanías).

La participación significativa de la comunidad en todas las fases de la política pública nos acercaría, en este sentido, hacia fórmulas de co-gobierno descritos en el marco teórico de este monográfico (Uharte, 2024) que necesitan, tal y como se ha adelantado, de un cambio en la cultura política, así como de una nueva institucionalidad que sea capaz de canalizar dicho cambio y materializarlo en la práctica.

En cuanto a la segunda dimensión analizada en dicha estrategia de alianza, la económica, podríamos afirmar que *Hernani Burujabe* asienta su política sobre unas bases conceptuales que incorporan una visión ampliada de la economía social (no como mero agente para la inclusión socio-laboral), así como una visión que va más allá de construir un subsistema (el de la economía social) y pretende transitar hacia la construcción de otra economía u otra racionalidad económica (Coraggio, 2011). Se evidencia, por tanto, claramente una aproximación transitoria o instrumental de la economía social, como herramienta necesaria (y no como fin último) para acometer la transición inevitable hacia otros modelos de producción y consumo que sean más justos y compatibles con los límites biofísicos del planeta.

En cuanto al análisis del despliegue de medidas económicas concretas para fortalecer el sector, la valoración admitiría ciertas matizaciones: aunque en el ámbito de las medidas integrales el programa se asienta sobre la promoción de modelos de gestión y propiedad alternativos, en el despliegue de las medidas coyunturales concretas de oferta y de demanda es donde se pueden vislumbrar las principales limitaciones del programa. Estaríamos, indudablemente, frente a lo que distintos autores han denominado como la "trampa del localismo" (Purcell, 2006; Russel, 2019; García Jané, 2014; Eizaguirre, 2016; Coraggio, 2016) ya que *Hernani Burujabe* al ser concebido como programa municipal/comarcal dispone de un amplio margen para generar una nueva institucionalidad, mientras que adolece de las capacidades regulatorias y financieras necesarias para plantear "políticas duras" en ámbitos como el apoyo técnico, financiero, fiscal, o todo lo que tiene que ver con la compra pública responsable. El ayuntamiento dispone, ciertamente, de líneas de trabajo en prácticamente todas las medidas de demanda y de oferta señaladas, con mayor despliegue en la implantación de una modela local o la activación de circuitos cortos de comercialización, aunque se ve limitada (por su carácter local) en el alcance cuantitativo de las mismas.

Al irrenunciable reto de tener que "dar un salto en la escala" (Coraggio, 2016) se suman aquí algunos debates que podrían indicarnos otras de las limitaciones del caso analizado.

Por un lado, se encuentra el debate sobre la transversalidad de la política pública: el que no se disponga de un organismo específico de fomento de la economía social, al estilo del Comissionat en Barcelona (Chaves, Vía y Jané, 2020), podría redundar en una menor efectividad de los medios dispuestos, en relación a la capacidad de fomento efectivo de estructuras de economía social. La constitución de dicha nueva institucionalidad no debería, en principio, jugar en detrimento de la visión holística o la transversalidad buscada, ya que mediante este mismo organismo se podrían coordinar con mayor efectividad los retos organizativos propios y particulares de cada una de las experiencias socio-económicas desarrolladas en los sectores desplegados.

Por otro lado, un segundo debate identificado en el marco teórico nos alertaría sobre los riesgos de descapitalización de los movimientos sociales, por la transferencia de importantes cuadros políticos hacia lo público, una vez sus representantes más activos hayan sido incorporados a la función pública. Estos dos debates planteados no resultan asuntos sencillos de resolver, por lo que simplemente quedarán señalados como retos a afrontar de cara a futuro.

Finalizamos esta interpretación con la inclusión de la dimensión cultural, que desde el ámbito comunicativo se está efectuando con notable incidencia, tanto en lo referido a la sensibilización de la ciudadanía en su conjunto, así como en lo referido a la formación política de ciudadanos/as en general, y cuadros técnicos municipales, en particular. Una buena muestra de ello serían las jornadas de divulgación y encuentros organizados recientemente sobre el tema de las Soberanías (https://burujabe.hernani.eus/eu//-/gertakizun-01). También cabría resaltar en esta dimensión, el programa de Emprendizaje Colectivo que se despliega desde al ayuntamiento, llamado *Burujabetuz* (https://burujabe.hernani.eus/eu/ekintzailetza), donde se pone a disposición de las personas emprendedoras un espacio municipal de co-working (Iturola) donde reciben de forma gratuita la formación teórica y práctica necesaria, así como un sistema de acompañamiento para dichos procesos de emprendizaje.

5. *Conclusiones finales*

Para finalizar, las principales conclusiones del presente estudio serían las siguientes:

- El Pais Vasco, siendo un territorio que cuenta con una amplia presencia de empresas de economía social, se encuentra en un momento de reorientación de su marco de políticas públicas de fomento de economía social hacia el ámbito local, incorporando algunas de las características de las nuevas políticas de segunda generación, que se han identificado en la literatura como los enfoques *bottom-up,* holístico, ecosistémico y transversal.
- Sin embargo, esta reorientación hacia lo local no viene acompañada de una estrategia de país que la articule, al no percibir más allá de algunas experiencias interesantes, ni una estructura en red ni una estrategia municipal compartida para el despliegue de estas políticas de segunda generación.
- El municipio de Hernani, a través de su estrategia de *Hernani Burujabe,* constituye una experiencia paradigmática en la política local transformadora o el municipalismo transformador. Su carácter transformador viene dado por la incorporación de las principales características de las políticas de segunda generación, que tratan desde lo local de fomentar procesos de *bottom-up,* donde la comunidad a través de las experiencias de economía social trata de reapropiarse de la planificación y la gestión de algunos sectores considerados como estratégicos para el sostenimiento de la vida.

- Más allá de constituirse como referencia paradigmática de política transformadora de fomento, *Hernani Burujabe* trasciende dicho marco de actuación, ya que el fomento la economía social se plantea como vía para la consecución de objetivos de mayor alcance: la activación comunitaria para la recuperación de soberanías sectoriales, que constituyen parte de la estrategia de transición socio-ecológica hacia otros modelos de producción y consumo más justos y verdaderamente sostenibles.
- La experiencia analizada muestra distintos niveles de desarrollo en cada uno de los sectores estratégicos analizados, pero en todos ellos se comparte un modelo de gobernanza público-comunitario-cooperativo que busca, en última instancia, la generación de una nueva institucionalidad o una nueva arquitectura política que posibilite un cambio de cultura política, al tiempo que trata de canalizar el tránsito hacia otra racionalidad económica sobre la base de la recuperación de soberanías económicas.
- La experiencia analizada, aún en fase embrionaria o constituyente, muestra algunas de las limitaciones propias de ser un programa local, las cuales podrían ser abordadas mediante la constitución de redes municipales de economía social y solidaria, al estilo de los actualmente existentes en Cataluña, Valencia o el estado francés, que sirviesen como plataformas para la replicabilidad de la experiencia en otros municipios y territorios del país. Una estrategia coordinada de "escalamiento mediante réplica" del modelo podría asentar las bases locales necesarias para que la política vasca de fomento de la economía social estuviese alineada en todas sus estructuras administrativas.
- Finalmente, el nivel de consecución final y desarrollo efectivo de las estrategias sectoriales, así como las tensiones que puedan derivarse de los debates señalados en este trabajo, deberán ser analizados en estudios posteriores que puedan ser realizados desde una perspectiva temporal de mayor alcance.

6. *Bibliografía*

ALBERDI, I., & URBIETA, E. (2020). Las políticas públicas de fomento de la economía social en el marco de la Red de entidades para el Desarrollo Local (REDEL). En Chaves, R., *La nueva generación de políticas públicas de fomento de la economía social en España* (pp. 317-341), Tirant lo Blanch.

ARRILLAGA, P. (2021a). *Ekonomia Sozial eta Solidarioan oinarritutako tokiko garapena: Euskal Autonomia Erkidegoaren kasu azterketa* [Tesis-Doctoral,

Universidad del País Vasco/Euskal Herriko Unibertsitatea]. Repositorio addi. https://addi.ehu.es/handle/10810/55309

ARRILLAGA, P. (2021b). La propuesta del Desarrollo Local Transformador. Aportaciones desde la Economía Social y Solidaria. *Cuadernos de Trabajo Hegoa*, 88, 1-70.

ARRILLAGA, P. & ETXEZARRETA, E. (2022). Mercados sociales e intercooperación en la Economía Social y Solidaria como vía para recuperar soberanías: El caso del Mercado Social de Euskadi. *CIRIEC-España, Revista de Economía Pública, Social y Cooperativa*, 105, 263-288.

BALADRE (2018). *Soberanías: una propuesta contra el capitalismo*. Zambra-Baladre.

BANCE, P. (Ed.) (2018). *Providing public goods and commons. Towards coproduction and new forms of governance for a revival of public action*. CIRIEC Studies Series-No. 1. http://doi.org/10.25518/ciriec.css1book

BANCE, P., BOUCHARD, M., & GREILING, D. (Eds.) (2022). *New perspectives in the co-production of public policies, public services and common goods*. CIRIEC Studies Series-No. 3. https://doi.org/10.25518/ciriec.css3book

BEGIRISTAIN, M., ETXEZARRETA, E. & MORANDEIRA, J. (2021). Towards the transformative social economy: Proposal of a system of indicators for cooperative social entrepreneurship. *Annals of Public and Cooperative Economics*, 93, 457-501.

BEGIRISTAIN, M. & LÓPEZ, D. (2016). *Viabilidad económica y Viabilidad social. Una propuesta agroecológica para la comercialización de la producción ecológica familiar*. ENEEK.

CAAMAÑO, A. (2022). Municipalismo como radicalización democrática del territorio. Un análisis histórico crítico de experiencias contemporáneas de gobernanza local. *Política y Sociedad*, 59(1), 75970. https://dx.doi. org/10.5209/poso.75970

CARRASCO, C. (2014). Economía, trabajos y sostenibilidad de la vida. En Jubeto, J., Larrañaga, M., Carrasco, C., León, M., Herrero, Y., Salazar de la Torre, C., De la Cruz, Salcedo, L. & Pérez, E., *Sostenibilidad de la vida. Aportaciones desde la Economía Solidaria, Feminista y Ecológica* (pp. 27-42). REAS Euskadi.

CATALÁ, B. (2020). *Las políticas públicas de economía social desplegadas por los ayuntamientos de la Comunitat Valenciana*. CIRIEC-España e IUDESCOOP.

CATALÁ, B., & CHAVES, R. (2022). Gobiernos locales y política de fomento de las cooperativas y la economía social: entre canal de transmisión de la política multinivel y agente proactivo en el ecosistema territorial. El caso valenciano. *REVESCO: revista de estudios cooperativos*, 142, 1-21.

CHAVES, R. (2008). Public Policies and Social Economy in Spain and Europe. *CIRIEC-España, Revista de Economía Pública, Social y Cooperativa*, 62, 35-60.

CHAVES, R. (2009). Las políticas públicas de fomento de la Economía Social en España y en Europa. En Monzón, J. L., Calvo, R., Chaves, R., Fajardo, I. G., & Valdes, F., *Informe para la elaboración de una Ley de Fomento de la Economía Social* (pp. 155-208). Ministerio de Trabajo e Inmigración.

CHAVES, R. (2010). Las actividades de cobertura institucional: infraestructuras de apoyo y políticas públicas de fomento de la Economía Social. En Monzón, J.L.(Ed.), *La Economía Social en España en el Año2008. Ámbito, magnitudes, actividades y tendencias* (pp. 565-592). CIRIEC-España.

CHAVES, R. (2012). Las políticas públicas y las cooperativas. *Ekonomiaz. Revista Vasca de Economía*, 79, 168-199.

CHAVES, R. (2019). La segunda generación de políticas de fomento de la economía social en España y en la Comunitat Valenciana. Un primer balance. En Fajardo G. & Chaves, A., *La economía social en la Comunitat Valenciana: regulación y políticas públicas* (pp. 19-30). CIRIEC-España.

CHAVES, R. (2020a). *La nueva generación de políticas públicas de fomento de la Economía Social en España*. Tirant lo Blanch.

CHAVES, R. (2020b). Introducción. Las políticas de economía social. En Chaves, R., *La nueva generación de políticas públicas de fomento de la economía social en España* (pp. 9-24). Tirant lo Blanch.

CHAVES, R. & MONZÓN, J.L. (2000). Políticas Públicas. En Chaves, R.; Demoustier, D.; Monzón, J.L.; Pezzini, E.; Spear, R. & Thiry, B. (Eds.), *Economía Social y Empleo en la Unión Europea*. CIRIEC-España.

CHAVES, R., VIA-LLOP, J., & GARCIA-JANÉ, J. (2020). *La política pública de fomento de la economía social y solidaria en Barcelona (2016-2019)* (No. 2020-5S). UNRISD Working Paper.

CHAVES-ÁVILA, R., & GALLEGO-BONO, J. R. (2020). Transformative policies for the social and solidarity economy: The new generation of public policies fostering the social economy in order to achieve sustainable development goals. The European and Spanish cases. *Sustainability*, *12*(10), 4059.

CORAGGIO, J. L. (2011). *Economía Social y Solidaria: El trabajo antes que el capital*. Editorial Abya-Yala.

CORAGGIO, J. L. (2016). Movimientos sociales y economía. En Coraggio, J. L. *Economía social y solidaria en movimiento* (pp. 15-35). Ediciones UNGS.

CORIAT, B. (Ed.) (2015). *Le retour des communs, La crise de l'idéologie propriétaire*. Les liens qui libèrent.

DARDOT, P. & LAVAL, C. (2014). *Commun. Essai sur la révolution au XXIe siècle*. La Découverte.

DEMOUSTIER, D., & ITÇAINA, X. (2018). *Faire territoire para la coopération: l'expérience du Pole Territorial de Coopération Économique Sud Aquitaine*. Éditions La Librairie des territoires.

EGIA-OLAIZOLA, A. (2021). Tokiko garapena eta Ekonomia Sozial eraldatzaileko tokiko sistemak: Beterri-Buruntza-ko kasua, *GIZAEKOA, Revista Vasca de Economía Social*, 18, 235-271.

EH BILDU (2023, 21 de julio). Ziklo munizipalista berrirako iparra, 2023/27 legegintzaldia. Scribbr. https://www.naiz.eus/media/asset_publics/resources/000/977/397/original/Ziklo_munizipalista_berrirako_iparra.pdf

EIZAGUIRRE, S. (2016). De la innovación social a la economía solidaria. Claves prácticas para el desarrollo de políticas públicas. *CIRIEC-España, Revista de Economía Pública, Social y Cooperativa*, 88, 201-230.

ESTELA, E. (2014). Hacia una política local innovadora en apoyo de la economía social y solidaria. En García Jané, J. (Ed.), *Guía de economía social y solidaria para la administración local* (pp. 95-108). Diputación de Barcelona.

ETXEZARRETA, E. (Ed.) (2020). *Promoviendo experiencias de economía social desde lo local. Análisis de buenas prácticas*. EGES-Red Vasca de Economía Social.

ETXEZARRETA, E. & MORANDEIRA, J. (2012). Consideraciones conceptuales sobre la Economía Social a la luz de la Ley 5/2011. *Revista vasca de economía social = Gizarte ekonomiaren euskal aldizkaria*, 8, 7-36.

Europapress (2017, 17 de mayo). Nace la Asociación Red de Municipios para la Economía Social y Solidaria con 31 miembros. Scribbr. https://www.europapress.es/catalunya/barcelona-economias-00982/noticia-nace-asociacion-red-municipios-economia-social-solidaria-31-miembros-20170517132042.html

Instituto Vasco de Estadística (2023). *Mi municipio en datos* [Data Set]. https://www.eustat.eus/municipal/datos_estadisticos/hernani.html 2023/05/08

FAJARDO, G. (2019). La regulación y fomento de la Economía Social en la Comunidad Valenciana a debate. En Fajardo, G., *La economía social en la Comunitat Valenciana: regulación y políticas públicas* (pp. 11-18). CIRIEC-España.

FAJARDO, G. & CHAVES, R. (2019). *La economía social en la Comunitat Valenciana: regulación y políticas públicas*. CIRIEC-España.

FALS-BORDA, O. & RODRÍGUEZ-BRANDANO, C. (1987). *Investigación participativa*. Ediciones de la Banda Oriental.

FALS-BORDA, O. & RAHMAN, M. A. (1991). *Acción y conocimiento: Como romper el monopolio con investigación-acción participativa*. CI-NEP.

FRAISSE, L. (2022). Social and solidarity economy and the co-construction of a new field of local public policies in France, En Bance, P., Bouchard, M., Greiling, D. (Eds.), *New perspectives in the co-production of public policies, public services and common goods* (pp. 207-226). CIRIEC Studies Series-No. 3. https://doi.org/10.25518/ciriec.css3book.

GARCÍA JANÉ, J. (2014a). La caja de herramientas de la economía social y solidaria: reparar y construir. En García Jané, J. (Ed.), *Guía de economía social y solidaria para la administración local* (pp. 22-49). Diputación de Barcelona.

GARCÍA JANÉ, J. (2014b). Conclusiones y recomendaciones: ayuntamientos para la economía social y solidaria. En García Jané, J. (Ed.), *Guía de economía social y solidaria para la administración local* (pp. 110-120). Diputación de Barcelona.

GARCÍA JANÉ, J. (2014c). *Guía de economía social y solidaria para la administración local*. Diputación de Barcelona.

GARCÍA JANÉ, J. (coord.) (2016). *21 propostes per fomentar l'economia social i solidària des del ajuntaments*, DIBA.

GARCÍA JANÉ, J. (2019). Balanç y reptes de les primeres polítiques públiques d'ESS. *Nexe Quaderns d'autogestió y economia cooperativa*, 44, 24-34.

Gobierno Vasco (2017). *Planes de Actuación de la Dirección de Economía Social. Gobierno Vasco 2017-2020*. Scribbr. https://www.irekia.euskadi.eus/uploads/attachments/11834/Plan_Direccion_de_Economia_Social_2017-2020.pdf?1528110100

Gobierno Vasco (2021). *Plan Estratégico Interdepartamental de Economía Social 2021-2024*. Scribbr. https://www.euskadi.eus/contenidos/informacion/plan_economia_social/es_registro/adjuntos/E5213-ECONOMIA-SOCIAL-INFF_PEIES-26-de-abril-2022.pdf

HERRERO, Y. (2022). *Educar para la sostenibilidad de la vida. Una mirada ecofeminista a la educación*. Octaedro.

HERRING, S. C. (2010). Web content analysis: Expanding the paradigm. En Hunsinger, J., Klastrup, L., & Allen, M., *International Handbook of Internet Research* (pp. 233-249). Springer.

HIRITIK AT (2022). *Lurralde burujabetza. Utopia planifikatzen segitzeko proposamen bat*. Hirititk At.

JUBETO, J., LARRAÑAGA, M., CARRASCO, C., LEÓN, M., HERRERO, Y., SALAZAR DE LA TORRE, C., DE LA CRUZ, C., SALCEDO, L. & PÉREZ, E. (2014). *Sostenibilidad de la vida. Aportaciones desde la Economía Solidaria, Feminista y Ecológica*. REAS Euskadi.

LAVILLE, J.L. & GARCÍA JANÉ, J. (2009). *Crisis capitalista y economía solidaria. Una economía que emerge como alternativa real*. Icaria.

MORANDEIRA, J. (2013). *El servicio público de fomento de la Economía Social en el País Vasco desde una perspectiva de orientación al mercado. Propuestas y acciones* [Tesis-Doctoral, Universidad del País Vasco/Euskal Herriko Unibertsitatea]. Repositorio addi. https://addi.ehu.es/handle/10810/12306

MORANDEIRA, J., ETXEZARRETA, E., & ETXEBARRIA, A. (2020). Políticas de promoción de la economía social vasca. En Chaves, R., *La nueva generación de políticas públicas de fomento de la economía social en España* (pp. 245-278), Tirant lo Blanch.

PESTOFF, V., BRANDSEN, T. & VERSCHUERE, B. (2012). Co-production: The State of the Art in Research and the Future Agenda. *Voluntas: International Journal of Voluntary and Nonprofit Organizations*, 23(4), 1083-1101.

REBOLLO, O. (2014). Construir una nueva política pública en torno a la economía social y solidaria. En García Jané, J. (Ed.). *Guía de economía social y solidaria para la administración local* (pp. 63-67). Diputación de Barcelona.

Réseau des collectivités Territoriales pour une Economie Solidaire (2019, 10 de octubre). Quienes somos. Scribbr. https://www.rtes.fr/presentation-du-rtes

RUSSELL, B. (2019). Beyond the local trap: New municipalism and the rise of the fearless cities. Antipode, 51(3), 989-1010. https://doi.org/10.1111/anti.12520

RUSSELL, B., BEEL, D., REES JONES, I., & JONES, M. (2022). Placing the Foundational Economy: An emerging discourse for post-neoliberal economic development. *Environment and Planning A: Economy and Space*, 54(6), 1069-1085.

THOMPSON, M. (2021). What's so new about New Municipalism? Progress in Human Geography, 45(2), 317-342. https://doi.org/10.1177/0309132520909480

SOTO, A., ARRILLAGA, P., & ETXEZARRETA, E. (2021). Factores clave para el fomento de la Economía Social desde lo local. *Revista Prisma Social*, 35, 65-90.

SUBIRATS, J. (2014). Notas sobre cambio de época y economía social. ¿Nuevas políticas de desarrollo local? En García Jané, J. (Ed.), *Guía de economía social y solidaria para la administración local* (pp. 9-20). Diputación de Barcelona.

PURCELL, M. (2006): Urban Democracy and the Local Trap, *Urban Studies*, Vol. 43, No. 11, 1921-1941. Routletge.

UHARTE, L.M. (2024). "Economía Social y Solidaria (ESS) y Estado: más allá de las políticas públicas. Hacia una alianza estratégica", en Uharte, L.M. (coord.) *Economía Social y Solidaria y Estado: encuentros y desencuentros*, Tirant lo Blanch, Valencia, pp. 11-41.

VAILLANCOURT, Y. (2008). *Social Economy in the co-construction of public policy*. Canadian Social Economy Hub.

VILLALBA-EGUILUZ, U., EGIA-OLAIZOLA, A., & PÉREZ DE MENDIGUREN, J. C. (2020). Convergences between the social and solidarity economy and sustainable development goals: Case study in the Basque country. *Sustainability*, 12(13), 5435.

VILLALBA-EGUILUZ, U., PÉREZ DE MENDIGUREN, J. C. & Egia, A. (2021). Sistemas locales de economía social y solidaria (SLESS) y los ODS: estudio de caso de Beterri-Buruntza en el País Vasco. *Libro de Actas V Congreso Internacional de Estudios del Desarrollo*, Bilbao, 2165-2178.

Xarxa de Municipis Per L'Economia Social (2023, 23 de marzo). Noticias. Scribbr. http://xmes.fvmp.es/es/noticias/

'NO HAGÁIS SOLOS LO QUE PODÉIS HACER JUNTOS': ACTORES Y LUGARES COLABORATIVOS PARA LA CONSTRUCCIÓN DE POLÍTICAS PÚBLICAS DE ECONOMÍA SOLIDARIA EN ITALIA

Mario Coscarello
Departamento de Ciencias Políticas y Sociales
Universidad de Calabria (Italia)

1. *Introducción*

Este documento describe una experiencia particular de colaboración y alianza entre actores públicos y privados vinculados al mundo de la economía social y solidaria en Italia, con especial referencia a su capacidad para participar en la co-construcción de políticas públicas.

La experiencia identificada se refiere a redes y actores de la región de Emilia-Romaña, una de las pocas regiones italianas que ha adoptado una ley para la promoción y el apoyo de la Economía Solidaria y sus principios. De hecho, con la **Ley Regional 19/2014 "Normas para la promoción y el apoyo de la Economía Solidaria"**[1] la Región promueve el desarrollo civil, social y económico de la comunidad, en armonía con los principios y objetivos del Estatuto regional y en consonancia con los principios expresados por la Agenda 2030 de la ONU y en particular con referencia al objetivo 12, "Garantizar modelos de producción y consumo sostenibles".

Para el presente trabajo se adoptó una metodología de investigación principalmente cualitativa. Además de la experiencia de una década del autor en lo que refiere a la investigación sobre las cuestiones de la economía social y solidaria italiana (Coscarello, 2012; Coscarello, 2014; Rossi et al 2021; Coscarello & Sivini, 2023), para este trabajo se realizaron quince entrevistas semiestructuradas con referentes involucrados en esta experiencia en Emilia-Romaña. En concreto, se entrevistaron siete consumidores éticos integrantes de Grupos de Compra Solidaria, tres productores, dos referentes del sector público, un concejal y un funcionario regional, tres referentes de asociaciones y organizaciones (ecologistas,

1 https://economiasolidale.net/sites/default/files/LR_2014_19_v3.pdf#overlay-context=emilia-romagna/la-legge

asociaciones de consumidores, comités medioambientales locales). Las entrevistas se realizaron entre enero y marzo de 2023. Además, se llevó a cabo un grupo focal con la persona de contacto regional de los Grupos de Compra Solidaria, la presidenta del Foro de la Ley y una persona de contacto de una asociación que promovió el camino que condujo a la ley regional. Finalmente se llevaron a cabo actividades de observación participante en algunas iniciativas promovidas en la región.

2. *La experiencia de la región de Emilia Romaña: la creación de la primera ley regional de Economía Social y Solidaria*

2.1. Nacimiento e historia de la experiencia

En Italia, no existen leyes nacionales específicas que apoyen las prácticas de economía social y solidaria, aunque es posible destacar una presencia relevante de numerosas experiencias locales, vinculadas a la Red Italiana de Economía Social y Solidaria (RIES)[2] que, después de unos veinte años de actividad informal, en 2020 se convirtió en una asociación nacional de segundo nivel.

En los últimos años, sin embargo, algunas regiones han comenzado a adoptar leyes de economía solidaria. La primera región fue Emilia-Romaña, que adoptó la primera ley regional en 2014, a la que siguieron otras experiencias como en Friul-Venecia Julia[3], Lombardía[4] y Trentino[5].

Un aspecto importante es que la región de Emilia-Romaña puede contar con un número significativo de pequeños y medianos actores territoriales (Informe Región de Emilia-Romaña, 2019) que se reconocen en los principios de la economía solidaria. Además, desde el punto de vista institucional, el compromiso de la región de Emilia-Romaña para apoyar los principios

---

2 Más información en: https://rete-ries.it

3 El 14 de marzo de 2017, el Consejo Regional de Friul-Venecia Julia aprobó por amplia mayoría la Ley Regional n.º 4/2017 “Normas para la valorización y promoción de la economía solidaria”.

4 El 2 de septiembre de 2019, los promotores del proyecto de ley de iniciativa popular regional para la promoción y el apoyo de la ESS entregaron a la Región de Lombardía las más de 9.000 firmas recogidas, casi el doble de las necesarias para presentar un proyecto de ley. El presidente del Consejo Regional encargó el proyecto de ley a las comisiones competentes del consejo.

5 Con el fin de promover el desarrollo civil, social y económico, la Provincia Autónoma de Trento reconoce y apoya la economía solidaria en el marco de las intervenciones destinadas a valorizar la economía responsable y sostenible, sobre la base de criterios inspirados, en particular, en la equidad social, la solidaridad, la centralidad de la persona, la cohesión social y la relación con el territorio.

de la economía solidaria y la economía sin fines de lucro se observa hace años. En 2009 se promulgó la Ley Regional N.° 26/2009 "Reglamento e intervenciones para el desarrollo del comercio justo en Emilia-Romaña", el Foro del Tercer Sector lleva años activo y en 2011 se firmó el "Pacto Regional para un crecimiento inteligente, sostenible e integrador".

El proceso de aprobación de la ley comenzó en 2012, cuando varios consejeros regionales presentaron una propuesta de ley sobre los Grupos de Compra Solidaria (GAS, por sus siglas en italiano *Gruppi di Acquisto Solidale*, de aquí en adelante), sin haber debatido previamente con ellos. Se inició entonces un debate entre los consejeros proponentes y un grupo de realidades locales de economía solidaria que se reunieron formalmente en el Coordinamiento Regional para la Economía Solidaria Emilia-Romaña (CRESER)[6]. El enfrentamiento se solucionó con la renuncia a esta primera propuesta y el inicio de un trabajo conjunto que desembocó en la redacción de una nueva iniciativa legislativa sobre economía solidaria. En noviembre de 2013 se remitió a la comisión competente la propuesta de ley sobre la economía solidaria, elaborada conjuntamente con el CRESER.

El inicio del proceso legislativo fue por lo tanto conflictivo entre los actores de la Economía Solidaria y las instituciones públicas. Como relata un referente de los Grupos de Compra Solidaria "todo el proceso comenzó como una oposición a quienes promovían la ley, de hecho, rechazamos este viejo enfoque que hace que el dinero público baje sin demasiados problemas en grupos casi formalizados formales".

La iniciativa de unos pocos Grupos de Compra Solidaria se extendió a otros actores regionales y a otras asociaciones que tenían la voluntad de construir un nuevo camino, como explica un protagonista: "empezamos con los grupos de compra, con la coordinación regional de grupos de compra solidaria. Éramos unos cien GAS. Después sumamos actores con los que el GAS ya tenía relaciones, como el mundo de la producción alimentaria, los agricultores".

Por eso, con el paso de los años, la participación se ha ampliado a otros actores de la región, que se han organizado en una red informal: el Coordinamiento Regional para la Economía Solidaria (CRESER), nuclea actores (asociaciones o grupos) de la región de Emilia-Romaña que se identifican con los principios de la Economía Solidaria y que, desde 2011, reúne a multitud de actores activos en la región en torno a las cuestiones de la soberanía alimentaria, las finanzas éticas y la sostenibilidad social, ecológica y económica del desarrollo.

---

6 https://www.creser.it

En 2011, gracias a la voluntad de algunos consejeros regionales de trabajar en pie de igualdad con los actores de la economía solidaria en los distintos territorios regionales, y gracias al compromiso de las distintas asociaciones representadas en el CRESER, se puso en marcha un proceso de redacción de la ley que duró unos tres años.

Se inicia así un camino innovador y compartido de colaboración entre los actores de la Economía Solidaria y los representantes de las instituciones regionales, con la elaboración de propuestas por parte de las mesas de trabajo del CRESER: Bienes Comunes (Energía, Agua, Uso del Suelo); Redes de Economía Solidaria; Soberanía Alimentaria; Finanzas Éticas Mutuas y Solidarias; Vivienda Solidaria.

El nuevo camino iniciado se basó en la creación de relaciones de confianza mutua entre los distintos actores. De hecho, desde el principio se dejó en claro lo necesaria que es el debate sincero. Los promotores y referentes de los actores territoriales locales argumentaron que "el canal de confianza para nosotros es fundamental. [...] Les dijimos que, si nos mentían, terminaríamos la relación". El proceso participativo que se empezó ha generado un proyecto transversal, inclusivo y abierto a todas las fuerzas políticas y a todos los consejeros regionales. De este modo, se reunieron y articularon los diversos temas de interés social, cultural, ambiental y económico en el marco de la Economía Solidaria.

Los trabajos continuaron hasta la presentación del proyecto de ley ante la Comisión de Políticas Económicas el 14 de noviembre de 2013 y su aprobación definitiva el 23 de julio de 2014. La ley indica Principios y Valores de Referencia y esboza el potencial de desarrollo de la Economía Solidaria en Emilia-Romaña.

La Ley regional 19/2014 "Normas para el fomento y apoyo de la Economía Solidaria", por tanto, regula el amplio sector de la economía solidaria: un archipiélago de organizaciones, pequeños productores, consumidores conscientes y empresas sostenibles que constituyen el eje central de una economía ecológica y solidaria.

Sin embargo, la novedad más significativa, además del contenido de la propia ley, reside en su forma ascendente, participativa y compartida de aplicar las políticas públicas. Partiendo de la conciencia de que todos los actores de la economía solidaria y los representantes de las instituciones regionales utilizan a menudo códigos y sistemas de referencia muy diferentes, se puede decir que en el proceso hubo una fuerte voluntad de superar los inevitables escollos y dificultades para alcanzar un resultado común.

Con la ley, la región reconoce en la economía solidaria un modelo que:

- *promueve los bienes comunes, garantizando su uso colectivo y sostenible en beneficio de las comunidades y las generaciones futuras;*
- *defiende los derechos fundamentales de todo ser humano, en particular el derecho a satisfacer sus necesidades básicas;*
- *se basa en el respeto, la protección y la mejora de los recursos del planeta;*
- *tiene como objetivo la búsqueda del buen vivir "de todos, basada en la justicia y el respeto a las personas;*
- *se basa en relaciones y modelos de colaboración, desarrollándose en redes;*
- *promueve una transformación social encaminada a la democratización de la economía;*
- *regula y limita el papel de los mecanismos de mercado, cuando éstos socavan o ponen en peligro la sostenibilidad social y ecológica del sistema económico;*
- *promueve y protege el trabajo, los conocimientos, las competencias y las capacidades que de él se derivan.*

2.2. Hacia un nuevo modelo de gestión

La experiencia de la región de Emilia-Romaña nace de la voluntad de crear un proceso participativo para dar a conocer las necesidades reales de los agentes locales y establecer una colaboración horizontal entre los ciudadanos y las asociaciones, por una parte, y las instituciones y la política, por otra.

En las entrevistas se evidenció cómo la necesidad de diálogo entre los actores pudo generar un nuevo proceso de co-construcción de políticas públicas, como se plantea en el marco teórico de este libro (Uharte, 2024). De hecho, con estas palabras, un referente del CRESER relata la satisfacción de haber sido escuchado y de haber podido crear una nueva relación entre los actores territoriales: "encontramos por primera vez en Gianguido Naldi [uno de los promotores de la ley sobre el GAS n.d.r.] una persona interesada en entender lo que había detrás de nuestro pedido de diálogo. Empezamos a reunirnos con él, vino a hacer algunas visitas al GAS y, a través de un trabajo que duró bastante tiempo, llegamos a la conclusión de que la alternativa consistía en generar una nueva relación entre la sociedad civil y la administración regional, dando así a la sociedad civil la oportunidad de desarrollar el concepto de democracia activa, es decir, de convertirse en proponentes, de ser reconocidos como sujetos autónomos sin demasiadas certificaciones y sin demasiadas afiliaciones, como sociedad civil y portadores de reivindicaciones colectivas, que cuando se reconocen por las instituciones locales pueden desempeñar un papel importante para generar cambios".

La construcción de un nuevo camino que pudiera dar inicio a la colaboración entre actores públicos y privados (como las empresas, los pequeños productores agrícolas, etc.) no fue fácil ni obvia. Aunque había voluntad de diálogo entre el ámbito de la política y los activistas, existen muchas problemáticas sociales y territoriales. De hecho, como relata un referente del mundo del tercer sector: "el problema surgió cuando entramos en contacto con la institución pública en la parte administrativa y normativa, por lo que comprobamos la total divergencia tanto en el lenguaje como en el modo de enfrentar de los problemas".

Este fue uno de los principales obstáculos encontrados, de hecho, sigue, "mientras que por un lado había instituciones que eran desde cierto punto de vista extremadamente rígidas, es decir, dentro de límites inamovibles, por otro lado, había una sociedad civil un poco light, acostumbrada a pensar en lo que es posible o se puede arreglar, sin conocimientos sobre procedimientos administrativos [...]".

Esta divergencia fue uno de los principales problemas, como especificó un participante en la coordinación regional, según el cual "si queremos establecer una relación fructífera entre la sociedad civil y las instituciones que la representan, necesitamos encontrar a la vez un camino, es decir, estimular a las administraciones para que acepten las reivindicaciones colectivas que la sociedad presenta, pero al mismo tiempo necesitamos que la sociedad civil dé un paso adelante en cuanto al profesionalismo con el cual presenta las peticiones, con la que las acepta, con la que las sistematiza y con la que las acompaña".

El camino iniciado en la región de Emilia-Romaña por numerosos actores locales es innovador, en particular en lo que respecta al proceso que pretendía desencadenar. Además de generar una colaboración entre los actores de la economía solidaria y los actores institucionales, el objetivo era encontrar formas de participación que pudieran extenderse a todos los actores territoriales. Uno de los puntos críticos al inicio de la propuesta de ley, que se había iniciado sin diálogo con el territorio en 2011, como explica el actual presidente del Foro (uno de los tres instrumentos adoptados en la ley, como se explica a continuación), era que "una ley tal y como se estaba imaginando fijaba las cosas tal y como eran, no habría procesos, fijaba de alguna manera una realidad, pero no habría proceso también hacia la construcción de otras redes".

Para los promotores del proceso de co-construcción, era crucial crear un espacio de participación y, por tanto, una posible ampliación de los actores locales, ciudadanos o asociaciones.

Aunque se intentó que fuera lo más fluido y sencillo posible, las dificultades encontradas fueron diversas. Según otros protagonistas, una de las primeras dificultades fue la de crear un enfoque colaborativo entre los distintos agentes, tanto públicos como privados. Como ya se ha mencionado, la experiencia de Emilia-Romaña cuenta con un importante número de experiencias, que a menudo, como ocurre en muchos contextos territoriales, apenas cooperan entre sí. Esta es una de las dificultades, como explica el coordinador de una asociación de la zona: "la mayor dificultad la hemos experimentado, no con las instituciones, sino con algunos grupos que luchan por moverse en un contexto plural y sistémico. Cada uno es portador de su propia bandera, y con su bandera en la mano no mira a nadie. Debe llevar esta bandera adelante y debe ser evidente que esta bandera la lleva él y no otros, esta fue la mayor lucha, más que con las instituciones".

Este punto fue enfatizado por otra persona del mundo asociativo, que reiteró como principal dificultad "la presencia en nuestro territorio de grupos a los que les cuesta moverse con otros, por la dificultad que tienen para pensar métodos de representación, por la dificultad de activar canales de confianza, entre personas, por el deseo de convertirse en sujetos que produzcan transformación".

En relación con la misma cuestión, un participante de los grupos de compra solidaria subrayó que "el punto débil era la red informal de GAS, que es grande, pero informal, y por tanto la falta de voluntad de algunos actores, no de todos, para moverse juntos, en un programa compartido".

A pesar del intento de reunir a todos los actores regionales en CRESER, se han creado otros grupos, como se desprende del relato de un activista: "dentro de la región ha nacido un grupo paralelo al nuestro, que aporta ideas como las nuestras, pero quizá de forma más reivindicativa que la nuestra, y se llama Red de Emergencia Climática y Medioambiental de Emilia Romaña (RECA-ER)[7], un grupo informal, es la suma de muchas propuestas, que aporta ideas de varios grupos y se mueve por una vía reivindicativa". Sin embargo, aunque existen varios procesos, la colaboración se produce en temas comunes, como señala un miembro del comité: "en los últimos años, se han presentado cuatro propuestas de ley de iniciativa ciudadana regional sobre temas medioambientales relevantes,

---

7 https://pattoperilclimaeperillavoro.it/chi-siamo/

como el agua o el paisaje, que han recibido el apoyo tanto de RECA-ER como de CRESER".

Sin embargo, uno de los participantes subraya algunas diferencias al argumentar la importancia de la colaboración entre los organismos institucionales y los activistas: "nosotros adoptamos una línea más colaborativa, que dice que las instituciones tienen la tarea de representarnos en la medida en que nosotros también seamos capaces de ser representados. Es decir, vivimos la participación democrática con todas las dificultades que ello conlleva, pero activamente. En esto creo que también hemos recibido la máxima colaboración posible de los miembros de la región, de los técnicos".

A pesar de las dificultades encontradas, la capacidad de crear un camino de co-construcción proviene de la fuerza de unir las realidades individuales, como fue el caso de la creación de la Coordinación Regional, que se convirtió en un punto de referencia para los espacios territoriales individuales. De hecho, entre los puntos fuertes que permitieron alcanzar un resultado tan importante como la aprobación de una ley regional, hay que destacar sin duda el papel de la CRESER. Uno de los referentes, de hecho, explica cómo fue el trabajo de la red, a través de herramientas participativas, "el gran trabajo fue años de acompañamiento, no sólo ser portador de una propuesta general sino acompañar la redacción de una serie de normas que hablan lenguajes diferentes, enfoques distintos, que a veces son poco complementarios".

La construcción de una visión común y compartida puede producir capacidad para construir una masa crítica capaz de transformar la sociedad (Laville, 2016). Con estas palabras, otro protagonista del proceso explica su satisfacción por haberlo logrado: "esta ha sido la experiencia más bonita diría yo, porque nos ha llevado mutuamente a crecer y, por nuestra parte, a estar cada vez más convencidos de que el problema y la dificultad de estar presentes en la sociedad civil y en la economía solidaria depende en gran medida de nuestra incapacidad para ser sujetos que representan con autoridad un proceso en curso, y para poder acompañarlo".

A pesar de las diversas dificultades encontradas, muchos están satisfechos con el camino recorrido, aunque son conscientes de que queda mucho por hacer. La creación de una relación de confianza y horizontal, la ampliación de la participación a un número cada vez mayor de actores, la construcción de herramientas capaces de democratizar la participación, son algunos de los puntos clave para mejorar la capacidad de construir políticas públicas en el marco de los valores de la economía solidaria. De hecho, como nos cuenta en la entrevista uno de los administradores involucrados, la relación de colaboración y confianza que se ha desencadenado ha permitido la posibilidad de una participación democrática y plural: "esto ha sido muy importante, porque realmente esta ley es el resultado de una escritura colectiva, no hay nada que venga de arriba, de las instituciones como tal, se pusieron límites. Hemos tardado unos cuantos años en redactarla, de hecho, hemos redactado la ley y el reglamento de aplicación, lo que nos ha permitido activar los primeros procedimientos".

2.3. Modificaciones en las instituciones: creación de nuevos organismos

Entre los aspectos innovadores de la experiencia regional de Emilia-Romaña se encuentran las propuestas organizativas para fomentar la participación democrática y desencadenar mecanismos horizontales de participación política por parte de los actores de la Economía Solidaria, como se reivindica en el marco teórico (Uharte, 2024). La ley también prevé contribuciones para los actores de la Economía Solidaria y para la promoción de la misma a través del establecimiento de dos rubros en el presupuesto regional.

Como ya se ha mencionado, la Coordinación Regional para la Economía Solidaria de Emilia-Romaña (CRESER) desempeñó un papel importante en la redacción de la ley, pero sobre todo en la creación de nuevos organismos que pudieran facilitar su aplicación.

Además de las declaraciones de principio expresadas en el R.L. 19/2014, la Región Emilia-Romaña ha concretado el camino adoptando con la **Resolución n.º 323 de 7 de marzo de 2016** los criterios de aplicación que definen las modalidades de acceso y participación a los Órganos indicados en la ley. Los Órganos previstos para la aplicación del R.L. 19/2014 son: (i) el **Foro** Regional de Economía Solidaria; (ii) la **Mesa** Regional Permanente para la Economía Solidaria y (iii) el **Observatorio** de la Economía Solidaria de Emilia-Romaña.

Uno de los protagonistas de CRESER explica en la entrevista lo importante que es seguir y apoyar el proceso: "las realidades regionales se unieron a partir de la ley y luego continuaron el camino reuniéndose regularmente y luego tratando de llevar a cabo lo que se convirtió en el primer paso de la implementación en 2017, por lo que hubo un momento de silencio, donde al final de un mandato institucional que había dado a luz la ley no se llevó a cabo de inmediato. Así que nos preguntamos, ¿cómo la implementamos? ¿Cuáles son los siguientes pasos? ¿Cómo cerramos los órganos? Hubo que esperar de 2014 a 2017 para poder redactar cuáles eran los reglamentos del foro, así que CRESER sirvió no solo para la redacción de la ley sino también en la siguiente fase".

En la concepción de la propuesta de ley, se ha trabajado mucho para favorecer la participación de todos los actores de la economía solidaria, de modo que, como explica el actual presidente "la ley prevé el Foro como un lugar donde puedan surgir todas las dinámicas de puesta en red de los actores que puedan converger en objetivos compartidos, que exista el mínimo común denominador de la economía solidaria". En este sentido, esta experiencia se acerca a la categoría de "cogobierno" que se reivindica en el marco teórico de este libro (Uharte, 2024).

El **Foro Regional de la Economía Solidaria** es un instrumento participativo para la discusión y elaboración de demandas emergentes, objetivos de proyectos y líneas de intervención de los actores de la Economía Solidaria. En particular, este instrumento está destinado a favorecer el diálogo, el debate y la elaboración de las demandas emergentes de los sujetos de la Economía Solidaria; además, está destinado a colaborar en la proposición de objetivos de proyectos y líneas de intervención para la implementación de la ley regional; por último, contribuye al nombramiento de los representantes de los sujetos de la Economía Solidaria en la Mesa Regional Permanente de la Economía Solidaria, así como en los demás foros de concertación institucional.

El foro regional tiene la tarea de recibir y formular líneas de actuación y propuestas de proyectos desde el territorio y se estructura en Grupos de Trabajo Temáticos (GTT) dedicados a diferentes áreas temáticas y sectores identificados por la propia ley. Está abierto a todos aquellos que deseen actuar de acuerdo con los principios de la ley (como redes de economía solidaria, distritos de economía solidaria o grupos de compra solidaria y/o de ciudadanos y agentes económicos) y se puede acceder a él mediante acreditación previa y cumplimentación de formularios que deben presentarse ante el servicio competente.

A través de la activación de un portal web específico dedicado en el sitio web institucional de la Región, se documentan las iniciativas y actividades de los sujetos adherentes al Foro, así como la composición y actividades de los nueve grupos de trabajo temáticos (GTT): 1. finanzas éticas, mutualistas y solidarias y, sistemas locales de intercambio; 2. agricultura/soberanía alimentaria; 3. sistemas locales de garantía participativa/producción campesina local agroecológica; 4. vivienda solidaria, hábitat sostenible y bioconstrucción; 5. energía y economía solidaria: hacia el desarrollo de opciones conscientes y solidarias sobre el uso sostenible de los recursos en materia de eficiencia, producción y consumo energético para bien común; 6. salud; servicios comunitarios de proximidad; 7. salud pública; 8. redes; 9. promoción de la economía solidaria

El Foro, creado el 20 de mayo de 2017, cuenta con cincuenta y cuatro participantes que trabajan a través de varios grupos de trabajo temáticos y adoptó su propio Reglamento interno en base al cual ha elegido a su propio presidente y a dos coordinadores, así como a un grupo de auditoría cuyo objetivo es:

- Ejercer una función de garantía, supervisando el correcto desarrollo de los trabajos del Foro; la vigilancia por parte de los participantes en el mismo de los principios y objetivos establecidos en los artículos 1 y 2 de la Ley; el cumplimiento de lo dispuesto en la Resolución y en el Reglamento; el cumplimiento de los compromisos asumidos por los miembros del Foro al solicitar su adhesión y, la adecuación de la actuación del Foro respecto a la promoción y desarrollo de la economía solidaria.
- Formular propuestas y sugerencias para facilitar el trabajo de la Asamblea General y/o de los Grupos de Trabajo Temáticos (GTT) y resolver los problemas y cuestiones críticas que surjan.
- Informar al delegado regional competente de las infracciones y/o situaciones de incompatibilidad que se consideren oportunas para comprobar si uno o varios miembros del Foro siguen cumpliendo los requisitos de participación y/o si debe iniciarse un procedimiento de exclusión.

Entre las actividades significativas llevadas a cabo en 2022 cabe destacar la colaboración del Foro con la Región de Emilia-Romaña para la redacción de las Directrices para la producción, transformación, comercialización y servicio de alimentos en la producción primaria y en las empresas agrícolas de la Región de Emilia-Romaña, aprobadas mediante la Resolución del Consejo Regional nº 1589 de 28 de septiembre de 2022[8].

El segundo órgano previsto por la ley es la **Mesa Regional Permanente de la Economía Solidaria**, cuya composición y operatividad son reguladas por el Consejo; es el instrumento institucional delegado para activar vías compartidas para la promoción de los programas, acciones y medidas de apoyo al desarrollo de la Economía Solidaria previstos por la ley regional.

La mesa redonda está presidida por el gobierno regional e integrada por: (i) representantes de los actores de la Economía Solidaria designados por el Foro Regional de Economía Solidaria; y (ii) funcionarios de las

---

8 Consulte https://www.alimenti-salute.it/taxonomy/term/3552 para más detalles.

oficinas técnicas regionales responsables de los temas tratados en las reuniones de la mesa redonda.

El tercer órgano previsto es el **Observatorio,** que se está definiendo en la actualidad y estará compuesto por tres miembros nombrados por el Consejo Regional, sobre la base de requisitos de experiencia adecuados, entre los que figurará al menos un miembro elegido a partir de una preselección de nombres propuestos por el Foro. El Observatorio realizará un seguimiento de los distintos proyectos con el fin de garantizar evaluaciones basadas en una pluralidad de enfoques, puntos de vista y criterios metodológicos, con vistas a mejorar su eficacia y eficiencia.

Además, corresponderá al Observatorio tener en cuenta las propuestas procedentes del Foro relativas a la identificación de los criterios e indicadores de evaluación a adoptar en el análisis y la verificación de las actividades de promoción y apoyo a la economía solidaria y adoptará también un reglamento interno para regular su funcionamiento y definir los criterios y modalidades útiles para ejercer mejor las funciones y finalidades que le asigna la ley.

Por último, la región ha creado una secretaría técnica, de hecho, la empresa ART-ER *Attrattività Ricerca Territorio Emilia Romagna*[9], que actúa como apoyo técnico y organizativo de la región en la aplicación de las disposiciones de la ley regional.

Por ejemplo, la colaboración también es útil para las actividades de promoción, como explica una persona de contacto: "a través de la secretaría técnica podemos disponer de algunos pequeños fondos para gastos de organización, como una serie de seminarios o para la creación del sitio web de comunicación, además del sitio web institucional de la región, hemos creado una sección en el sitio de la red nacional para comunicar sobre las actividades que llevamos a cabo y las actividades del Foro. De este modo, los integrantes que quieran contar lo que hacen podrán hacerlo más fácilmente".

Los tres órganos previstos (Foro, Mesa y Observatorio), con el apoyo de la secretaría técnica (ART-ER), deberían ser una herramienta eficaz para generar y fomentar un proceso democrático y horizontal. A través de la participación en el Foro, que de hecho está abierto a todos/as, es posible hacer llegar propuestas a la Mesa, que es la parte institucional. Como explica uno de los participantes, este es el nuevo proceso de co-construcción

---

9 Es el Consorcio Empresarial de Emilia-Romaña creado para fomentar el crecimiento sostenible de la región a través del desarrollo de la innovación y el conocimiento, el atractivo y la internacionalización del territorio. Para más información https://www.art-er.it

que se ha iniciado: "en este sentido es positivo, no nos hacemos muchas ilusiones con lo que consigue hacer la política, lo que consigue hacer la administración, pero sí estamos convencidos de que las cosas que proponemos y son aceptadas por la Mesa permanente, cuando las líneas del proyecto van del Foro a la Mesa significa que son aceptadas; por lo tanto, hay un compromiso por parte de la estructura administrativa de intentar ponerlas en marcha. Así que decimos OK, lo habéis decidido junto con nosotros e intentamos trabajar en ello. Son pasos pequeños pero positivos".

Entre las dificultades que puede haber en estas vías institucionales está sin duda la transversalidad, pero con los órganos propuestos parece que se puede superar. En la entrevista con un referente de una comisión participante, se confirma esta oportunidad: "una cosa con la que luchan es la transversalidad, la transversalidad es un elemento fundacional de la ley y la región está estructurada como todas las administraciones y lo vemos en los municipios, etc. para no poder trabajar transversalmente, así concejales participando en el mismo proyecto y dando técnicos, pero se han hecho cosas buenas porque Agricultura y Sanidad colaboraron junto con el consejero de referencia del Foro y la Ley en las directrices, nos costó cuatro o cinco años de trabajo, pero al final lo conseguimos".

El trabajo en los territorios, como suele ocurrir, es especialmente complejo, teniendo en cuenta que se ha iniciado un proceso institucional regional, pero los pequeños resultados y la superación de obstáculos demuestran que es posible generar cambios. El trabajo en equipo a través de pequeños pasos también empieza a crear un cambio cultural. En palabras de uno de los protagonistas: "con mucha paciencia, mucha resistencia propia para mantener el timón recto, y también tenemos la conciencia de que somos una pieza pequeña, mínima, de lo que pueden ser los intereses de la política y de la administración. Pero nos mantenemos al pie del cañón, también ayudamos a otros a entrar en una mentalidad diferente de trabajo, en mi opinión estos son pequeños pero grandes logros. Y que alguien habrá hecho un ejercicio diferente de administración y de trabajo político institucional".

2.4. Una experiencia co-construida de abajo hacia arriba: el desafío de dar el salto de lo local a lo nacional

Las principales dificultades en este camino parecen haber estado en la capacidad de crear órganos de participación para fomentar la participación democrática. Como ya se ha mencionado, hasta la fecha no existen leyes nacionales, por lo que el enfoque regional parece constituir un nivel importante.

Organizar la participación no fue un camino fácil, pero probablemente fue una iniciativa que, empezando desde abajo, puede contribuir a generar un cambio en la región hacia los valores de la economía solidaria. Por otra parte, el aspecto positivo es que, una vez iniciado el proceso en una región, otras pueden aprovechar lo que se ha hecho en Emilia-Romaña y así iniciar otros procesos regionales. Así nos lo confirma uno de los protagonistas que explica cómo "la ley en Friuli tomó una fuerte referencia de la nuestra, así que la redactaron partiendo de la nuestra".

Los activistas y administradores de la región de Emilia Romaña se mostraron orgullosos de estos aspectos, y muy contentos de colaborar con otras realidades regionales, como reiteró un administrador: "en los últimos días me ha llamado el consejero encargado de la economía solidaria para decirnos que desde la provincia autónoma de Trento quieren discutir con la administración regional de Emilia Romaña lo que están haciendo. Así que vemos que hay interés en entender cómo estamos trabajando nosotros y el territorio y qué se está haciendo en Emilia Romaña".

Por lo tanto, hubo plena satisfacción con el camino iniciado, aunque por el momento no fue posible incidir en la red nacional. Los activistas de la región de Emilia-Romaña, durante el proceso regional, tuvieron contactos con los referentes de la red nacional, pero en este caso no fue posible coincidir en un camino común. Al igual que en otros países, un proceso nacional es sin duda más complejo y difícil. Hay muchos factores que determinan el éxito de estas iniciativas. Entre ellos, destaca uno en particular: la mayor dificultad para crear relaciones de confianza en las redes nacionales. Con estas palabras, y con cierto pesar, uno de los protagonistas explica cómo "el recorrido social que se hizo en CRESER no fue posible en la red nacional, es decir, porque nosotros no pudimos hacerlo. Nos contactaron a nivel nacional para una ley nacional sobre la economía solidaria, mientras hacíamos este camino que se seguía al mismo tiempo que el CRESER, pero no teníamos el espacio y la posibilidad de interacción colaborativa porque los puntos de partida eran completamente diferentes. En primer lugar, había que superar un problema de representación. Luego, en mi opinión, faltaba un aspecto fundamental, que era la confianza entre los distintos actores".

La dimensión nacional es obviamente más compleja que la local o regional, por lo que, como reitera otro protagonista, es más difícil conseguir sintetizar las diferentes necesidades y propuestas. La incapacidad de construir un camino común, de hecho, según un protagonista fue una de las principales dificultades: "en la encrucijada de cómo comportarse frente a estas instancias de representación unitaria de un sujeto que tuvo la voluntad de reunir instancias comunes, expresiones diferentes y varias veces incluso expresiones divergentes, pero no encontró el momento de la síntesis, no encontró personas capaces de decir estoy dispuesto a dar un paso atrás porque juntos vamos hacia adelante".

3. *La economía solidaria: un nuevo modelo económico*

Los actores que iniciaron el proceso representan un archipiélago de redes y asociaciones que trabajan en los territorios desde hace muchos años. El movimiento de economía solidaria en la región está conectado con muchas experiencias que pretenden construir un nuevo modelo de economía basado en la solidaridad y el interés primordial de las personas y el medio ambiente, y opuesto al modelo neoliberal, como se señala en el marco teórico (Uharte, 2024).

La propuesta iniciada con las instituciones parte de la construcción de un modelo diferente, como explica uno de los entrevistados: "pedimos establecer una relación que nos llevará a hacernos cargo juntos del desarrollo, de un modelo de economía que queríamos representar, y que nos parecía que tenía las credenciales adecuadas para ser aceptado como modelo por la región, reconocido como modelo de economía, y sobre esta intuición nació todo el trabajo".

Un modelo de desarrollo económico alternativo, tal como propugnan los movimientos de economía solidaria, se basa en la reconstrucción de las relaciones económicas también entre productores y consumidores. Desde esta perspectiva, por ejemplo, nació en Emilia-Romaña el primer Grupo de Compra Solidario (*Gruppo di Acquisto Solidale*-GAS) italiano. De hecho, esta forma innovadora que vincula a consumidores y productores agrícolas comenzó en Fidenza en 1994. Hoy, el GAS de Fidenza cuenta con unos 150 miembros y su objetivo es comprar colectivamente productos agrícolas a pequeños productores locales y ecológicos. El modelo GAS se ha convertido en una de las experiencias de consumo crítico y solidario que caracteriza el modo de economía solidaria en Italia. Se ha investigado mucho sobre esta experiencia, que hoy cuenta con unos mil GAS en Italia, que han resistido incluso a la crisis de la pandemia COVID-19.

Se ha intentado aunar los intereses de quienes consumen y buscan alimentos sanos con los de quienes los producen y tratan una serie de cuestiones para ofrecer alimentos más naturales y respetuosos con el medio ambiente. En este sentido, se prefiere la producción orgánica y agroecológica.

A lo largo de estos treinta años, sin embargo, han surgido en la región otras experiencias y modelos innovadores de consumo y producción. Otro ejemplo son las Comunidades de Apoyo a los Agricultores y los Sistemas Participativos de Garantía, experiencias que han surgido a lo largo de los años en diversas partes del mundo.

Las primeras, Comunidades de Apoyo al Agricultor, son experiencias similares a las GAS pero que toman medidas para apoyar a los productores, por ejemplo, las familias consumidoras pueden hacer un aporte económico a los productores antes de sembrar. De esta forma, el productor tiene un apoyo y el consumidor tiene garantizado el producto. El segundo modelo, los Sistemas Participativos de Garantía, implica formas participativas de control de la calidad del producto. El objetivo es apoyar a los pequeños agricultores para que pongan en práctica una producción agroecológica fuera de los circuitos comerciales a gran escala. A menudo los pequeños productores, aunque produzcan alimentos de calidad, no pueden cumplir las normativas que suelen estar orientadas a los grandes propietarios y a la producción industrial, en esencia a la gran distribución.

Todas estas experiencias tienen como objetivo la sostenibilidad medioambiental, la reducción de residuos, la preservación de la agrobiodiversidad, la calidad de los alimentos y los derechos de los trabajadores, y con estos fines se fomentan también en las redes de economía solidaria de la región de Emilia-Romaña.

También se intentó contribuir en estos temas con la Ley Regional para apoyar principios como los mencionados. Con respecto a estas cuestiones, como se ha mencionado, en 2022, con la colaboración del Foro y la Región de Emilia-Romaña, se redactaron las Directrices para la producción, transformación, comercialización y administración de alimentos en la producción primaria y las empresas agrícolas en la Región de Emilia-Romaña, que se aprobaron con la **Resolución del Consejo Regional N.° 1589 de 28 de septiembre de 2022**.

Fue un resultado importante del grupo de trabajo temático de la ley que permitió alcanzar un resultado ciertamente útil para apoyar a los pequeños agricultores en favor de la calidad y la producción local. De hecho, gracias al Foro en el que se recogieron las peticiones del territorio, se hizo la propuesta a la Mesa que condujo a este resultado. Uno de los protagonistas explica: “desde el Grupo de Trabajo Temático sobre Agricultura identificamos estas líneas de trabajo y, por ejemplo, en el tema de la agricultura tardamos seis años en hacer las directrices para la transformación directa de los pequeños agricultores, pero hoy el resultado es que ya pueden vender no sólo tomates, sino también salsa (*pommorola*)".

La satisfacción también viene de los productores: "junto con el departamento de referencia del Foro y la Ley para las directrices, nos costó cinco o seis años de trabajo, pero al final lo conseguimos, con mucha paciencia y mucha perseverancia de nuestra parte para seguir siempre nuestro propio camino".

Entre las diversas experiencias de la región se destaca la Red de Soberanía Alimentaria, que agrupa numerosas experiencias regionales como la Cooperativa Arvaia, una de las primeras comunidades de apoyo a la agricultura, y la Asociación *Campi Aperti*. Estas experiencias de economía solidaria en la región tienen también una relevancia nacional por las luchas que llevan a cabo por la soberanía alimentaria. Sin embargo, gracias al proceso participativo iniciado por la ley regional, se han iniciado diálogos entre las distintas posiciones, incluso antagónicas, lo que ha contribuido a alimentar el debate y a lograr el resultado deseado. Con estas palabras, uno de los protagonistas explica la ventaja de construir espacios de diálogo: "estos debates nos han venido bien internamente, incluso para nuestras realidades más combativas y antagónicas, porque por ejemplo en el grupo de trabajo sobre la transformación ha entrado en juego una realidad de productores que siempre han sido muy antagónicos, en lucha (*Campi Aperti*)".

La posibilidad de crear espacios de diálogo permitió mostrar que incluso dentro de realidades muy involucradas en luchas políticas contra las instituciones, es posible generar formas de diálogo. De esta manera, pueden surgir nuevas propuestas y debates internos que mejoren la forma de participar, y así lograr resultados. Así continúa nuestro entrevistado: "nos hemos dado cuenta que dentro de *Campi Aperti*, se ha abierto un frente diferente, hay dos almas que han dado a la red por la soberanía alimentaria en Emilia-Romaña, que engloba muchas realidades. Hay un frente reivindicativo que tiene que reivindicar, pero hay un frente colaborativo que tiene que acostumbrarse a trabajar, según los criterios de la política y de las instituciones".

Pero esto no significa tener objetivos diferentes. Muchas veces es necesario dar a todos/as la oportunidad de expresarse para poder sustentar sus ideas y esto significa pluralidad, es decir, opiniones diferentes que puedan coexistir en estas experiencias. De hecho, explican que "estas dos almas puedan coexistir, convivir, e incluso lo que parece que tenemos que soltar nuestras ideas, etc., no está mal. Esto no va muy bien, pero lo estamos intentando desde dentro. Así que esto también va muy bien dentro de nuestras propias realidades".

3.1. Nuevas medidas de apoyo para reforzar el camino regional

La experiencia de la región Emilia-Romaña también se destaca con respecto a algunas medidas emprendidas para fortalecer las experiencias de economía solidaria en la región. En este sentido, tras la aprobación de la Ley Regional 19 de 23.07.2014, la Resolución del Consejo Regional N.º 1068 de 01.07.2019 creó el **Fondo Regional para la Financiación Ética Solidaria (FEMS)** para la economía solidaria[10].

El Fondo promueve el principio de reciprocidad y la centralidad de las relaciones como verdadero fundamento de la actividad económica y fomenta el conocimiento y el uso de la Mutualidad Ética y las Finanzas Solidarias. El Grupo de Trabajo Temático (GTT) de la FEMS (*Finanza Etica Mutualistica Solidale*) ha promovido y colaborado en la realización del instrumento del Fondo Regional para la Economía Solidaria con el fin de alcanzar los siguientes objetivos:

- ofrecer una nueva herramienta a los actores de la economía solidaria que necesiten apoyo financiero para realizar proyectos orientados al bienestar compartido.
- crear un instrumento participativo y transparente, de responsabilidad compartida en el sentido más amplio posible, que acompañe y apoye activamente el desarrollo de la economía solidaria.
- ampliar la participación en la red regional de economía solidaria, promoviendo el principio de reciprocidad y la centralidad de las relaciones como verdadero fundamento de la actividad económica.
- promover el conocimiento y la utilización de la Mutualidad Ética y las Finanzas Solidarias, en lugar de las finanzas tradicionales que no tienen en cuenta el destino de sus financiaciones y no promueven formas reales de participación de sus usuarios.

El **Fondo Regional para la Financiación Ética Solidaria (FEMS)** a nivel operativo ofrece la posibilidad a un sujeto de la economía solidaria de solicitar un préstamo. Para solicitar un préstamo, es necesario presentar un certificado expedido por una Red de Economía Solidaria (RES) y/o por uno o varios Distritos de Economía Solidaria (DES) y/o por al menos 3 sujetos participantes en el Foro, que lo reconozca como una realidad perteneciente a la Economía Solidaria regional.

---

10 Para más información, véase: https://imprese.regione.emilia-romagna.it/Finanziamenti/finanza/fondo-economia-solidale

Luego, el FEMS lleva a cabo su propia evaluación económica y socioambiental; estimula la participación de la sociedad civil y, finalmente, decide de forma independiente sobre el desembolso del préstamo.

Al final de esta fase, la Región Emilia-Romaña, a través de la Autoridad de Gestión, tras verificar la validez de la solicitud, procede al desembolso de la subvención para la reducción del gasto por intereses.

Los instrumentos ofrecidos por la FEMS son una contribución económica para la reducción de las cargas de intereses que apoyan al solicitante. Además, se pide, si el solicitante no lo es ya, que participe activamente en la red regional de Economía Solidaria. Según el principio de reciprocidad, se pide a los solicitantes que contribuyan a la experiencia regional de Economía Solidaria. Esto, por ejemplo, participando en: el Foro regional de Economía Solidaria y sus Grupos de Trabajo Temáticos; o CRESER (Coordinación Regional de la Economía Solidaria); o una de las redes locales de Economía Solidaria.

Esta oportunidad se ofrece a todos aquellos que tengan un proyecto orientado al bienestar compartido y que soliciten un préstamo a un operador de FEMS y obtengan una bonificación de intereses.

Por tanto, los protagonistas y beneficiarios de esta iniciativa son tres:

operadores del FEMS en la Región. Es decir, entidades que cumplen los requisitos de la LR19/2014 y del reglamento del Fondo (actualmente Banca Etica y Coop. Mag6) y que aprueban un préstamo a una organización de economía solidaria;

la Región (a través de la Autoridad de Gestión). Es decir, el organismo que otorga un subsidio para la bonificación de intereses a una entidad ES que haya obtenido un préstamo de una entidad FEMS;

la sociedad civil, es decir, la comunidad que trabaja activamente a varios niveles puede, por ejemplo: informar a las organizaciones de economía solidaria de su territorio de la posibilidad de acceder a este nuevo instrumento; deciden trasladar sus ahorros de las realidades financieras tradicionales al FEMS; participar activamente a través del instrumento de la "garantía difusa", para no dejar sola a la realidad financiada ante posibles dificultades en la devolución reembolso del préstamo; ofrecerse como "puente relacional" de mayor proximidad entre la organización de la economía solidaria que solicita el préstamo y el FEMS.

4. *Cambio cultural: un elemento necesario para la construcción de experiencias de economía solidaria*

Otro de los aspectos fundamentales del proceso puesto en marcha en la región de Emilia-Romaña fue trabajar en un nuevo modelo cultural, crear una red, un ecosistema de colaboración entre los distintos actores de la zona. Parece existir un concepto claro entre los promotores de la iniciativa de trabajar en una vía de codiseño basada en canales de confianza. Aunque sea más difícil y lleve más tiempo recorrer este camino, uno de los protagonistas de CRESER subraya que: "en nuestro mundo teníamos el lema de que es mejor fracasar juntos que seguir adelante y hacerlo bien solos. Este planteamiento se caracterizaba por movernos como sujetos que definitivamente tenían un canal de confianza activo en que, con todas las limitaciones, esto traería más resultados, porque siempre pensamos en términos prácticos que cualquier resultado nunca es un producto único sino siempre un producto de un sistema más complejo. Siempre hemos estado convencidos de que quienes tenían esta conciencia eran capaces de progresar".

Con el fin de promover los principios de la economía solidaria, también se realiza un trabajo de comunicación. En este sentido, se han realizado esfuerzos para vincular las actividades regionales con otras experiencias nacionales y para dar a conocer las actividades que tienen lugar en la región. De hecho, como explica uno de los protagonistas "además del portal institucional en la página web de la región, se ha creado un enlace con otras realidades de economía solidaria. En la práctica se ha creado un espacio en la página web de la red nacional de economía solidaria. La región tiene el sitio institucional donde pone las cosas que hacemos, de manera institucional; por lo tanto, se puede ir a mirar allí, pero tenemos el sitio del foro que se creó específicamente dentro del sitio de la red nacional de economía solidaria. De esta manera, las realidades de Emilia-Romaña pueden contar lo que hacen. Es la manera de comunicar lo que ocurre en la región".

Se llevan a cabo numerosas actividades para reforzar el canal de comunicación y sensibilizar a la población de la zona. De hecho, se realiza un programa con diversas actividades, entre ellas una feria anual, que cuenta con una gran afluencia de público y en la que cada año participa más gente. Como cuenta un animador de esta actividad, "también este año hemos trabajado para realizar la segunda edición de **SOLIDALIA 2023. El Festival de la Economía Solidaria**. Todo esto ha sido posible gracias al trabajo en red y a todos los miembros del Distrito de Economía Solidaria de Parma".

4.1. Sensibilización, formación y apoyo técnico para un cambio de paradigma

El trabajo de sensibilización es siempre muy importante, porque sirve para incluir cada vez a más personas y difundir los valores de la economía solidaria. Además, siempre existe la voluntad de involucrar a las instituciones y a la política, un punto importante para hacer crecer el camino también a nivel institucional.

Este aspecto relevante también es señalado por un integrante de una asociación que subraya con estas palabras: "la colaboración es una clave importante, que tiene que ver con una serie de actitudes, es decir, de planteamientos. Si la institución es en parte nuestra y nos tiene que representar, que no lo haga es una cosa pero que yo no haga nada para que lo haga es otra cosa. Entonces tenemos que equiparnos para colaborar de manera operativa y rigurosa con los valores y principios de la economía solidaria, para llevar estas propuestas a la región, que es fundamental y significativo. Significa luchar por lo que queremos producir".

Para reforzar este aspecto de creación de competencias, la red regional de Emilia-Romaña, en colaboración con la Red Italiana de Economía Solidaria (RIES) y otros actores, colabora activamente en la realización de la Escuela de Activación Política[11]. Se trata de una serie de encuentros a nivel nacional, realizados en modalidad virtual, en los que participan diversos actores territoriales locales, en particular operadores de la economía social y solidaria, voluntarios y el "tercer sector" en general, estudiantes universitarios, asociaciones, organizaciones, activistas, periodistas y grupos informales. Los objetivos de la Escuela son: promover la cultura de la economía transformadora, ecológica, circular, social y solidaria; ayudar a reconocer, apoyar, ampliar la participación y la cooperación de las experiencias en curso; fomentar la innovación social mediante la difusión de buenas prácticas social y ecológicamente sostenibles; desarrollar competencias para poner en práctica nuevas formas de iniciativa empresarial y alianzas y asociaciones; ayudar a discernir las buenas prácticas reales de economía circular y sostenibilidad de los intentos de *greenwashing*.

---

11 La Escuela de Activación Política está organizada por las asociaciones Fairwatch, gracias a la colaboración de Arcs Culture Solidali en el marco del proyecto "Redes Solidarias Competentes" financiado por el Ministerio de Trabajo y Políticas Sociales en colaboración a nivel nacional con Ries (Red Italiana de Economía Solidaria) y con el observatorio de economías solidarias y transformadoras (www.oest.it), la red nacional Fuorimercato-Autogestione in Movimento, Ari Associazione Rurale Italiana, ASud Onlus, Tamat y la revista economiacircolare.com A nivel local, el curso está promovido por diversas organizaciones locales.

Además de las actividades de sensibilización y formación, los activistas de la región de Emilia-Romaña también han intentado crear relaciones con el mundo universitario. El objetivo es aumentar la capacidad de sensibilización de los distintos agentes; poder crear relaciones con el mundo académico también es fundamental para comunicarse con las generaciones más jóvenes, los estudiantes. Esta actividad es descrita por un participante que confirma que: "existen vínculos con las universidades, aunque sean indirectos. Por ejemplo, algunos miembros de las asociaciones son estudiantes universitarios que pertenecen a asociaciones, por lo que su contribución es indirecta, es decir, utilizamos su experiencia y el vínculo con las universidades, precisamente también para corroborar la importancia de una relación de sensibilización". Este objetivo es importante para toda la construcción regional, de hecho, un referente explica: "como CRESER, hemos mantenido conversaciones en profundidad con algunas de las universidades, y dentro del foro hay asociaciones que son miembros de la universidad. Tenemos un profesor de la Facultad de Agricultura que se adhiere a un grupo de trabajo, que es un grupo informal de la universidad que es miembro del foro. Por lo tanto, también interactuamos con los estudiantes. Existe una experiencia similar dentro de la Facultad de Sociología en la Universidad de Bolonia, así que tenemos algunos representantes de este mundo".

5. *Conclusiones*

La experiencia territorial puesta en marcha en la región de Emilia-Romaña parece demostrar ser una vía capaz de crear una colaboración entre los actores privados locales y los actores institucionales y políticos. Iniciada como oposición a una iniciativa legislativa desde arriba, los diferentes protagonistas de la economía solidaria se reunieron en una asociación informal. La creación de grupos de trabajo, la capacidad de colaboración y la voluntad de crear un diálogo con la parte administrativa y pública hicieron que la experiencia fuera interesante desde el punto de vista del proceso social.

El trabajo en equipo entre actores públicos y privados permitió así promover la primera ley regional italiana sobre los valores de la economía solidaria. Las dificultades no faltaron en el trabajo en red, pero la perseverancia y la voluntad de colaboración permitieron alcanzar el objetivo.

Una vez puesta en marcha la primera ley, se siguió trabajando para promover la participación territorial, recoger las propuestas y los problemas a los que se enfrentaban los actores locales. Para responder a estas necesidades, se idearon instrumentos capaces de fomentar una participación democrática cada vez mayor, en la perspectiva de la categoría de cogobierno que se propone en el marco teórico de este libro (Uharte, 2024). Así se creó el Foro, que recoge las peticiones de las bases, la Mesa, que es una herramienta para debatir y hacer llegar las peticiones a las instituciones y trabajar para su aprobación, y, por último, el Observatorio, como órgano de control y seguimiento de los proyectos de economía solidaria en curso.

Con estas instancias, parece posible garantizar una participación amplia, democrática y horizontal, sobre todo para promover un "nuevo modelo de desarrollo" que ponga en el centro a la persona humana y el cuidado del medio ambiente y los territorios.

En este sentido, por ejemplo, se ha trabajado en los grupos para promover leyes que favorezcan una verdadera transición ecológica, que garanticen la producción de alimentos sanos y fortalezcan las formas organizativas entre productores y consumidores (Grupos de Compra Solidaria, Comunidades de Apoyo a la Agricultura) en la región.

Para apoyar las realidades productivas locales y el nacimiento de nuevos proyectos, también se han creado instrumentos financieros como el fondo regional de finanza ética y mutualista. De este modo, es posible iniciar nuevas actividades y contar con ayudas económicas concretas para que las pequeñas organizaciones puedan consolidarse y seguir trabajando en los territorios.

Otro aspecto importante fue trabajar en la sensibilización de los distintos agentes y sectores territoriales. Para ello, se creó un sitio de comunicación de ámbito nacional en colaboración con la Red Italiana de Economía Solidaria. De este modo, cada realidad regional puede dar a conocer sus actividades. Además, se ha trabajado en la creación de eventos anuales como las ferias de la economía solidaria. De esta manera, se genera cada vez más participación regional.

Además de las simples actividades de sensibilización, se ha trabajado en la creación de cursos de formación, como la Escuela de Formación Política, que también se realizó en colaboración con la red nacional. De este modo, se pretende hacer crecer la cultura de una economía transformadora, ecológica, circular, social y solidaria.

Por último, a lo largo de los años, también se han realizado actividades de colaboración con las universidades, a través del contacto indirecto de profesores que a nivel personal han participado en los distintos grupos de trabajo que la asociación regional ha promovido. De esta manera, también existe la oportunidad de involucrar a las nuevas generaciones de estudiantes en temas de economía solidaria.

Por lo tanto, el camino trazado por la ley para el apoyo y la promoción de la economía solidaria en Emilia-Romaña puede considerarse consolidado y una experiencia de éxito. La capacidad de colaboración entre los actores parece poder contribuir al logro de los objetivos previstos por la ley regional, que reflejan algunos de los objetivos expresados en la Agenda 2030.

6. *Bibliografía*

COSCARELLO, Mario, "Le reti di economia solidale per una trasformazione sociale", *Sociologia urbana e rurale*, Franco Angeli, 97, 2012, pp. 37-51.

COSCARELLO, Mario, *Le reti di economia solidale. Comunità di pratiche per una trasformazione sociale*, Centro Editoriale e Librario Università della Calabria, Rende (CS), 2014.

COSCARELLO, Mario, SIVINI, Silvia, "La Economía Solidaria Italiana y sus respuestas a la emergencia de Covid-19", in Sacco, F., Velleda, N., *Comida, ética e reciprocidade em tempos de pandemia: diálogos entre Brasil, Espanha e Itália,* Pelotas, UFPel, [en línea] 2023. HYP

INFORME REGIÓN DE EMILIA-ROMAÑA. "L'Economia solidale in Emilia Romagna. principi, protagonisti, prospettive". [en línea] 2019, https://sociale.regione.emilia-romagna.it/economia-solidale/indagine_economia-solidale_-2019.pdf [Consulta: 10/03/2023.]

LAVILLE, Jean-Louis, "La economía social y solidaria frente a las políticas públicas", en Puig, Carlos (coord.). Economía Social y Solidaria: conceptos, prácticas y políticas públicas. Hegoa. UPV/EHU. 41-64, 2016.

ROSSI, Ada; COSCARELLO, Mario; BIOLGHINI, Davide, *(Re)Commoning Food and Food Systems. The Contribution of Social Innovation from Solidarity Economy*. Agriculture 2021, 11, 548. https://doi.org/10.3390/agriculture11060548

UHARTE, Luis Miguel, "Economía Social y Solidaria (ESS) y Estado: más allá de las políticas públicas. Hacia una alianza estratégica", en Uharte, L.M. (coord.) *Economía Social y Solidaria y Estado: encuentros y desencuentros*, Tirant lo Blanch, Valencia, pp. 11-41, 2024.

EXPLORANDO SIGNIFICADOS: POLÍTICAS PÚBLICAS, SUJETOS Y ARTICULACIONES DE LA ECONOMÍA POPULAR EN ARGENTINA

Gerardo Avalle
avallegera@gmail.com
Instituto de Estudios sobre Derecho, Justicia y Sociedad (IDEJUS)
Universidad Católica de Córdoba (Argentina)
María Mercedes Ferrero
merferrero@gmail.com
Universidad Católica de Córdoba (Argentina)
Juliana Hernández Bertone
julihernandezbertone@gmail.com
Grupo de investigación 'Parte Hartuz'
Universidad del País Vasco (UPV/EHU)

1. *Introducción*[1]

Considerar las políticas públicas de manera genérica, dividiéndolas en fases, como una arquitectura o un proceso de ingeniería compuesto por pasos sucesivos de programas y proyectos, tiene ciertos inconvenientes. Algunos sectores académicos cuestionan esta visión restringida del diseño de políticas, que lo limita únicamente a las élites gubernamentales, profesionales de políticas públicas, asesores, técnicos y proveedores de servicios estatales. El enfoque planteado por Goodin, Rein y Moran (2006) refleja aún un enfoque predominante de arriba hacia abajo (*top down*), donde la política se entiende como la forma en que los gobiernos intentan gobernar a las poblaciones.

Es fundamental no solo abordar el diseño de las políticas y su nivel de ejecución, sino también tener en cuenta los contextos instituciona-

1 El presente capítulo consiste en una revisión mejorada y revisada de una exposición previa en de Avalle (2023) preparada para el XVI Congreso Nacional de Ciencia Política, organizado por la Sociedad Argentina de Análisis Político y la Universidad Católica Argentina, Buenos Aires, 18 al 21 de julio de 2023. Este capítulo es producto del trabajo de campo realizado por quienes escriben, en el marco del proyecto dirigido por Gerardo Avalle "Precariedad y economía popular. Estrategias de organización y producción comunitaria en el territorio cordobés", financiado por la Universidad Católica de Córdoba, UCC-CONICET y un proyecto colectivo de investigación conformado por miembros del área de 'Estudios de América Latina' del grupo de investigación 'Parte Hartuz', de la Universidad del País Vasco.

les, sociales y culturales que las sustentan. El contexto y los discursos que dan forma a las políticas crean un modo específico de intervención estatal frente a la ciudadanía. Es importante reflexionar sobre las herramientas y enfoques más adecuados para analizar las políticas públicas, incluyendo el uso de abordajes cualitativos en su análisis (Fischer, 2003; Shore, 2010), sin descartar corrientes clásicas como el pospositivismo y el neoinstitucionalismo. Enfatizamos aquí el distanciamiento del enfoque empirista constante, que se basa en generar continuamente indicadores como mecanismo de legitimación de las políticas. En su lugar, nos enfocamos en los significados que las políticas producen, en cómo los sujetos las construyen y en la relación que establecen entre el Estado y la sociedad. De este modo, nos desplazamos hacia los significados que producen esas políticas, qué sujetos construyen, qué relación establecen entre el Estado y la sociedad, y cómo definen su objeto de intervención. Esta propuesta analítica se enmarca dentro de la redefinición del enfoque de las políticas públicas dirigidas hacia la Economía Social y Solidaria (ESS) que propone este libro, asumiendo una "política de alianza" que equipara a los agentes públicos y a los actores de la ESS como colaboradores estratégicos en la construcción de una alternativa política, económica y cultural (Uharte, 2024). Esta alianza se fundamenta en una colaboración horizontal y en pie de igualdad, reconociendo la mayor capacidad de acción del Estado.

Las políticas expresan racionalidades de gobierno y una voluntad de poder, por lo tanto, es crucial analizar sus discursos, sus formas de significación y legitimación. Como afirma Shore (2010), "la formulación debe ser vista como una particular forma de acción social y simbólica" (p. 34). Además, uno de los aspectos más importantes de la formulación de políticas públicas es cómo éstas construyen nuevas categorías de subjetividad y nuevos tipos de sujetos políticos, particularmente conceptos modernos del individuo, como el ciudadano, el beneficiario, las madres, entre otros (Shore, 2010). Según Shore, la formulación de políticas debe ser considerada como una forma particular de acción social y simbólica, lo que nos brinda una comprensión crítica de los principios organizativos subyacentes que estructuran nuestra sociedad, incluyendo los regímenes de poder y los códigos culturales que influencian el comportamiento de individuos y organizaciones (2010, p. 26).

No obstante, la cuestión clave no está en centrarse en la formulación de esas políticas escindidas de su contexto de producción. Específicamente, las políticas sociales son producto de la institucionalización de la "cuestión social" (Hopp, 2018) que supone atender las desigualdades provocadas por el régimen de acumulación capitalista, la histórica contradicción capital-trabajo que es canalizada mediante una distribución secundaria del ingreso.

Tal como se plantea en este libro, la propuesta de alianza estratégica entre el Estado y el movimiento de la Economía Social y Solidaria (ESS) reconoce el contexto de conflicto de clases en la sociedad capitalista, donde el Estado tiene un papel crucial en la estabilización del sistema. A pesar de esta función, al interior del Estado hay luchas internas entre diferentes sectores, lo que permite la posibilidad de alianzas con gobiernos locales, regionales y nacionales favorables a la ESS. Dada la dominación global del capitalismo, se considera esencial esta alianza política con el Estado para combatir las desigualdades del nuevo capitalismo global. Sin embargo, se reconoce el desequilibrio de poder entre el Estado y el movimiento de la ESS, lo que subraya la importancia de mantener la autonomía política y no depender económicamente de las instituciones estatales. La evaluación de esta alianza se basará en tres dimensiones: política, económica y cultural, abarcando aspectos institucionales, medidas económicas alternativas y valores culturales para promover un cambio sistémico integral (Uharte, 2024).

Bajo el enfoque presentado, examinamos la experiencia de los movimientos sociales vinculados a la Economía Popular en Argentina, quienes han mostrado un proceso organizativo y de reivindicación constante frente al Estado. Este estudio analiza la generación de políticas públicas para este sector, resultado de la movilización y negociación continua de las organizaciones sociales en un contexto de empeoramiento de los indicadores sociales y económicos. Nos enfocamos en la historia reivindicatoria de la Unión de Trabajadores de la Economía Popular (UTEP) y en medidas legislativas y ejecutivas como la ley de Emergencia Social, el Salario Social Complementario y el Registro Nacional de Barrios Populares. Utilizamos documentos de la UTEP, entrevistas, discursos públicos y debates legislativos para analizar estas políticas. Consideramos que estas políticas reflejan formas específicas de manejar conflictos, relaciones de poder y modos de gobernar. A pesar del cambio político en 2015, las políticas sociales continuaron y se intensificaron debido a la creciente conflictividad social y crisis económica. En 2019, con otro cambio político, se retomaron algunas intervenciones públicas, especialmente en medio de la pandemia y la disminución de los ingresos de los trabajadores en todas sus formas.

2. *La economía social y la economía popular en las políticas públicas*

En América Latina, la Economía Popular (EP) y la Economía Social (ES) han surgido de distintos orígenes, lo que ha dado lugar a la construcción de agendas diferenciadas para las políticas públicas y los sujetos involucrados. En las décadas de los 80 y 90 del siglo XX, el término "economía popular" fue popularizado por el destacado autor chileno Razzeto (Aldazabal, et al., 2020). En Argentina, Coraggio es uno de los autores más reconocidos en el mismo ámbito, quien inicialmente utilizó el término "economía del trabajo" pero posteriormente impulsó el concepto de Economía Social y Solidaria como una forma de organización para otras economías, estableciendo un diálogo con las experiencias pioneras de la economía social en Europa en el siglo XIX.

Durante los años 90, este lenguaje se asoció con políticas de autogestión y emprendimiento de pequeñas iniciativas y proyectos productivos, financiados por organizaciones filantrópicas internacionales y organismos extranjeros de crédito, con un alcance limitado. Estas iniciativas surgieron en un contexto de creciente tercerización y precarización laboral, que llevó a la exclusión definitiva de amplios sectores de la sociedad de las relaciones laborales formales y registradas.

Después de la crisis del año 2001, la Economía Social (ES) empezó a ganar protagonismo en la agenda gubernamental, con el diseño de políticas de promoción orientadas a fortalecer, invertir y equipar a la economía social. Estas políticas surgieron como una estrategia transitoria para contrarrestar los altos niveles de desempleo y exclusión generados en ese momento. Con el tiempo, estas iniciativas evolucionaron hacia políticas de mayor alcance y cobertura territorial, enfocadas principalmente en cooperativas de trabajo y brigadas de construcción de infraestructura social en zonas vulnerables.

Algunos ejemplos de políticas públicas relacionadas con la economía social fueron el plan "Manos a la Obra" del Ministerio de Desarrollo Social creado en 2004, establecido mediante la resolución 1375/04, consistente en brindar subsidios no reintegrables para la adquisición de maquinarias, herramientas, equipamiento e insumos a proyectos productivos o de servicios llevados a cabo en forma asociativa. El objetivo principal fue promover el trabajo y el desarrollo a través del fortalecimiento de emprendimientos socioproductivos, pre cooperativos, mutualistas y cooperativos. El programa involucró a asociaciones de pequeños productores, empresas recuperadas, mutuales, cooperativas y organizaciones de pueblos originarios. Otro ejemplo es la ley nacional de microcréditos 26.117 promulgada en 2006, que promovió el microcrédito como mecanismo de impulso para proyectos productivos.

Posteriormente, dentro del marco del plan "Argentina Trabaja" (2009-2018) que buscó absorber las iniciativas anteriores, se promovió el fortalecimiento de cooperativas de trabajo, el acceso a microcréditos, la adquisición de herramientas y el monotributo social, entre otras medidas. Los participantes del programa "Argentina Trabaja" realizaban tareas en proyectos de infraestructura y desarrollo comunitario, como construcción, mejoramiento de espacios públicos, agricultura familiar, reciclaje, entre otros. Estas tareas se llevan a cabo en cooperativas de trabajo, fomentando la autogestión y la organización colectiva.

Sin embargo, en el año 2016, se produjo un claro cambio en la política pública social, que enfatizó más la individualización del sujeto de la política y debilitó la economía social (Hopp, 2018) promoviendo la unificación de programas de promoción de empleo social y comunitario en una línea orientada hacia la formación individual y la empleabilidad, conocida como el "Programa Hacemos Futuro" (2018-2020). El énfasis en la "empleabilidad" como herramienta para redireccionar los subsidios de desempleo o complementarios a los ingresos de la economía popular, operó como el supuesto detrás de estas iniciativas: los desocupados son inempleables, por lo que hay que generar las condiciones de empleabilidad, que están asociadas a la adquisición de "capacidades". En paralelo, se produjeron fuertes aumentos de las tarifas de servicios públicos como la electricidad y el gas, reformas previsionales, y revisión de los criterios de asignación de las pensiones no contributivas y la Asignación Universal por Hijo (AUH), azuzando aún más la crisis social que se avecinaba, que devino en aumento de desempleo, inflación, y cierre de empresas.

Los indicadores sociales empezaron a deteriorarse, lo que generó no solo una creciente demanda de empleo y reconocimiento, sino también de alimentos y vivienda. Las organizaciones sociales comenzaron a observar un agravamiento de la pobreza y la exclusión, lo que fortaleció la coalición formada con la Central de Trabajadores de la Economía Popular (CTEP) para expresar el malestar y la crítica situación que afectaba a los sectores más vulnerables. En este marco, la economía popular, término que en la academia quedó, en parte, rezagado al de economía de los pobres e informales, no necesariamente organizados, pasó a convertirse en bandera organizativa y reivindicativa de los sectores populares.

La tensión con la ESS aparece cuando esta tiende a normativizar a la EP, es decir, definir su horizonte, o sus características y líneas programáticas, siendo que es una categoría en primer lugar descriptiva, que define a un sector que sistemáticamente se lo invisibilizó como trabajadores: los sectores no registrados organizados y no organizados[2] de la economía. "La exclusión no responde necesariamente a la falta de participación en procesos productivos, los trabajadores excluidos suelen seguir formando parte del sistema capitalista a través de la explotación indirecta" (Forni, et.al, 92-93). Es indirecta debido a la falta de una relación salarial. Sin embargo, estos individuos contribuyen a la producción a través de la tercerización, incluso en formas informales y no reconocidas. Un ejemplo de esto son los cartoneros, que proporcionan materia prima a las industrias, o los talleres textiles clandestinos que operan para las grandes empresas de indumentaria, o la agricultura familiar que abastece a los grandes mercados de hortalizas. Incluso el sistema financiero genera préstamos personales para los trabajadores excluidos a tasas usurarias, provocando un nivel significativo de endeudamiento de los hogares (Wilkis, 2014).

En segundo lugar, la EP también se presenta como una categoría política y reivindicativa por parte de esos mismos sectores consistente en el reconocimiento como trabajadores y la obtención de derecho colectivos, por lo que no hay necesidad de definir su horizonte político, o no se comprende tal interés salvo que sea la disputa misma por la hegemonía del concepto.

Aunque durante el gobierno kirchnerista muchas políticas públicas se enfocaron en la inclusión, el trabajo y la ciudadanía de estos sectores, la estructura del mercado laboral formal mostró una fuerte resistencia a incorporar al sector informal de la economía. Esto se refleja en la persistente tasa de trabajo informal o no registrado, que se mantuvo por encima del 30% durante toda la década. En consecuencia, la incorporación o inclusión de estos sectores en la economía no ha sido como trabajadores, sino como consumidores que dependen en gran medida de subsidios estatales para garantizar su subsistencia.

Esto evidencia una de las características centrales de la economía popular: sus trabajadores no tienen una relación salarial con el capital, pero dependen de recursos para su sustento y reproducción. Su principal activo es la fuerza de trabajo, y el capital los contempla únicamente en términos

---

2 Podríamos definirlos como "informales", pero ello abre otro debate, ya que supone que la situación de informalidad puede revertirse e insertar a los trabajadores en el sector formal de la economía. El punto en cuestión es que quienes se hallan desvinculados de la relación salarial, ya difícilmente logren revincularse, puesto que la dinámica del neoliberalismo ha demostrado la incapacidad de absorber a esa masa de población incluso en épocas de crecimiento económico y del empleo.

de apropiación de su excedente y como mano de obra barata. Al no mediar una relación salarial, esta situación constituye una relación de expropiación, como lo señala Fraser (2023).

3. *Movilización, representación y negociación: la creación de políticas*

La génesis local de la Economía Popular, no académica, sino como bandera de los movimientos sociales, la podemos rastrear en un acontecimiento significativo para los años venideros, sobre todo con el cambio de signo político en la fuerza gobernante a finales del año 2015, dando continuidad a una experiencia de organización y lucha de los trabajadores desocupados como lo fue el Movimiento Piquetero a partir de mediados de los años 90.

Resulta que en el año 2011 se conforma la Central de Trabajadores de la Economía Popular (CTEP) en Argentina (Fernández Álvarez, 2016), es una experiencia del mundo del "trabajo informal", precario o excluido, que se inscribe dentro de la tradición forjada por formas organizativas previas de estos sectores como la CTA y el Frente/Polo Piquetero en décadas pasadas. Está compuesta por diferentes movimientos sociales y cooperativas integradas por trabajadores de la economía popular, incluyendo recicladores urbanos, trabajadores textiles y de la construcción, entre otros.

Un día antes de que finalizara el mandato de Cristina Fernández de Kirchner, el Ministerio de Trabajo otorgó la personería gremial a la CTEP (Res. 1727/15 del Ministerio de Trabajo), reconociendo la existencia de los trabajadores de la economía popular y el derecho a organizarse. Sin embargo, al asumir el gobierno de Cambiemos, el Ministro de Trabajo, Triaca, cuestionó oficialmente esta resolución. El argumento fue que no estaba publicada en el Boletín Oficial. A pesar de ello, se logró la aprobación de una nueva resolución, la 32/16 del Ministerio de Trabajo, que estableció un modelo sindical complementario al existente. Aunque no implicaba el reconocimiento de la personería gremial, permitió la constitución de la CTEP como una asociación civil inscrita en el registro de asociaciones sociales de la economía popular y empresas autogestionadas, reconociendo así la naturaleza sindical de la lucha de la economía popular.

Según Toffoli (2019), la novedad de la CTEP radica en el campo de acción gremial. Esta autora destaca que la formación de la Central de Trabajadores de la Economía Popular representa un desafío tanto para la acción sindical como para la política, ya que reúne viejas y nuevas formas organizativas y modos de relación con el Estado. Esta dinámica de relación con el Estado se basa en la novedosa inclusión de las demandas de estos sectores de la economía que buscan el reconocimiento de derechos, el reconocimiento del sector y la promoción de empleo y proyectos productivos en el ámbito de la economía popular.

Morris (2017) señala que el escenario de las organizaciones sindicales en Argentina ha estado fuertemente marcado por las organizaciones gremiales vinculadas al sector formal, es decir, los empleados registrados y del sector privado. Sin embargo, la representación sindical de la economía popular ha desbordado esta dinámica. Mientras los desocupados recientes y los trabajadores fabriles aún identificaban vestigios de experiencias sindicales, en la actualidad de la economía popular se evidencia un quiebre profundo con esas trayectorias y memorias colectivas. La economía popular busca conciliar su capacidad de movilización con la representación sindical y su estructuración interna, reconociendo las actividades por rama, lo que le permite posicionarse como un actor en las negociaciones con el Estado y la articulación con otros actores colectivos.

Tras la victoria de la alianza Cambiemos en 2015, se abrió un nuevo escenario para la CTEP, donde tuvo la oportunidad de reorganizar sus debates internos y llevar sus demandas al ámbito político, especialmente en lo que respecta a la economía popular y el modelo de desarrollo. Esto condujo a una articulación de políticas con el sindicalismo tradicional, reconociendo la existencia de un proyecto político antagonista en el poder.

Como preludio a la crisis que se vislumbraba en el gobierno de Cambiemos, las organizaciones sociales impulsaron una agenda legislativa conjunta y llevaron a cabo movilizaciones anuales para exigir trabajo, sentando las bases para la creación de la UTEP (Unión de Trabajadores y Trabajadoras de la Economía Popular). La articulación de estas principales organizaciones del campo popular, tanto en las calles como en las negociaciones, especialmente en la conmemoración anual del 7 de agosto, día del santo patrono de los trabajadores y los desempleados, les valió el apodo de "triunvirato de San Cayetano". Estas organizaciones mantuvieron un constante proceso de confrontación y negociación en busca de reconocimiento y políticas dirigidas a los sectores que conforman la economía popular. Esta designación de "triunvirato" tuvo una doble intención: por un lado, apelar a nivel social con un discurso que resonara con las creencias populares, y por otro, adoptar la figura de "triunvirato" como una forma de gobierno interno similar a la utilizada por la CGT.

La estrategia de la CTEP durante el gobierno de Cambiemos fue la táctica de presión y negociación, movilizando y después dialogando con altos cargos con el objetivo de incidir en una propuesta de políticas públicas y en la agenda legislativa instalando la necesidad de declarar la emergencia en materia alimentaria, infraestructura social, adicciones y agricultura familiar.

La Unión de Trabajadores de la Economía Popular UTEP es el nombre que asume en 2019 como respuesta a la situación de precarización, exclusión y falta de representatividad sindical para reclamar y defender derechos a nivel institucional. Fue producto de acuerdos de unidad entre las tres organizaciones más grandes[3], CTEP, CCC y Barrios de Pie quienes decidieron unificarse como "Unión" junto con el Frente Popular Darío Santillán (FPDS), Frente de Organizaciones en Lucha (FOL), MTD Aníbal Verón, Federación Nacional Campesina (FNC), Frente de Organizaciones de Base (FOB), entre otras, con el objetivo de comenzar a vincularse con la CGT. El 21 de diciembre de 2019, durante un plenario de organizaciones que contó con la participación de la CCC, la CTEP y el Frente Popular Darío Santillán, se aprobó la creación de la UTEP.

4. *La concreción de las demandas*

Desde el año 2016, se produjeron una serie de movilizaciones bajo el lema "Tierra, Techo y Trabajo", impulsadas por la CTEP, la CCC (Corriente Clasista y Combativa) y el Movimiento Barrios de Pie. Al mismo tiempo, se estableció una mesa de diálogo con el gobierno nacional con el objetivo de mejorar las prestaciones de las políticas sociales y se iniciaron las discusiones para la aprobación de una ley de emergencia social, finalmente sancionada el 23 de diciembre de 2016, bajo la denominación "Ley 27.345 de Emergencia Pública". Esta contempla, dentro de su articulado, la creación del Salario Social y Complementario y el Registro Nacional de Trabajadores de la Economía Popular, con el objetivo de brindar reconocimiento y visibilidad a este sector.

> ARTÍCULO 2° — *Objeto.* La presente ley tiene por objeto promover y defender los **derechos de los trabajadores y trabajadoras que se desempeñan en la economía popular**, en todo el territorio nacional, con miras a garantizarles alimentación adecuada, vivienda digna, educación, vestuario, cobertura médica, transporte y esparcimiento, vacaciones y protección previsional, **con fundamento en las garantías otorgadas al "trabajo en sus diversas formas"**

3 Inicialmente fueron conocidas como "las tres cayetanas/os", denominación que la prensa nacional utilizó para visibilizar la lucha de las organizaciones sociales durante el gobierno de Cambiemos, que tomó notoriedad en las marchas de San Cayetano, reclamando trabajo, cada 7 de agosto.

por el artículo 14 bis y al mandato de procurar "el progreso económico con justicia social" establecido en el artículo 75, inciso 19, ambos de la Constitución Nacional (Ley 27.345).

En su articulado, reconoce y describe el tipo de sujeto antes invisibilizado, y las características en que se encuentran: aquellos que viven en situaciones vulnerables o precarias, como trabajadores informales o desempleados, personas con bajos ingresos o sin acceso a servicios básicos. La precariedad se refiere a las condiciones laborales inestables, de baja calidad y sin protección social que enfrentan muchos trabajadores en Argentina. La precariedad laboral incluye empleos informales o no declarados, trabajo por cuenta propia sin registro o protección legal, salarios bajos, falta de beneficios sociales como cobertura médica o pensiones, y falta de estabilidad laboral. Aquí advertimos algunos desplazamientos en la forma de nominación que muestran una continuidad con el proceso iniciado con posterioridad a la crisis de 2001. En este sentido, recuperando una afirmación de Muñoz (2018), sostenemos que "las políticas públicas generan un marco de acción para que las organizaciones pudieran actuar, no sólo aprovechándolo, sino incluso forzando a su transformación. Así existió un desplazamiento creativo donde interactuaron las organizaciones sociales y las políticas públicas donde las formas de nominación y organización cambiaron: del trabajador desocupado al trabajador de la economía popular, de la organización social al sindicato y del reclamo de subsidio a la propuesta de política pública" (p. 103).

Las "diversas formas" a la que remite la ley, que las podemos rastrear en estudios previos (Salvia, et.al., 2018; Masetti, 2009), refieren a: trabajadores que no están registrados en el mercado laboral formal y que realizan actividades como vendedores ambulantes, cartoneros, recolectores de basura, entre otros; cooperativas u organizaciones autogestionadas por los trabajadores que producen bienes o servicios; microemprendimientos de pequeñas empresas o negocios familiares que se dedican a la producción o venta de bienes y servicios; ferias y mercados populares donde los productores locales pueden vender sus productos directamente al consumidor sin intermediarios; organizaciones sociales que despliegan prácticas comunitarias y de cuidados.

Aquí podemos advertir interesantes desplazamientos en el tipo de subjetivación que provoca la institucionalidad o la política pública. Se puede identificar un tipo de subjetivación que refleja un cambio en las actitudes y creencias de las personas en relación con su participación en la sociedad y la política. Este cambio implica una transformación en la forma en que las personas se perciben a sí mismas y cómo se organizan para abordar cuestiones políticas y sociales. Algunos aspectos clave de esta subjetivación política incluyen:

- Reconceptualización del Trabajador Desocupado: La subjetivación implica un cambio en la forma en que las personas desempleadas se ven a sí mismas y cómo son percibidas por la sociedad. En lugar de ser simplemente desempleados, se identifican como trabajadores de la economía popular, lo que sugiere una valorización y reconocimiento de su contribución económica a través de actividades informales o de economía qué no es estatal ni privada.
- Transformación de las Organizaciones/Movimientos Sociales: La subjetivación también implica un cambio en la estructura y la naturaleza de las organizaciones sociales. Pasan de una actitud defensiva y reactiva a ser organizaciones sociales que se transforman en sindicatos, lo que indica una mayor formalización y posiblemente una mayor influencia política y capacidad de negociación.
- Cambio en las Demandas y Propuestas: La subjetivación política se refleja en el cambio de las demandas de subsidios a propuestas de políticas públicas. Este cambio sugiere una transformación en la forma en que los sectores populares y las organizaciones abordan los problemas sociales y económicos. En lugar de depender únicamente de subsidios, proponen políticas públicas que podrían abordar de manera más estructural los problemas que enfrentan.

5. *Salario Social Complementario*

La creación del Salario Social Complementario (SSC), de rápida implementación dada la crítica situación de los sectores populares, venía a reconocer ya no sólo al sector como trabajador de la EP, sino a su vez que era un sector que generaba sus propios ingresos al margen del mercado formal, pero que esos ingresos no constituían un mínimo suficiente para situarse por encima de la línea de pobreza. El SSC es un "complemento" a los ingresos que el sector ya generaba, y venía a compensar su magra composición, además de garantizar un mínimo mensual, ya que los ingresos generados por los trabajadores dependen del trabajo diario, día no trabajado es día que no se generan ingresos.

De la normativa sancionada se desprende que el SSC es una prestación económica destinada a personas en situación de vulnerabilidad socioeconómica que forman parte de la economía popular. Esta asignación monetaria adicional, equivalente al 50% del Salario Mínimo, Vital y Móvil

(SMVM) se otorga a aquellos que realizan actividades laborales en cooperativas de trabajo, proyectos de autogestión u otras formas de organización en el ámbito de la economía popular.

Su objetivo principal es garantizar un ingreso mínimo y mejorar las condiciones de vida de los trabajadores y trabajadoras de este sector, quienes a menudo enfrentan dificultades para acceder al empleo formal y carecen de los mismos derechos y beneficios que los trabajadores bajo relación de dependencia. Además, el SSC está vinculado a programas de capacitación y formación laboral para mejorar las habilidades y oportunidades laborales de los beneficiarios. En sentido estricto, el SSC puede funcionar como una herramienta de empoderamiento y mayor autonomía para los sectores de la economía popular, en tanto reconoce su existencia como trabajadores y colabora en la mejora de la calidad de vida, contribuye también a fortalecer los espacios de inscripción de esos trabajadores y trabajadoras, permitiendo consolidar los espacios comunitarios, cooperativos y productivos; no obstante, sigue funcionando como una asistencia monetaria que no extiende derechos ni iguala la condición de estos trabajadores, a la de quienes se encuentran formalizados, lo que puede provocar mayor dependencia de la fuente de ingresos.

Este instrumento de política social abarcó, en febrero de 2018[4] a 165.205 "titulares" bajo la modalidad SSC, y a 255.153 "titulares" bajo el programa "Hacemos Futuro", ascendiendo a un total de 420.358. En el tercer trimestre de 2020[5] fue de 597.863 "titulares". Tomando este último dato del programa, comparado con el Ingreso Familiar de Emergencia (IFE) implementado durante la pandemia, con un total de 8.857.063 de "beneficiarios" en julio de 2020[6], de los cuales 2.389.764 cobraban AUH, 688.556 eran monotributistas de las primera categorías, 128.201 percibían beca Progresar, 188.923 a casa particulares sin otro beneficio, restan 5.461.617 beneficiarios contabilizados como "informales" y "desempleados" sin ningún tipo de beneficio, lo que observamos es la baja cobertura del SSC y el Hacemos Futuro. En el primer trimestre de 2021, bajo nueva denominación que unifica las modalidades anteriores (SSC y Hacemos

---

4 Sistema de Indicadores Sociales, Consejo Nacional de Coordinación de Políticas Sociales, abril de 2018. https://www.argentina.gob.ar/sites/default/files/nota_resumen_sistema_de_indicadores_sociales_1.pdf

5 Sistema de Indicadores Sociales, Consejo Nacional de Coordinación de Políticas Sociales, mayo de 2021. https://www.argentina.gob.ar/sites/default/files/sis-5.2021.pdf

6 Sistema de Indicadores Sociales, Consejo Nacional de Coordinación de Políticas Sociales, junio de 2021. https://www.argentina.gob.ar/sites/default/files/sis-6.2021.pdf

Futuro), registra 886.593 titulares del programa "Potenciar Trabajo". En el 4° trimestre de 2022[7], el valor asciende a 1.358.742 titulares.

El programa Potenciar Trabajo mantiene el concepto de trabajadores de la economía popular en sus fundamentos, y recupera parte del lenguaje de las políticas sociales implementadas durante el kirchnerismo, de promoción y reconocimiento de la economía social.

Rancière habla sobre la "partición del sensible", que se refiere a cómo se distribuyen las formas de percepción y comprensión en la sociedad. En este caso, la creación del SSC representa un cambio en la percepción y la comprensión de los trabajadores de la economía popular. Pasan de ser vistos solo como desempleados o informales a ser reconocidos como trabajadores que contribuyen a la economía y que merecen un salario mínimo, también implica la capacidad de las personas para desafiar las divisiones preestablecidas y participar en la creación de nuevas formas de ser y de pensar. En este contexto, el programa "Potenciar Trabajo" puede ser visto como una forma de política ya que desafía las categorías tradicionales de empleo y reconocimiento social. La subjetivación política en este contexto implica el reconocimiento del sector de la economía popular como beneficiarios de programas de asistencia económica, pero con limitaciones que pueden afectar su autonomía a largo plazo.

6. *Renatep*

La creación del Registro Nacional de Trabajadores de la Economía Popular (ReNaTEP) recién se efectiviza en junio de 2020 por Resolución 408/2020 del Ministerio de Desarrollo Social, si bien estaba contemplado en la ley sancionada en 2016, y a partir del cual se iban a aplicar los beneficios previstos por la misma. Este registro está dirigido a:

> "aquellos y aquellas que realicen actividades en el marco de la economía popular, como vendedores ambulantes, feriantes o artesanas; cartoneras y recicladores; pequeñas agricultoras y agricultores; trabajadoras sociocomunitarias y de la construcción. También a quienes trabajen en infraestructura social, mejoramiento ambiental y pequeños productores y productoras manufactureras, entre otros rubros" (web MDS)

7 Resumen de indicadores y Programas Sociales, Consejo Nacional de Coordinación de Políticas Sociales, mayo de 2023. https://www.argentina.gob.ar/sites/default/files/resumen_indicadores_y_programas_sociales_al_4_de_mayo.pdf

Desde julio de 2020 a junio de 2022[8] se encuentran inscriptos en este registro 3.457.669 de trabajadores, de los cuales, a la misma fecha, solo 978.355 reciben SSC. El 58% de las inscritas son mujeres, el 62,5% de la población del ReNaTEP tiene entre 18 y 35 años y, comparado con el registro SIPA (Sistema Integrado Previsional Argentino) el 6,7% de los trabajadores registrados son jóvenes entre 18 y 24 años, mientras que en el RENATEP es del 23,8%. Dentro de las inscripciones realizadas, se destaca que el 35% corresponde a servicios personales y otros oficios, 27,7% a servicios socio comunitarios, 11,8% a comercio popular y trabajos en espacios públicos, 8,4% a construcción de infraestructura social y mejoramiento del ambiente, 8,2% a agricultura familiar y campesina, 4,1% a reciclado, 3,6% a manufacturas y 1,2% a transporte.

Estas cifras muestran la diversidad de sectores ocupacionales en los que se encuentran registrados los beneficiarios y las beneficiarias, lo que refleja la realidad laboral y las necesidades de apoyo del sector. En el ámbito de la organización del trabajo, se evidencia que la mayoría de los trabajadores y trabajadoras (60,4%) desempeñan sus actividades de forma individual, mientras que el 39,6% restante opta por una organización colectiva. Dentro de las formas colectivas de trabajo, se destacan las organizaciones comunitarias/sociales, que representan el 22% de estas unidades productivas. Asimismo, existen cooperativas que constituyen el 7,6% de estas formas de organización. También se observan pequeños emprendimientos tanto familiares como no familiares, con un porcentaje del 7,1%. Por otro lado, se encuentran proyectos productivos o de servicios inscritos en el Ministerio de Desarrollo Social (1,7%) y núcleos de agricultura familiar (1,2%). Por otra parte, la economía popular se diferencia de las otras dos economías (privada y pública) en cuanto al lugar de trabajo. Mientras que en las otras economías predomina el establecimiento laboral, en la economía popular el trabajo se realiza principalmente en domicilios particulares o espacios públicos. Solo el 8% declara hacerlo en establecimientos. Esta diversidad de formas organizativas refleja la variedad y heterogeneidad de la Economía Popular.

En la economía capitalista, el ritmo de producción lo imponen las máquinas y el cambio tecnológico, mientras que en la economía popular el ritmo del trabajo está determinado por el proceso de trabajo en sí mismo. Se destaca la importancia de que el ritmo del trabajo sea gobernado por los propios trabajadores para garantizar la dignidad del trabajo y evitar que estos se conviertan en una variable de ajuste.

---

8 Informe Renatep, noviembre 2022.

Lo que esta iniciativa de política pública evidencia es la diversidad y heterogeneidad de la economía popular. Los trabajadores inscritos provienen de una amplia gama de sectores ocupacionales y organizaciones, lo que muestra la complejidad y diversidad de esta economía. Su reconocimiento subraya su importancia en el tejido social y el entramado comunitario para la construcción de otras alternativas posibles.

7. *Tierra y techo*

Las anteriores líneas de trabajo de las políticas públicas operaron en torno a la demanda de trabajo y alimentos sostenidas por las organizaciones populares. Un tercer eje de la lucha popular cobró forma entre 2016-2018 a partir de la iniciativa de conformar un registro de barrios populares con el objetivo de promover su urbanización e integración social y urbana, luego conocido como **RENABAP**. Durante 2016 alrededor de 13000 encuestadores/as efectuaron el relevamiento en todo el país bajo la consigna de "Tierra, Techo y Trabajo", promovida por CTEP, CCC, Barrios de Pie, Techo y Cáritas.

Entre los meses de mayo y junio de 2018 se realizó la "Marcha Federal" promovida por la CTEP, Barrios de Pie, la Corriente Clasista y Combativa, gremios estatales, la CTA y organismos de Derechos Humanos, que tuvo como objetivo presentar ante el Congreso Nacional una serie de iniciativas[9] tendientes a la Integración Urbana de los sectores populares, y el desarrollo de infraestructura social, además de cuestionar la política económica del gobierno y el veto al proyecto de ley aprobado por el congreso que limitaba el aumento de tarifas.

En paralelo, las organizaciones venían manteniendo diálogo tanto con la jefatura de gabinete y el congreso, con el objetivo de dar un marco regulatorio al registro de barrios populares iniciado en 2016 e incorporado por decreto en 2017 a la Agencia de Administración de Bienes del Estado. A diferencia de la ley de emergencia de 2016, que implicó numerosas movilizaciones y cobertura mediática, en octubre de 2018 es sancionada la ley 27453, denominada Régimen de "Regularización Dominial para la Integración Socio Urbana". La misma proclamaba de utilidad pública los terrenos donde se ubican asentamientos populares, con el objetivo de regularizar su situación. No daba demasiados instrumentos operativos y

---

9 https://www.parlamentario.com/2018/05/27/las-cinco-leyes-que-lleva-la-marcha-federal-al-congreso/

presupuestarios, pero constituyó la plataforma de lo que luego cobraría forma bajo la Secretaría de Integración Socio Urbana.

No obstante, algunos estudios señalan que en los entretelones de la sanción de la ley se ocultaba la intención del gobierno de Cambiemos de generar políticas dirigidas a los sectores populares de cara a las elecciones presidenciales del año siguiente. Cravino entiende que la poca publicidad de la ley respondía, según el trabajo de campo que realiza la autora, a que "La ley se sancionaba de tal forma que los sectores medios, la base política de la alianza Cambiemos, no tuvieran noticia de la misma. La explicación de este hecho inédito era que, como la base de votantes de la Alianza Cambiemos era fundamentalmente la clase media alta y la clase media, esta medida podía ser interpretada como "populista" y causar desagrado por favorecer a aquellos/as que ocupaban suelo "ilegalmente". En particular si sucedía un año antes de las elecciones de cambio de autoridades nacionales, provinciales, municipales y legislativas" (2021, p. 98).

Es que, en sentido estricto, es una normativa que como mínimo "desencaja" con las diferentes medidas antipopulares encaradas por la gestión de Juntos por el Cambio. La ley establece la posibilidad de expropiación de los bienes inmuebles en los que se asientan los Barrios Populares, declarándolos de utilidad pública; busca garantizar el acceso a la titularidad de la tierra y a la vivienda adecuada a los habitantes de los Barrios Populares, y debe contemplar su participación activa y promover su protagonismo en las decisiones que afecten su vida y comunidad: las cooperativas de trabajo y economía popular, como organizaciones de base comunitaria, pueden participar en la implementación de proyectos de mejora y fortalecimiento de las actividades económicas familiares.

La integración incluye acciones de mejora y ampliación del equipamiento social e infraestructura, acceso a servicios, tratamiento de espacios libres y públicos, eliminación de barreras urbanas, mejora en la accesibilidad y conectividad, saneamiento y mitigación ambiental, fortalecimiento de actividades económicas familiares, regularización dominial, entre otros aspectos. Se enfatiza que las acciones deben ser progresivas, integrales, participativas y con enfoque de género y diversidad.

Durante el año 2022 queda sancionada la ley 27694 que ratifica el interés público de la ley 27453 y prorroga la prohibición de desalojos por 10 años. Durante el Plenario de Comisiones, previo a la sanción de la ley, funcionarios y referentes barriales fueron convocados para explicar los fundamentos de la iniciativa promovida por el Poder Ejecutivo.

Según Fernanda García Monticelli, subsecretaria de Gestión de Tierras y Servicios Barriales, "hasta el año 2016 no existía información oficial sobre la cantidad de barrios populares existentes, las condiciones de vida de sus habitantes y la situación sobre acceso a servicios". En relación a la Ley de Barrios Populares, Monticelli explicó que fue sancionada en 2018 y se basó en cinco pilares: "integración urbana, vivienda, integración social y productiva, acceso al suelo, gobierno abierto, transparencia y gestión popular". Según Gustavo Carrara, sacerdote y obispo auxiliar de Buenos Aires para la Pastoral en villas, "si trabajamos por la integración de los barrios populares vamos a estar trabajando porque baje realmente la pobreza y la indigencia en la Argentina". Lilia Calderón, referente de la Mesa Nacional Barrios Populares de Río Negro, advirtió que "tenemos poco tiempo, hay barrios que están esperando, con amenaza directa de la justicia por desalojos". Por su parte, Araceli Ledesma, referente comunitaria y promotora de integración socio-urbana, expresó la necesidad de detener los desalojos, afirmando: "Es horrible que no puedan dormir pensando que van a quedar en situación de calle" (Diputados, 21 de septiembre de 2022)[10].

En resumen, la afirmación de que trabajar por la integración de los barrios populares contribuirá a reducir la pobreza y la indigencia en Argentina puede resultar simplista. Si bien es cierto que la integración social y el acceso a oportunidades son aspectos fundamentales, también es necesario abordar las causas estructurales de la pobreza y la desigualdad, como las políticas económicas y la distribución desigual de recursos. La advertencia sobre las amenazas de desalojo en los barrios populares destaca la falta de seguridad habitacional y la vulnerabilidad de estas comunidades.

8. *ReNaBaP e Integración Socio Urbana*

El Relevamiento Nacional de Barrios Populares es incorporado por decreto del Poder Ejecutivo Nacional (Decreto N° 2670/2017) como Registro Nacional de Barrios Populares (ReNaBaP) a la Agencia de Administración de Bienes del Estado (AABE) creada en 2012 (Decreto N° 1.382/2012 reglamentada por Decreto 2670/2015). Este decreto reglamentario define a barrios populares como:

> "Dicho registro estará compuesto por aquellos **barrios populares** que se encuentren integrados con un mínimo de OCHO (8) familias agrupadas o

10 https://www.diputados.gov.ar/prensa/noticias/2022/noticias_1922.html

> contiguas, en donde más de la mitad de la población **no cuente con título de propiedad** del suelo **ni con acceso regular a al menos DOS (2) de los servicios básicos** (red de agua corriente, red de energía eléctrica con medidor domiciliario y/o red cloacal)." (art. 46, Decreto N° 2670/2017)

El registro incorpora "cerca de 5 millones de personas en más de 5.687 barrios populares" actualmente (Informe SISU, 2023). Este registro luego condujo a la sanción de la ley 27453, instruye la creación del Programa de Integración Socio-Urbana dependiente del Ministerio de Desarrollo Social (SISU-MDS), que se financiará a partir de un Fondo Fiduciario que administrará los aportes del tesoro nacional, organismos internacionales, donaciones y bienes afectados por los barrios populares. Estas disposiciones luego devendrán en la Secretaría de Integración Socio Urbana y el Fondo de Integración Socio Urbana (Decreto 819-2019). Un 25% de las obras promovidas por la SISU deben ser ejecutadas por cooperativas de trabajo organizadas en el territorio (Resolución 4/2022 SISU/MDS).

La Secretaría de Integración Sociourbana queda conformada en 2020, dependiente del Ministerio de Desarrollo Social, bajo la dirección de Fernanda Miño, una dirigente del Movimiento de Trabajadores Excluidos (MTE) que integra la UTEP.

Durante los primeros 3 años, la secretaría fue aumentando significativamente las intervenciones territoriales, mediante diferentes mecanismos, entre ellos, los proyectos de obra que pueden ser solicitados por las propias organizaciones sociales y comunitarias de los barrios registrados en el Renabap. También tienen participación directa los estados provinciales y locales.

El siguiente cuadro muestra el incremento en las intervenciones urbanas durante el periodo 2020-2022 en las distintas provincias argentinas.

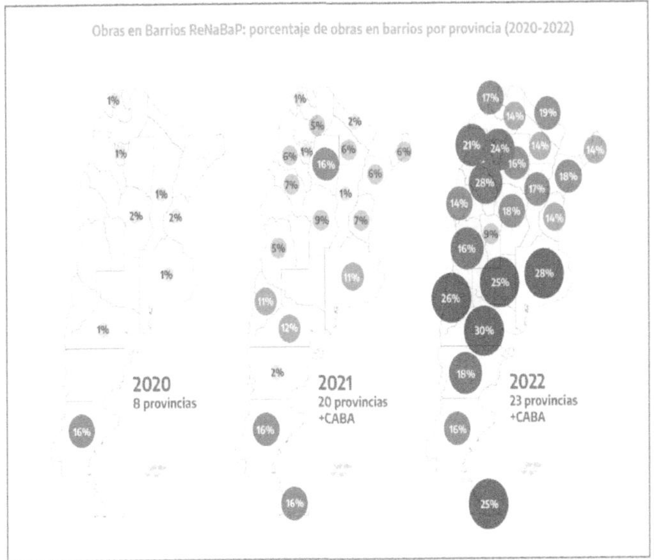

Fuente: Informe de Gestión 2022, SISU

A finales de 2022, cerca de 1.030.440 personas fueron beneficiadas por integración sociourbana, se construyeron 1.434 viviendas, 184.000 beneficiarias mi pieza, 800 Mesas de Integración Barrial realizadas con la participación de 70% de mujeres, 1.105.782 m2 de tierras adquiridas, trabajo articulado con casi 200 cooperativas, etc. A su vez, "el decreto 358/2017 oficializó el ReNaBaP y creó el CVF (certificado de vivienda familiar): un documento al que pueden acceder todas las familias de los barrios populares luego de ser encuestadas por este organismo. Brinda seguridad en la tenencia, posibilita acreditar el domicilio ante cualquier autoridad pública o privada, permite solicitar el acceso a servicios básicos y realizar trámites de otra índole." Informe SISU, 2022).

Además de las obras de integración y los mejoramientos habitacionales, la SISU implementó la línea de lotes con servicios, "Lote.Ar", consistente en la adquisición de nuevas tierras o la transferencia de terrenos fiscales a la Secretaría, para ser destinada a loteos masivos, con servicios de luz, agua y cloacas. La implementación de las diferentes líneas de trabajo están estipuladas según el grado de intervención, ya sean proyectos de rápida ejecución, proyectos integrales que implican regularización dominial, mejoramiento de viviendas, etc., y pueden ser presentadas por municipios, provincias y organizaciones sociales como demandas de los propios territorios.

Para los sectores populares y específicamente las organizaciones que protagonizaron la sanción de esta ley, entre ellas la UTEP, la misma representa una conquista de los trabajadores de la economía popular organizada. En palabras de una diputada proveniente del espacio cartonero, "Tierra, garantizar tener un pedazo de tierra donde construir y vivir; techo, para garantizar los derechos básicos, el agua, la luz; y trabajo porque esto permitió que cerca de 150.000 puestos de trabajo sean un hecho" (Natalia Zaracho-Diputada Nacional FDT, cartonera y vecina de Villa Fiorito).

9. *Conclusiones*

El diseño de políticas públicas no debe limitarse únicamente a las élites gubernamentales y a los profesionales de políticas públicas, sino que debe considerar los contextos institucionales, sociales y culturales que las sustentan. Es crucial analizar los discursos, las formas de significación y legitimación de las políticas, ya que expresan racionalidades de gobierno y una voluntad de poder.

En el caso de América Latina, la Economía Popular y la Economía Social han surgido como conceptos clave en las políticas públicas, abarcando a los sectores que han sido excluidos o invisibilizados en el mercado laboral formal. Estas políticas han evolucionado a lo largo del tiempo, pasando de enfoques centrados en la autogestión y el emprendimiento a estrategias más amplias de fortalecimiento de cooperativas de trabajo y proyectos productivos.

Sin embargo, el reconocimiento y la inclusión de la economía popular siguen enfrentando desafíos. A pesar de los avances logrados, persisten estructuras de desigualdad y explotación en las relaciones laborales, donde los trabajadores de la economía popular son objeto de expropiación y dependen de subsidios estatales para su subsistencia.

Es fundamental superar las tensiones entre la economía popular y la economía social, fortaleciendo las políticas públicas que promuevan la organización colectiva, la generación de empleo digno y la garantía de derechos para los trabajadores de la economía popular. Además, se requiere un enfoque integral que vaya más allá de la empleabilidad individual y aborde las condiciones estructurales que perpetúan la precarización laboral y la exclusión social.

La creación de políticas para la economía popular en Argentina ha surgido como resultado de la movilización, representación y negociación de los trabajadores de este sector. Aunque inicialmente hubo cierta resistencia por parte del gobierno, se logró la aprobación de una resolución que reconoció la naturaleza sindical de la lucha de la economía popular, aunque sin otorgar la personería gremial.

Desde la emergencia de los trabajadores desocupados, a los actuales trabajadores de la economía popular las demandas han cambiado, y las formas de visibilización y relación y respuesta de los gobiernos también. No obstante, todas ellas han tenido como pívot al trabajo, dimensión cara para la historia local, en tanto no solo es visto como un concepto para satisfacción de necesidades, sino como espacio de dignificación y de derechos. El movimiento piquetero se organizó detrás de la consigna de "trabajo digno" durante los 90 e inicios de los 2000. El escenario abierto a finales de la primera década del siglo XXI comenzó a mostrar a un sector disperso y no formalizado en el mundo del trabajo que estratégicamente se apropia del paradigma del trabajo y el discurso del "empleo decente" mostrando sus límites estructurales, allí emerge el término de Economía Popular, y comienza a organizarse bajo la demanda de "reconocimiento" como trabajadores, y con ello la extensión de todos los derechos asociados a esta figura.

En conclusión, el diseño de políticas públicas que abordan la economía popular en Argentina y América Latina demuestra la necesidad de considerar los contextos institucionales, sociales y culturales en los que se desarrollan. Estas políticas han surgido como resultado de la movilización y representación de los trabajadores y comunidades involucradas, y han logrado avances significativos en el reconocimiento y la visibilización de sus derechos y condiciones de vida. Sin embargo, persisten desafíos en la equiparación de derechos laborales y en la garantía de una integración plena y sostenible. El riesgo de "institucionalizar", utilizando el término de Eizaguirre (2016: 223-5), el proceso de lucha de la EP sin cambios sustantivos en sistema económico y político, mantiene vigente los riesgos de desmovilización, dependencia estatal, burocratización, entre otros. La necesidad del co-gobierno en la implementación de estas políticas resulta clave como estrategia de resistencia frente a los azotes del capital, y como mecanismo de promoción y consolidación de otras formas económicas y políticas.

10. Bibliografía

ALDAZABAL, A., MAYORAL, L., y MALLARDI, M. "La tensión economía popular/economía social en la gestión de la política pública de la Argentina reciente", *II Congreso Nacional de Economía Solidaria*, Universidad Nacional de Quilmes, 2020.

CRAVINO, M. C. "Implementación de la ley de regularización dominial de barrios populares. Desafíos y relaciones con la economía popular", *Revista Idelcoop*, 233, 2021, 92-107.

FERNÁNDEZ ÁLVAREZ, M. I. "Experiencias de precariedad, creación de derechos y producción colectiva de bienestar(es) desde la economía popular", *Revista Ensambles*, 4 y 5, 2016, 72-89.

FISCHER, F. *Reframing Public Policy: Discursive Politics and Deliberative Practices*, Oxford, Oxford University Press, 2003.

FORNI, P., ZAPICO, M., NOUGUÉS, T. "La economía popular como identidad colectiva. El camino a la unidad de los movimientos y organizaciones populares en la Argentina (2011-2019)". *Colección*, 31 (2), 2020, 73-108.

FRASER, N. *Capitalismo Caníbal: Qué hacer con este sistema que devora la democracia y el planeta, y hasta pone en peligro su propia existencia.* Buenos Aires, Argentina: Siglo XXI Editores, 2023.

GOODIN, R. E., REIN, M. y MORAN, M. "The Public and its Policies", en Michael Moran, Martin Rein y Robert E. Goodin (eds.), The Oxford Handbook of Public Policy, Oxford, Oxford University Press, 2006, 3-35.

HOPP, M. V. "De la promoción del trabajo cooperativo al salario social complementario. Transformaciones en la transferencia de ingresos por trabajo en la argentina". *Ciudadanías*, 2, 2018, 113-142.

MASETTI, A. "Las tres transformaciones de la política pública asistencial y su relación con las organizaciones sociopolíticas (2003-2009)", Entramados y Perspectivas, 1(1), 2011, 9-36.

MORRIS, M. B. "La revitalización sindical en Argentina (2003-2015): dimensiones e indicadores para su conceptualización", *Política y Sociedad*, 24 (2), 2017, 195-226.

MUÑOZ, M. A. "Las marcas de los sujetos en el Estado. Los trabajadores de la economía popular y las políticas públicas en la Argentina reciente", *Documentos y aportes en Administración Pública y Gestión Estatal*, 30, 2018, 85-128.

PERELMITER, L. *Burocracia Plebeya. La trastienda de la asistencia social en el Estado argentino*, UNSAM, 2016.

RAZZETO, L. "De la economía popular a la economía de la solidaridad en un proyecto de desarrollo alternativo", Santiago de Chile, Programa de Economía del Trabajo, 2001.

SALVIA, H., POY PIÑEIRO, S., DONZA, E. "El escenario laboral de la economía popular: Tipos de inserción ocupacional y características de sus trabajadores", Aulas y Andamios, Ciccus, 2018, 703-744.

SHORE, C. "La antropología y el estudio de la política pública: reflexiones sobre la formulación de las políticas", *Antípoda*, 10, 2010, 21-49.

TÓFFOLI, M., "Disputas de sentidos en torno al proyecto político-gremial de la CTEP: identidad, representación y formas organizativas en cuestión en el discurso de referentes sindicales", *II Jornadas de Sociología*. Universidad Nacional de Mar del Plata, 2019.

UHARTE, L.M., "Economía Social y Solidaria (ESS) y Estado: más allá de las políticas públicas. Hacia una alianza estratégica", en Uharte, L.M. (coord.) *Economía Social y Solidaria y Estado: encuentros y desencuentros*, Tirant lo Blanch, Valencia, pp. 11-41, 2024.

WILKIS, A. "Sociología del crédito y economía de las clases populares", *Revista Mexicana de Sociología*, 76(2), 2014, 225-252.

ECONOMÍA SOCIAL Y SOLIDARIA Y PRIMERA INFANCIA EN URUGUAY: ENSAYOS PÚBLICO-COMUNITARIOS PARA LA SOSTENIBILIDAD DE LA VIDA

Rosina Pérez
perezmenafra@gmail.com
División de Estadística
Universidad de la República. Uruguay (UDELAR)
Daniela Osorio-Cabrera
dosoriocabrera@gmail.com
Facultad de Psicología.
Universidad de la República. Uruguay (UDELAR)
Gabriela Veras-Iglesias
gv.iglesias@gmail.com
Área de Estudios cooperativos y economía solidaria
Universidad de la República. Uruguay (UDELAR)

1. *Introducción*

En los últimos años se vienen produciendo una serie de cambios sociales y demográficos que han llevado a hablar de una crisis de los cuidados. El ingreso masivo de las mujeres al mercado de trabajo, el envejecimiento de la población, la disminución de la natalidad y los cambios en los formatos de familia dan forma a este nuevo escenario, aunque se mantiene incambiada la distribución injusta de los cuidados entre varones y mujeres. La llamada crisis de los cuidados pone en evidencia sobre todo una transformación en el modelo predominante por el cual se han solucionado las necesidades de cuidado en nuestra sociedad, basado en la disponibilidad de las mujeres para realizar dichas tareas de forma no remunerada.

Al mismo tiempo, cuando pensamos las formas de organización del cuidado en general tendemos a pensar en la tríada: Estado, mercado o familias. Sin embargo, no tienen la misma visibilidad las estrategias público-comunitarias que generalmente quedan en segundo plano. En Uruguay el cooperativismo, una expresión de la Economía Social y Solidaria (en adelante ESS) que tiene una larga tradición en el país, ha multiplicado en los últimos años la cantidad de cooperativas de trabajo que gestionan centros y proyectos que se dedican al cuidado de niñxs[1] de 0 a 3 años (lo que se ha dado en llamar primera infancia), en un proceso que muestra vínculos estrechos con la política pública.

En este artículo compartimos resultados de una investigación realizada en 2022[2], centrada en el abordaje de lo que las experiencias de ESS aportan de diferencial en términos de colectivización de cuidados de niñxs en Uruguay. A través del estudio de caso de la cooperativa Pa'lante, analizamos las formas de colaboración público-comunitaria que se despliegan desde una perspectiva de la Sostenibilidad de la vida (CARRASCO, 2001; PÉREZ-OROZCO, 2015). Esta perspectiva hace referencia a la propuesta de las economistas feministas, quienes nos invitan a repensar la economía colocando el cuidado de la vida, de todas las vidas, en el centro de la organización social. Desde esta mirada, se cuestiona el carácter feminizado de la responsabilidad del cuidar, al mismo tiempo que se apuesta por formas colectivas para su gestión. Por su parte, la noción de lo público comunitario remite a una discusión anclada en la perspectiva de los comunes reproductivos (DI MASSO TARDITTI, RIVERA FERRE y EZQUERRA, 2022), que son definidos por las autoras como trabajos, procesos y relaciones esenciales para la reproducción de los seres humanos y la satisfacción de sus necesidades, que han sufrido sucesivos embates y "cercamientos" desde lo público-comunitario hacia esferas privadas, invisibilizadas y feminizadas, en el marco de cambios más amplios de desposesión, pérdida de vínculos comunitarios, invisibilización del trabajo reproductivo y vaciamiento de lo público.

Con estas referencias teóricas como base, indagamos en el potencial de la ESS para ampliar los márgenes de lo público, democratizando espacios que de otra forma se tensionan entre lógicas mercantiles o estatales, dando espacio a lo territorial y situado de las experiencias. A pesar de los desafíos que estas experiencias enfrentan, vinculados a la sostenibilidad económica, y a la capacidad de funcionar de forma autónoma en relación a las lógicas de institucionalización de las propuestas estatales, existe en estos espacios un potencial para disputar sentidos a las visiones hegemónicas del cuidado feminizado y ensayar experiencias público-comunitarias que apuesten por procesos de colectivización del cuidado para la sostenibilidad de la vida.

---

1 Por elecciones epistémicas y políticas será adoptado un ejercicio de lenguaje no sexista, utilizando el recurso de la "x" y utilizaremos el nombre de pila en las referencias bibliográficas al final del texto.

2 La investigación fue realizada con el apoyo del Consejo Latinoamericano de Ciencias Sociales (Clacso) que brindó becas a investigadoras sobre el tema cuidados y políticas públicas a 5 equipos de distintos países de América Latina. https://www.clacso.org/cuidados-y-politica-publicas/

El análisis de la experiencia de la cooperativa Pa'lante pone en evidencia las ambigüedades, tensiones y diálogos de la relación entre los emprendimientos de la ESS y el Estado, que son señalados por la literatura académica desde hace varios años como eje central del debate al interior de la ESS. Lejos de ser una relación unidireccional, que se expresa en recursos que vienen del Estado a los emprendimientos o en políticas públicas de apoyo y fortalecimiento, la ESS y sus experiencias concretas también interfieren de forma más o menos directa en la elaboración e implementación de las políticas, sea a partir de una coordinación o cooperación *ad hoc* o a partir de prácticas cotidianas en las que se negocian, redefinen y proponen innovaciones en dichas políticas. En este sentido, va en sintonía con el enfoque que plantea la necesidad de repensar la relación entre Estado y ESS para superar una concepción jerárquica, unidireccional y paternalista en que el vínculo se da en la forma de "ayudas" estatales a los emprendimientos. Sin embargo, la relación bidireccional identificada en la actualidad no alcanza una escala en la que se pueda llegar a pensar en modificaciones a nivel político-institucional, económicas o culturales que permitan hablar de una alianza estratégica entre el Estado y la ESS (UHARTE POZAS, 2024). Para lograr una propuesta de carácter integral como la que trata esta publicación, se requiere de una serie de cambios profundos que en el contexto socio-político actual no se avizoran.

A continuación, presentamos una breve descripción del accionar del Estado en Uruguay en la puesta en marcha de políticas públicas de primera infancia y cuidados, para entender el marco en el que se desarrollan las iniciativas de ESS, y los diálogos e intersecciones que se pueden establecer entre ellas y lo estatal. Luego presentamos una caracterización del campo de la ESS en el país, y algunas reflexiones sobre la concepción latinoamericana en la que se enraíza, bien como sus posibilidades y tensiones intrínsecas. Posteriormente abordamos de forma pormenorizada el caso de la cooperativa Pa'lante, con énfasis en las sinergias y tensiones en relación a la política pública, y a tres ejes principales en relación a los cuales se disputan sentidos sobre los cuidados, que son: a) Género y parentalidades; (b) Colectivización del cuidado: más allá de la familia nuclear; (c) Cuidar a las que cuidan.

2. *Políticas públicas y estrategias público comunitarias de cuidados en Uruguay en primera infancia*

Para abordar las posibilidades y desafíos que enfrentan las experiencias público comunitarias de cuidados en Uruguay, es importante entender el contexto más amplio en el que se encuadran. En el país existe desde hace algunas décadas un conjunto de políticas en materia de infancia y de cuidados, que directa o indirectamente han estimulado el surgimiento y la sustentación de iniciativas locales y comunitarias. Es importante destacar que las políticas en sí mismas son fruto de demandas, reivindicaciones y movilizaciones de la sociedad civil organizada y de los movimientos sociales (principalmente del movimiento feminista) que han contribuido a colocar en el debate público dichos temas y a incluirlos en la agenda política y del estado.

Uruguay se destaca especialmente en el contexto latinoamericano porque fue el primer país en avanzar hacia una política integral en materia de cuidados, que se plasmó en la creación del Sistema Nacional e Integral de Cuidados (en adelante SNIC) en 2015 (Ley n° 19.353). Aunque la agenda de cuidados ya se incorpora desde antes al debate público, desde los años 90, de la mano de investigaciones y estudios de género provenientes de la academia y de organizaciones feministas (IERVOLINO CARRIÓ, 2016).

En relación con la política pública, el cuidado se instala como propuesta concreta durante el segundo gobierno del Frente Amplio (FA) entre 2010-2015, momento en que el país se plantea extender y repensar la red de protección social (AGUIRRE y FERRARI, 2014). Como mencionamos, es una política que absorbe reivindicaciones del feminismo y de algunos sectores de la academia y de esa manera se coloca en el centro de la agenda política. Se enmarca en la discusión sobre la ampliación de los pilares de protección social en Uruguay (un tema "clásico" si se quiere), pero incorporando objetivos concretos de transformación de las desigualdades de género en los cuidados, y eso constituye una novedad para el país. Si bien se establece como prioridad, y es definida como "buque insignia" del segundo mandato de Tabaré Vázquez (2015-2020), el debate parlamentario lleva a que el despliegue de la política sufra sucesivos recortes y redefiniciones ya en su etapa inicial, lo que posteriormente se agudiza con el cambio de gobierno.

La propuesta del SNIC parte del entendimiento del cuidado como derecho y como una función social, y define ciertas poblaciones como relevantes para el despliegue de la política, por su situación de dependencia en relación con otras personas. Se plantea como un modelo corresponsable de cuidados que busca articular distintos actores, haciendo hincapié en la distribución entre varones y mujeres. En relación con las personas sujetos de derechos que son poblaciones objetivo del SNIC, se definen tres grupos: niñas y niños de hasta doce años, estableciéndose para la primera etapa del plan un recorte de prioridad centrado en la primera infancia (de

0 a 3 años); personas en situación de discapacidad y las personas mayores de sesenta y cinco años que carecen de autonomía para desarrollar las actividades y atender por sí mismas sus necesidades básicas de la vida diaria. También son considerados sujetos de la política las personas que cuidan —actualmente la mayoría mujeres— ya sea de forma remunerada o no (PLAN NACIONAL DE CUIDADOS, 2016).

Hasta 2020 la política de cuidados desplegó acciones para implementar los distintos componentes del sistema. Sin embargo, problemas que ya se comenzaron a avizorar desde los primeros años de funcionamiento y que se profundizaron con el cambio de coyuntura política[3], pusieron en evidencia dificultades en la institucionalización y en la consolidación del sistema.

Actualmente, diversas organizaciones sociales vinculadas al tema, que participan de espacios de gobernanza[4] definidos de forma explícita en la ley para acompañar la implementación de la política, expresan su preocupación sobre la continuidad del SNIC. Si bien individualmente, los programas que lo componen se mantienen, se ha frenado la ampliación de su alcance, como lo venía haciendo de forma sostenida, aunque lenta, en los últimos años. La dirección que sigue el SNIC actualmente muestra algunas señales de que se va por el camino de la profundización de la mercantilización de los cuidados. En primera infancia, por ejemplo, uno de los anuncios realizados fue el incremento presupuestal para el programa de Becas de Inclusión Socioeducativa, que son becas para que niñxs de 0 a 3 años que vienen de hogares de alta vulnerabilidad social concurran a centros privados de primera infancia. Es decir, se frena la política de ampliación de oferta de centros públicos y se transita el camino de la ampliación de mecanismos que pueden llegar a reforzar la oferta privada de cuidados en primera infancia.

Por otra parte, las políticas destinadas a la primera infancia tienen una trayectoria mucho más larga que las políticas de cuidados en Uruguay. El Plan CAIF (Centros de Atención a la Infancia y la Familia) data de 1988, y es fruto de un contexto en que se pone en la agenda el tema de la infantilización de la pobreza y el desarrollo infantil en el país. El carácter estructural de la pobreza infantil en Uruguay es un tema que ha sido bastante abordado, estudiado y problematizado, ya que existe un desbalance

---

3 Actualmente gobierna una coalición de partidos de centro-derecha en el país.

4 El Comité Consultivo de Cuidados es un órgano conformado por representantes de las organizaciones sociales, los trabajadores, la academia y los prestadores privados de servicios de Cuidados. Tiene como objetivo asesorar en relación al cumplimiento de los objetivos, políticas y estrategias del SNIC.

importante entre los niveles de pobreza generales y los de los menores de edad. Los niveles de pobreza de niñxs y adolescentes de 0 a 17 años resultan el doble de la pobreza para el total país: 16% en menores y 8.2% población general (DE ARMAS, 2017). Se han mantenido altos inclusive en los 15 años de caída sostenida de la pobreza entre 2004 y 2019.

El Plan CAIF, en sus más de 30 años de existencia, ha pasado por diversos momentos. Inició como un programa destinado a niñxs de 4 y 5 años con parte de financiamiento UNICEF. En 1996 pasó a la esfera del INAME[5] ya con recursos del presupuesto nacional uruguayo. Entre 2001 y 2005 daba asistencia a más de 36.000 niñxs, llegando a una cobertura de más de 57.000 niñxs en 2020[6]. En el transcurso cambia su población objetivo a niñxs de 0 hasta 3 años. A partir de 2015, con la aprobación del SNIC se impulsa una nueva expansión de los centros CAIF, a lo que se le suma la instalación de nuevas modalidades de servicios de cuidados: las Casas Comunitarias de Cuidados y los centros SIEMPRE[7], así como los centros de cuidados para hijxs de estudiantxs de educación secundaria.

La estructura organizativa de los centros CAIF ha cambiado a lo largo de los años, a instancias de redefiniciones formuladas desde la política, que suponen reconversiones en los formatos y modalidades de atención. Para realizar convenios con las organizaciones, el Instituto del Niño y el Adolescente del Uruguay (INAU) establece ciertas directrices que van desde aspectos programáticos y curriculares a criterios generales de organización e infraestructura. A partir de 2015, se introducen modificaciones en la estructura organizativa de los centros, de la mano de la implementación del SNIC, pero los cambios no alcanzan a todos y coexisten centros con distintas modalidades. Los diferentes énfasis que se han dado a lo largo de los años de implementación de la política tienen impactos sobre las instituciones que se presentan a los llamados y convocatorias públicas. En el marco de estas transformaciones, algunas asociaciones de la sociedad civil se retiran y los centros empiezan a ser gestionados por lxs trabajadorxs a partir de un formato cooperativo, en un proceso vinculado también a la organización sindical de lxs mismxs.

Otro impulso que viene de la mano de la implementación de la política de cuidados a partir de 2015 tiene que ver con la incorporación y el desarrollo del tema de la corresponsabilidad social en los cuidados. En este sentido, en 2018 se lanza un sello denominado "Cuidando con

---

5 Instituto Nacional del Menor, actualmente Instituto del niño y el adolescente del Uruguay (INAU)

6 Fuente: INAU, Estudios de Población y proyectos.

7 Espacios de educación y cuidados con sindicatos y empresas.

igualdad"[8], pensado como herramienta de certificación de prácticas igualitarias de género para centros de primera infancia. Se elabora una guía para centros, que establece criterios de buenas prácticas, con instancias de sensibilización en género a centros de educación y cuidado y una convocatoria a centros.

Sumado a esto, a partir de 2018 el INAU lleva adelante un proyecto, que desarrolla una metodología denominada "Parentalidades comprometidas con la primera infancia" (PPC) que se plantea como objetivo "fortalecer las competencias parentales de referentes de cuidado de niñxs de 0 a 3 años desde los centros de atención a la primera infancia con enfoque de derechos y con perspectiva de género. Este proyecto busca fomentar una distribución equitativa de cuidados entre varones y mujeres en las prácticas de crianza y promover la visualización de la corresponsabilidad social en los cuidados entre las familias, la comunidad, el Estado y el mercado" (INAU, 2019).

Todas estas iniciativas y políticas públicas destinadas al cuidado en Uruguay, suponen avances en la problematización del cuidado en la organización social. En particular sobresalen iniciativas que cuestionan los roles de género y parentalidades en la gestión del cuidado. Sin embargo, estos avances sufren los retrocesos que acompañan tanto los cambios en la orientación política de gobierno, como en las derivas conservadoras que se identifican en el contexto actual.

3. *Economía Social y Solidaria en tierras del sur global*

Estas experiencias cooperativas que gestionan centros educativos y de cuidados forman parte del campo más amplio de la Economía Social y Solidaria. Entendemos el ámbito de la ESS como un campo en disputa. Traemos la dimensión de disputa como tentativa de aproximar o distanciar, limitar o expandir acontecimientos, significados e ideas (CRUZ, 2007, p. 01). La ESS se concibe como un conjunto de expresiones socioeconómicas, basadas en relaciones de cooperación y horizontalidad en sus formas de funcionamiento. Se manejan de forma diferente a las empresas de la economía capitalista. Se trata de una diversidad de experiencias según el contexto socioeconómico, donde se conforman redes locales e internacionales para su fortalecimiento. Pueden expresarse desde variadas formas,

---

8 Iniciativa del Instituto Nacional de las Mujeres, coordinada con la Secretaría de Cuidados, Uruguay Crece Contigo, con participación de Flacso. https://flacso.edu.uy/web/lanzamiento-del-sello-cuidando-con-igualdad/

desde cooperativas, asociaciones civiles, asociaciones agrarias, sociedades de fomento rural, emprendimientos familiares, monotributo común y social. Por esta razón, nos parece importante pensar este campo como un lugar que expresa lo diverso, donde la relevancia está más en su componente socio-político, que en su formato.

Siguiendo a VALERIA MUTUBERRÍA (2010) podemos señalar particularidades de concepciones en torno a la ESS que se distinguen en Europa y en América Latina. Además del devenir histórico, otro trazo diferencial tiene que ver con las formas de nombrarla, mientras en Europa estas experiencias suelen ser identificadas por Economía Social o Economía Social y Solidaria, en el sur global hay mayor variedad: Economía Solidaria, Economía Social, Economía Social y Solidaria, Economía Popular, Economía de la solidaridad, Buen vivir, etc.

Sin embargo, para el presente trabajo nos interesa centrar la atención en la concepción manejada en los países de Latinoamérica, especialmente la de Uruguay, lugar donde situamos nuestra mirada. La construcción del concepto en América Latina, se caracteriza como expresión teórica de un fenómeno socio-económico. Con planteos que se oponen al modelo vigente con importantes componentes anticapitalistas, nombrando la necesidad de búsqueda por "otra economía", centradas en el trabajo y la solidaridad (CRUZ, 2007). Experiencias que se motorizan por lógicas que responden a la reproducción de la vida de la comunidad. Sin embargo, no están exentas de relaciones ambiguas y contradictorias, a veces conflictivas al interior de las mismas.

Se trata de experiencias ubicadas en contextos de fuertes desigualdades sociales y de escasez material. De manera general surgen en los años 80 y 90, como respuestas a las crisis económicas (CRUZ, 2007). Marcadas por una mirada crítica al sistema vigente sobre las formas de trabajo, consumo y distribución, plantean alternativas en arreglos socioeconómicos que se expresan en diversos formatos. Nos parece fértil las interrogantes que CRUZ (2007) lanza sobre el campo de la ESS cuando se pregunta ¿En qué medida es un fenómeno emergente? ¿En qué medida no es una reedición de experiencias de más de un siglo relacionadas con movimiento cooperativo y autogestión impulsadas por migrantes? y, agregamos ¿En qué medida son experiencias que se nutren de prácticas comunitarias que han sostenido la vida de los pueblos originarios y siguen sosteniendo la de sus descendientes? Nos interesa leer las expresiones del presente, reconociendo los hilos con experiencias que se convierten en legados que inspiran a la vez que desafían lo nuevo.

Cuando pensamos el caso uruguayo, vemos en este campo tres grandes expresiones: (a) el legado de matriz europea, reflejado en la trayectoria del cooperativismo en el país, nombrado como Economía Social y que tiene un fuerte componente institucional; (b) el legado latinoamericano, en experiencias más o menos informales, redes asociativas, ferias, clubes de trueques, huertas comunitarias, que emergen como respuestas a crisis del inicio del siglo XX y, siguiendo a RIEIRO ET AL. (2019), agregamos una tercera expresión: (c) lo que nombramos por autogestión obrera o economía autogestionada por sus trabajadorxs, donde se puede identificar un legado híbrido entre el linaje europeo y latinoamericano en experiencias de grupos asociativos-autogestionados o empresas recuperadas, que enuncian narrativas de clase y alianza sindical. Por estas distintas expresiones que coexisten en el territorio, es que elegimos nombrar el campo por Economía Social y Solidaria. Buscamos así, hacer dialogar las tres trayectorias que ponen el trabajo colectivo y asociado en el centro. Situemos de forma breve estos distintos recorridos en Uruguay que, desde una perspectiva articulada, son componentes de una historia común.

El período de industrialización y urbanización del país (finales del siglo XIX y principios del siglo XX), acompañó el surgimiento a inicio del siglo XX de las primeras experiencias cooperativas impulsadas por inmigrantes europeos con trayectorias sindicales de valores anarquistas y socialistas utópicos. En ese entonces se arman sociedades de socorro mutuo, cooperativas de consumo, cooperativas de trabajo y cajas de auxilio. Entre la década del 50 y 70, durante el reflujo del modelo económico basado en la industrialización por sustitución de importaciones y consecuente crisis, emergen las primeras empresas recuperadas por sus trabajadores y cooperativas de producción, que luego se agrupan en la Federación de Cooperativas de Producción. Desde entonces, el sector cooperativo cuenta con una creciente consolidación institucional[9]. Los años 70 también marca el surgimiento del movimiento de cooperativo de vivienda que conforma la Federación Uruguaya de Cooperativa de Vivienda por Ayuda Mutua-FUCVAM[10]. Durante el período de la dictadura cívico-militar que transitó el país entre 1973-1985, los actores de la ESS, en particular las cooperativas se convirtieron en espacios claves de resistencia a la repre-

---

9 En 1966 se sanciona la Ley sobre Cooperativas de producción y trabajo de no 13.481; en 1984 se conforma la organización de tercer grado Mesa Nacional Intercooperativa que en 1988 se deriva en la Confederación Uruguaya de Entidades Cooperativas (CUDECOOP); en 1985 se crea la Dirección Nacional de Fomento Cooperativo (Ministerio de Trabajo y Seguridad Social).

10 https://www.fucvam.org.uy/

sión y la lucha por la democracia (OSORIO-CABRERA ET AL., 2019; RIEIRO y WEISZ, 2023).

Los años 90, en contexto de avance del modelo económico neoliberal, acompaña un proceso de institucionalización del campo cooperativo, que se ve reflejado en la creación de la Comisión Honoraria de Cooperativismo, vinculado en su momento a la Oficina de Planeamiento y Presupuesto (OPP) y en la creación de la Confederación Uruguaya de Entidades Cooperativas (organismo de tercer grado que articula cooperativas agrarias, de ahorro y crédito, producción, vivienda y consumo). Se trata de un período en que se elaboraron distintos instrumentos legales respecto al marco jurídico-político que facilitaron la consolidación del sector cooperativo, podríamos decir que se diseñó una arquitectura de poder (UHARTE POZAS, 2024) favorable (no plena) en el ámbito cooperativo durante la segunda mitad del siglo XX.

La crisis socio-económica que atravesó el país en 2002, marca otro momento clave de impulso del campo de la ESS. Por un lado, se multiplican iniciativas informales, como ferias de trueques, comedores barriales y huertas comunitarias. Por otro lado, desde el Estado[11] se crean diversos dispositivos[12] ampliando los actores beneficiarios vinculados a la Economía Solidaria y a la economía autogestionada por sus trabajadores. Los intercambios que surgen a partir de las participaciones en los Foros Sociales Mundiales, realizados en Porto Alegre en el mismo período, impulsan la futura creación de la Coordinadora de la Economía Solidaria en 2008 que congrega distintas experiencias que adoptan formas jurídicas distintas al cooperativismo (RIEIRO, LATORRE Y FERRO, 2022). En el ámbito rural, experiencias que no estaban bajo la órbita del movimiento cooperativo, pasan a conformar algunas redes: Red de Grupos de Mujeres Rurales, Red de Semillas Criollas y Nativas, la Red de Agroecología del Uruguay, entre otras.

Aunque las cooperativas de consumo han sido una de las primeras expresiones de ESS al inicio del siglo XIX, en el último periodo, esta práctica vuelve a surgir desde nuevas organizaciones autónomas y autogestiona-

11 Bajo el gobierno del Frente Amplio entre 2005 a 2020.

12 "Entre los cambios más destacados pueden incluirse la Ley General sobre Cooperativismo (2008), la Ley de Cooperativas Sociales (2006), el Fondo de Desarrollo (FONDES), 2011-decreto, 2015 Ley. Con la creación del Instituto Nacional de Cooperativismo (INACOOP) en el marco de la Ley General sobre el Cooperativismo mencionada, se abre un nuevo sistema de gobernanza con cierta autonomía que incorpora formalmente la articulación entre representantes del sistema cooperativo y el gobierno mediante un sistema cogobernado" (RIEIRO y WEISZ, 2023: 4).

das, sin inscribirse en el sector cooperativo. De manera general, son experiencias que buscan dar respuestas al acceso más económico a productos de primera necesidad, haciendo énfasis en su calidad y procedencia, en particular desde la promoción de los alimentos agroecológicos y producidos por otros actores que habitan el sector u otras organizaciones sociales que no lo integran. Estos arreglos también aportan a la promoción de cadenas cortas de comercialización y al proceso de problematización y politización del acto de consumo (RIEIRO y WEISZ, 2023). Además, de las múltiples canastas o experiencias de ventas directas, podemos mencionar el Mercado Popular de Subsistencia[13] y la Asociación Barrial de Consumo (ASOBACO)[14] como dos experiencias que aportan en este sentido.

Según los últimos mapeos realizados entre 2013 y 2015 en el campo de la Economía Solidaria, hay más de 1.008 emprendimientos que habitan el sector, con 15.000 miembrxs activxs, 3751 socixs activxs y 1042 personas que trabajan de forma asalariada (TORRELLI ET AL., 2015). Como ya fue mencionado, el formato jurídico tiene distintos matices, pudiendo variar entre cooperativas, asociaciones civiles, asociaciones agrarias, sociedades de fomento rural, emprendimientos familiares, monotributo común y social. En el sector de la economía social, el mapeo realizado por INACOOP en 2018, registra 3.653 cooperativas activas en Uruguay, abarcando cooperativas de vivienda, ahorro y crédito, consumo, sociales, agrarias y de fomento rural y de trabajo o producción (ACI, 2018).

A partir de la crisis social abierta por la COVID-19, vimos nuevamente el despliegue de múltiples iniciativas que posibilitaron la reproducción de la vida. El relevamiento realizado por el Área de Estudios Cooperativos y Economía Solidaria de SCEAM-UDELAR[15], sobre estrategias llevadas a cabo por organizaciones del campo de la Economía Social y Solidaria, apunta a la intercooperación como una práctica de cuidado fundamental para sobrellevar los desafíos abiertos y sostener los entramados sociales (SARACHU ET AL. 2020). Una de las expresiones más visibles fueron las cerca de setecientas ollas y merenderos populares que se organizaron por el territorio nacional para atender de forma colectiva los cuidados con la alimentación (RIEIRO ET AL., 2021). A partir de las ollas se conformó la Coordinadora Popular y Solidaria (CPS) como organización de tercer grado que ejerció rol central en este periodo, sin embargo, tuvo su orga-

13 https://mps.org.uy/

14 https://asobaco.blogspot.com/p/presentacion.html; https://m.facebook.com/people/Asociaci%C3%B3n-Barrial-de-Consumo-Asobaco/100063664496306/

15 Servicio Central de Extensión y Actividades en el Medio de la Universidad de la República de Uruguay (SCEAM-UDELAR)

nización debilitada por la retirada del apoyo con insumos por parte del Ministerio de Desarrollo Social a fines de 2022 (RIEIRO y WEISZ, 2023).

Estas distintas experiencias colectivas que hacen posible la vida, componen el escenario del campo de la ESS en Uruguay y cuenta con una creciente diversificación. Como mencionamos antes, sigue siendo un campo en disputa, donde conviven tensiones y sinergias entre las distintas concepciones manejadas por las personas y organizaciones que habitan el campo.

Uruguay es un país donde históricamente operan lógicas estadocéntricas. El diálogo con el Estado es diverso, se autorregula entre vínculos que se potencian y relaciones conflictivas, que ejercen resistencias, si bien "las experiencias se ven atravesadas constantemente por lógicas mercantiles y estatales, a su vez, ejercen su autonomía para deformarlos y transformarlos" (RIEIRO y WEISZ, 2023, p. 13). El campo cooperativista tiene larga trayectoria y cuenta con mayor impulso institucional respaldado por sus organizaciones de segundo y tercer grado. Las leyes y presupuestos destinados a fortalecer el sector son resultado de un extenso proceso de co-construcción de políticas públicas donde fueron actores activos. Las experiencias menos institucionalizadas, como las redes en el ámbito agroecológico o la Coordinadora de la Economía Solidaria, en cierta medida tienen mayor autonomía, pero están sujetas a las inestabilidades de cambio de gobierno o a la falta de impulso por parte del Estado (RIEIRO y WEISZ, 2023). Como mencionamos en el campo de los cuidados, las políticas promovidas a partir del Plan CAIF ejercen un efecto de incentivo para la conformación de cooperativas de trabajo que llevan adelante propuestas educativas y de cuidados para la primera infancia. En el presente estudio indagamos algunas dimensiones que surgen a partir del vínculo con el Estado, en particular desde una gestión público-comunitaria. Nos preguntamos también cómo los arreglos asociativos aportan para el despliegue de cuidados en clave territorial.

En el año 2019, INACOOP hace un nuevo relevamiento con base a los datos del registro de seguridad social y constata que, de las 451 cooperativas de trabajo activas, 81 se dedican al rubro de enseñanza (INACOOP, 2020). Otro estudio reciente realizado en el año 2021 por algunos integrantes del equipo del Área de Estudios Cooperativos y de Economía Solidaria sobre las cooperativas de trabajo que actúan en el ámbito cooperativo[16], registraron 91 cooperativas que gestionan distintas modalidades

---

16 Stevenazzi, Barrios, Pérez, Díaz y Chechinel (2022) Informe final proyecto CSIC: "Cooperativas de trabajo que gestionan centros y propuestas educativas en Uruguay.

de centros educativos[17] (STEVENAZZI, 2022). La mayor parte de sus actividades están vinculadas a la gestión de políticas promovidas por el INAU. Del total mapeado, 40[18] cooperativas ejecutan programas del Plan CAIF, llegando a gestionar a 47 centros educativos. Esta realidad implica una dependencia relevante con el Estado, ya que la mayor parte de las cooperativas tienen sus ingresos casi exclusivamente provenientes de los convenios con el Estado, representando entre 90 y 99%. Según el relevamiento, apenas 2 organizaciones manifestaron tener un ingreso variado. La mayor parte combina el convenio estatal con otros ingresos de menor expresión, vinculados a aportes de socios, actividades de formación, donaciones, etc. (STEVENAZZI, 2022).

Se trata de cooperativas con un promedio de 15 integrantes entre socias y contratadxs. Siguiendo los datos del mapeo, las mujeres representan cerca 85% de lxs socias, lo que nos muestra alto grado de feminización de los cuidados en este tipo de experiencia.

En lo que refiere a la matriz de surgimiento, el estudio muestra dos grandes trazos, por un lado, colectivos que encontraron en el formato cooperativo inspiración política para organizar el trabajo de forma autogestiva y, por otro lado, organizaciones que se formaron a partir del cierre de experiencias anteriormente gestionadas por organización de la sociedad civil (OSC), donde sus antiguos trabajadores pasan a ser socios de la misma, desde un formato cooperativo.

Como ya señalado, en la investigación "Colectivización de los cuidados en primera infancia en experiencias de Economía Social y Solidaria en Uruguay"[19] realizada en 2022, pudimos problematizar algunas resonancias de las experiencias de las cooperativas en clave público-comunitarias para disputar sentidos de cuidados y cómo pudieron aportar a las políticas públicas, en particular respecto a la corresponsabilidad.

Relevamiento, dimensionamiento en el campo de la educación, principales características, propuestas pedagógicas y cooperación". Comisión Sectorial de Investigación Científica. Inédito.

17 Entre los distintos tipos de experiencias podemos nombrar: jardines o centros de atención a la infancia y la familia —CAIF—, centros de educación primaria, centros de educación secundaria, centros juveniles o clubes de niños.

18 Si bien se identifican 40 cooperativas que gestionan centros CAIF, el relevamiento "Cooperativas de trabajo que gestionan centros y propuestas educativas en Uruguay. Relevamiento, dimensionamiento en el campo de la educación, principales características, propuestas pedagógicas y cooperación", releva información tan solo de 30, que fueron las que completaron el formulario autoadministrado.

19 Informe "Colectivización de los cuidados en primera infancia en experiencias de Economía Social y Solidaria en Uruguay", CLACSO-ONU Mujeres, 2023 (inédito, próximo a la investigación).

Tomando en cuenta la inspiración política que muchos CAIFs cooperativos encontraron en el formato cooperativo, nos preguntamos ¿en qué medida la fuerte dependencia económica de las políticas públicas afecta o desafían su autogestión interna? El desequilibrio de poder que se expresa en la alianza estratégica entre el Estado y las experiencias colectivas es un elemento fundamental que influye en la falta de autonomía interna y externa de las organizaciones, cuando pensamos en su accionar político (UHARTE POZAS, 2024).

Por otro lado, este estudio exploratorio nos permitió abrir preguntas también acerca del carácter diferencial que el formato cooperativo aporta para pensar una gestión colectiva y democrática que priorice actividades en el territorio, reforzando o impulsando una mirada colectiva y más comunitaria de los cuidados. O sea, interesaba analizar cómo estas experiencias que habitan el campo de la ESS, posibilitan ahondar en relaciones de corresponsabilidad y colectivización de los cuidados. Para llevarlo adelante, además de una larga sistematización de los datos disponibles sobre el campo de las cooperativas que ocupan el rubro educación, nos centramos en el caso de la Cooperativa Pa'lante, donde nos propusimos un análisis con grados de participación de la experiencia colectiva, compartiendo algunas reflexiones[20].

4. *Cooperativa Pa'lante*

La cooperativa de trabajo Pa'lante, centro de nuestro análisis en el presente trabajo gestiona el CAIF "Desde el Pié". El CAIF está ubicado en el área metropolitana de Montevideo, en la localidad Ciudad del Plata, departamento de San José[21]. Surge en 2015 a partir de la organización entre mujeres que transitan sus maternidades, técnicas y educadoras con previa experiencia en otros centros de atención a la primera infancia. Además de la necesidad de concretar una fuente laboral, se inspiran en el formato cooperativo por los principios que comulga y por la posibilidad de generar alternativas educativas en diálogo con el territorio. Si bien la cooperativa lleva a cabo otras actividades educativas desde 2015, inauguran el CAIF Desde el Pié en 2018.

---

20 Realizamos tres entrevistas grupales con distintas integrantes de la organización (técnicas, psicólogas, educadoras, servicios generales) y un encuentro final de devolución.

21 Ubicado al suroeste del país, la localidad Ciudad del Plata cuenta con 32154 habitantes.

En el año 2022, el CAIF estaba integrado por 24 mujeres socias y 3 contratadas, ejerciendo las funciones de educadoras, psicólogas, servicios generales, maestra en primera infancia. El CAIF atiende 108 niñxs entre 0 a 2 años en actividades de cuidados educativos diarios[22] y talleres semanales para niñxs de 0 a 24 meses junto a sus referentes de cuidados[23].

El CAIF está ubicado en una zona periférica a la zona metropolitana que se caracteriza por contar con escasos recursos materiales. La falta de acceso al trabajo formal, así como de la atención a servicios que abordan la salud mental, son problemáticas mencionadas por las educadoras en relación al territorio en el que trabajan. En general son familias jóvenes, muchas monoparentales de mujeres que sobreviven del trabajo informal o zafral. La cooperativa, además de contemplar la demanda de los cuidados, atiende a otras dimensiones del sostenimiento de la vida en el territorio con iniciativas que van más allá de lo educativo.

5. *Disputas a los sentidos tradicionales del cuidado*

A partir del impulso que se le da al Plan CAIF en el marco de la política de cuidados y de la creación del SNIC, se empieza a incorporar una perspectiva de cuidados con énfasis en la corresponsabilidad de género y de prácticas igualitarias. Esta mirada se encuentra atravesando el CAIF "Desde el Pie", tanto en lo referente al trabajo con las familias, así como en la propuesta con niñxs y en el relacionamiento entre las propias cooperativistas.

Un abordaje desde esta perspectiva conecta con los planteos que desde la Economía Feminista (CARRASCO, 2001; PÉREZ-OROSCO, 2015). Una mirada sobre lo económico que incluye no solo las necesidades materiales, sino las afectivo-relacionales y de participación comunitaria. Desde esta mirada también se cuestiona la desvalorización y feminización de los trabajos de cuidado, y se nos invita a pensar estrategias colectivas para sostener la vida. Este abordaje que se propone desde la política pública, hace sinergia y se potencian con la impronta que desde la cooperativa se le quiere dar al centro. Identificamos en las prácticas que se despliegan por lo menos tres elementos que hacen a la disputa de sentido sobre los

22 Se componen en turmas con turnos de 4 y 8 horas.

23 Los talleres se llaman "Experiencias oportunas", concurren una vez por semana junto a sus referentes de cuidado durante dos horas. Se trata de un programa de estimulación temprana destinado a niñxs de 0 a 24 y referentes en el cuidado, brindando un espacio semanal de acompañamiento mediante el juego y la conversación. https://medios.presidencia.gub.uy/tav_portal/2017/noticias/NO_Y468/Guia.pdf

cuidados que quisiéramos destacar: a) Género y parentalidades; (b) Colectivización del cuidado: más allá de la familia nuclear; (c) Cuidar a las que cuidan.

Sobre la problematización de las *relaciones de género y parentalidades,* el CAIF se encuentra en sintonía con lo que propone en la actualidad la política pública en primera infancia. Se trabaja desde una perspectiva de género y generaciones desde una mirada integral, tanto en las propuestas pedagógicas como con las familias. Por un lado, se trabaja en el cuestionamiento de los estereotipos de género binarios en las propuestas de juego con lxs niñxs. Al mismo tiempo que se busca problematizar el rol protagónico de las mujeres en el cuidado, los efectos de sobrecarga y culpabilización. Dentro de las estrategias desplegadas en este sentido, buscan habilitar espacios de escucha y soporte, por ejemplo, en los espacios de taller. Esta impronta, no solo es un efecto de las propuestas de la política pública, sino que las experiencias previas de las fundadoras de la cooperativa estaban en sintonía con estos postulados. Sobre todo, en referencia a trabajar a partir de las tensiones de maternar, cuestionando miradas romantizadas, expresando malestares y buscando redes de sostén para compartir.

En relación a la estimulación de la corresponsabilidad, se establecen estrategias para comprometer a las figuras paternas en el cuidado. Hablan del efecto contagio que tiene ver a otros padres en las actividades grupales, se estimula a la participación en las entrevistas, hasta el simple gesto de contarles cómo pasó el día cuándo vienen a buscar a sus hijxs al jardín. Estas problematizaciones, no están exentas de tensiones. Por ejemplo, si bien tienen lista de teléfonos de padres y madres de lxs niñxs, muchas veces tienden a llamar a las madres para que acudan si le sucede algo a su hijx. También mencionan las tensiones que sintieron con la participación de varones educadores por parte de las familias. Las historias de violencia generan sospechas sobre las figuras masculinas en el cuidado. Trabajar en mejorar la confianza para modificar estas miradas ha sido parte de la tarea.

En relación a la *colectivización del cuidado más allá de la familia nuclear.* Como señalamos, la política pública por intermedio de diversos instrumentos viene trabajando en la estimulación de la responsabilidad compartida. Por ejemplo, se trabaja en los talleres con lxs referentes del cuidado llamados "parentalidades comprometidas" y se trabaja desde una perspectiva de género y corresponsabilidad social en la crianza.

Desde el CAIF "Desde el Pie" en particular, se potencia pensar el cuidado más allá de las figuras paternas y maternas, sino también en clave comunitaria. La idea de corresponsabilidad entonces se expande. Esta perspectiva permite pensar el cuidado como una responsabilidad social. Desde una mirada interdependiente, significa potenciar la idea que todas las personas podemos cuidar y constituir redes de cuidado. Fomentar estas tramas comunitarias del cuidado de la vida, se convierte en elementos centrales para la desprivatización y desfeminización del cuidado (OSORIO-CABRERA Y VERAS-IGLESIAS, 2022). En el CAIF lo expresan tanto en el relacionamiento y trabajo con las familias, habilitando un cuidado mutuo y trabajando el sentido de pertenencia hacia el centro. Así también se habla de corresponsabilidad en el relacionamiento entre lxs trabajadorxs en sus distintos roles, no solo lxs educadorxs o las técnicas, sino también el personal que trabaja en la cocina o en la limpieza del centro. Las jornadas de integración que preparan, se planifican para aproximar a las familias generando espacios de convivencia y de confianza.

Una estrategia muy interesante desplegada a iniciativa del CAIF tiene que ver con habilitar espacios de formación interna, para que integrantes de las familias compartan saberes. Por ejemplo, el taller que se organizó en el marco del Día de la Niñez[24], fue conducido por una madre, que organizó un taller de elaboración de juguetes con materiales reciclables. La pandemia fue un contexto desafiante para los centros de atención a la primera infancia. La trama comunitaria que vienen gestando desde el CAIF se expresó como herramienta de resistencia y cuidado colectivo ante la crisis. Dentro de las estrategias desplegadas se organizaron canastas de alimentos, la organización de ollas populares los fines de semana, juntada de ropa. En esta red se articularon las trabajadoras del CAIF, pero también participaron las familias de lxs niñxs y de las propias cooperativistas. No solo se realizaron actividades más asistenciales, sino que también generaron herramientas para fortalecer la soberanía de las familias, como por ejemplo a través de talleres de fabricación de pañales o de huertas.

Un elemento de aporte central que esta experiencia se plantea, es en relación a la idea de *cuidar a las que cuidan*. Con esto nos referimos a de qué manera se extiende la noción de cuidados, también pensando en el cuidado de equipo. Frente a las ideas de pensar el cuidado en relación a las personas dependientes, desde el CAIF se trabaja pensando en el cuidado no solo en su dimensión colectiva sino recíproca. ¿Quién cuida a las que cuidan? Desde los márgenes de autonomía que les da su carácter cooperativo, la creación de una Comisión de buenos vínculos oficia como

---

24 El cambio de nomenclatura del Día de la Niño al día de la Niñez, es otra de los atravesamientos de la perspectiva de género en la política pública.

estrategia. Si bien esta comisión no está prevista en los estatutos, aporta para trabajar sobre situaciones de conflicto, así como estar atentas a las situaciones de las personas trabajadoras. Uno de los elementos centrales en estas que se plantean tiene que ver con la organización del tiempo y las tareas de gestión, situaciones que muchas veces generan tensión y desgaste. Como señalan MARINA SAGASTIZABAL Y MATXALEN LEGARRETA (2016), la organización de los tiempos en este tipo de experiencias colectivas se divide por lo menos en tres, trabajo remunerado, trabajo no remunerado y de participación política. Considerar estos tiempos en la gestión colectiva, hacerlos visibles, planificarlos conjuntamente es fundamental para cuidar los espacios colectivos (OSORIO-CABRERA, 2018). En el caso del CAIF, este reconocimiento ha permitido asumir colectivamente algunas responsabilidades que en general se entienden como responsabilidad privada a resolver, sobre todo nos referimos a las relacionadas con el cuidado. Un ejemplo en este sentido ha sido instalar espacios de cuidado en paralelo a las asambleas para que participen las compañeras que tienen hijxs a cargo. Otra de las estrategias para cuidar a los equipos está siendo la rotación de roles, lo que les permite no solamente aprender de distintas tareas, sino también trabajar sobre las relaciones de poder.

6. *La gestión democrática en lo público comunitario*

El otro elemento que quisiéramos destacar, sobre todo si pensamos desde esta clave desplegada sobre la noción de lo público-comunitario, es la gestión democrática de estas experiencias. Como es señalado al comienzo de este libro (HUARTE POZAS, 2024) esta modalidad de gestión aparece como una de las claves para pensar una nueva relación con el Estado y más concretamente reivindica la propuesta de co-gobierno. Uno de los elementos a destacar es la posibilidad de adecuar la normativa a las dinámicas concretas de cada contexto en el que se desarrollan las experiencias. La política pública en primera infancia se encuentra muy estructurada y por momentos se impone en las formas y dinámicas del quehacer de la cooperativa. Pero al mismo tiempo, desde la gestión colectiva se habilitan ciertos márgenes para que imperen otras lógicas, tanto en el relacionamiento a la interna del equipo, en las propuestas pedagógica, así como en el relacionamiento con la comunidad. Además de los elementos mencionados en el apartado anterior, nos gustaría destacar aquí la articulación que les permite a nivel territorial comunitario. Además de las ya mencionadas en relación al contexto de la pandemia, aparecen otras experiencias en el territorio muy interesantes. Por ejemplo, en 2021 realizaron un trabajo con la Intendencia departamental de San José, a través de un estudio sociodemográfico, que permitía generar información de utilidad para un proyecto de regularización de un asentamiento ubicado en la zona. El gobierno local entendía la cercanía de los vínculos con la comunidad, así como el conocimiento del CAIF en función de las necesidades como actor clave para este estudio.

Así también la cooperativa tiene vínculos importantes con la zona de Ciudad del Plata, tiene un rol de articulación tanto a nivel del entramado de instituciones públicas como en el relacionamiento con las organizaciones de la sociedad civil. También participa en la Intersocial de Ciudad del Plata[25] que es un grupo de vecinxs y personas que integran distintos colectivos y organizaciones sociales de la comunidad y se reúnen para tratar distintos temas. Trabajan desde la intercooperación y articulación con otras cooperativas de la zona. Así también se encuentran con la intención de trabajar solidariamente con otras organizaciones colectivas donde estas experiencias no llegan. Por ejemplo, mencionan el trabajo que vienen haciendo con la Unidad Cooperaria N°1 de Cololó[26]. En esa experiencia colectiva rural, realizaron talleres de acompañamiento a la crianza, a raíz de una necesidad de sus socixs de discutir el tema y de la ausencia de instituciones de referencia próximas a la zona donde está instalada. Otro ejemplo se da en el 2021, una articulación a nivel local de cooperativas desde cooperativas de vivienda hasta experiencias de educación como el caso de CUPACAM[27], que también gestiona un centro CAIF.

En síntesis, visualizamos en el modelo cooperativo y en particular en su gestión democrática una posibilidad interesante para promover una gestión público-comunitaria en primera infancia que dispute sentidos a las nociones tradicionales del cuidado y permita desplegar estrategias situadas al contexto social comunitario de las experiencias.

7. *La burocracia institucional y los ritmos de lo colectivo*

Al visualizar las tensiones y límites que esta colaboración presenta encontramos algunos elementos importantes a señalar. El primero es la dependencia económica de estas experiencias. Como se puede visualizar en este trabajo, los centros cooperativos CAIF dependen casi en su tota-

---

25 https://lasemana.com.uy/ciudad-del-plata/grupo-de-vecinos-conformo-la-intersocial-ciudad-del-plata/

26 https://www.lacooperariaturismo.com.uy/

27 Cooperativa Unidos para el Cambio.

lidad del financiamiento que reciben del Estado (STEVENAZZI, 2022). El centro con el que trabajamos no es la excepción. Si bien la cooperativa genera otro tipo de actividades más allá del centro CAIF, esta es su principal fuente de financiamiento, lo que implica una dependencia que imprime límites importantes a su autonomía. Como es bien sabido, la pérdida de autonomía en las decisiones implica un riesgo en la capacidad de articulación con el Estado y en la concretización de un tipo de relación bidireccional entre los agentes estatales y las experiencias de la ESS como la que propone el marco teórico de este libro.

Uno de los aspectos que significan mayores constricciones tiene que ver con el padrón, esto quiere decir la cantidad de niñxs que asisten al centro. Existe un número mínimo de niñxs que tiene que asistir para poder lograr ser parte del convenio y funcionar como centro. Durante un tiempo y en particular con la anterior administración existía cierta flexibilidad en relación a la asistencia a la institución. Se promovía también la posibilidad del acompañamiento en las casas de lxs niñxs. Como fue señalado previamente, los cambios en el gobierno de turno imprimen características que difieren bastante de una administración a la otra. Por ejemplo, mencionan que el objetivo de la administración actual es que los niñxs pasen la mayoría del tiempo en el centro educativo. Este planteo difiere del que se venía planteando en relación a que el lugar por excelencia para el cuidado era su casa, el hogar. Este cambio significa mayores controles acerca de la presencia de los niñxs en el centro, al mismo tiempo que cambia el encuadre de trabajo con las familias. Esta situación provoca una redefinición de los espacios, las interacciones y las formas en que se concibe y articula el cuidado.

Otro de los elementos que se tensiona en la experiencia es la disposición de que lxs hijxs de lxs trabajadorxs asistan al centro. Esta postura se argumentó y fundamentó, señalando los beneficios en la conciliación para las personas trabajadoras que tienen hijxs a cargo. Lo valoran como una experiencia positiva, y entienden que es un registro que queda para que tenga repercusiones en otros centros.

En síntesis, a pesar de la centralidad del Estado en estas experiencias y lo estructurado del sistema, identificamos márgenes para construir colectivamente. Desde una postura activa desde el grupo se busca discutir y argumentar ante situaciones o lineamientos que no comparten. Esta posición ha tenido bastante recepción y flexibilidad desde la contraparte estatal.

8. *Consideraciones finales*

El trabajo que realizamos, si bien exploratorio, nos permite seguir analizando las condiciones de posibilidad que las experiencias en el campo de la ESS tienen para constituirse como formas colectivas para la gestión de los cuidados. Contribuye al debate que las miradas feministas vienen realizando a este tipo de experiencias, buscando contribuir a problematizar su aporte en la constitución de relaciones equitativas (QUIROGA, 2009; JUBETO ET. AL, 2014; OSORIO-CABRERA; 2017). En particular nos interesa destacar la mirada que aporta a seguir pensando y problematizando las formas de comprender los cuidados como una responsabilidad colectiva, ampliando los márgenes para desfeminizar y desprivatizar la responsabilidad del cuidado.

Si bien el campo de la ESS es diverso como pudimos expresar en los inicios de este texto, en este trabajo nos propusimos analizar el diferencial que aportan las experiencias cooperativas en su sinergia con la política pública en la primera infancia. Identificamos en ellas, experiencias de gestión público-comunitaria, que permiten mediante la gestión colectiva, a partir de relaciones horizontales y formas participativas de trabajo, aportar a formas situadas y territorializadas de cuidado. Se despliegan allí disputas de sentido a las nociones tradicionales de cuidado, contribuyendo a una visión corresponsable no solamente dentro de las organizaciones sino también en el vínculo con lo comunitario. El aporte de estas experiencias que gestionan recursos públicos, se construyen en formas que por momentos se tensionan, articulan y negocian permanente con las lógicas derivadas de la política pública.

Entendemos necesario seguir profundizando en el estudio de estas experiencias, analizando sus modos de expresión en diversos territorios y contextos socio-económicos, para el despliegue de una política que coloque en el centro el cuidado de la vida, apostando por las tramas comunitarias que sostienen la vida.

9. *Bibliografía*

ACI. "Mapeo cooperativo: datos estadísticos informe nacional: Uruguay". Programa CI-UE. Montevideo, Uruguay, 2018.

AGUIRRE, Rosario y FERRARI, Fernanda. "La construcción del sistema de cuidados en Uruguay". *Serie Políticas Sociales*,192, abril de 2014.

CARRASCO, Cristina, "La sostenibilidad de la vida humana: ¿Un asunto de Mujeres?", *Mientras tanto*, No 81, 2001, pp. 43-70.

CRUZ, Antonio, "A construção do conceito de Economia Solidária no Cone Sul", *Revista Estudios Cooperativos*,12 (1), 2007, pp. 7-27

DE ARMAS, Gustavo. "Poner fin a la pobreza infantil en Uruguay. Un objetivo posible para la política pública", UNICEF. [En línea], [2017], https://bibliotecaunicef.uy/doc_num.php?explnum_id=181, [consulta 12/10/2023)

DI MASSO TARDITTI, Marina; RIVERA FERRE, Marta y EZQUERRA, Sandra. *Introducción*. En: EZQUERRA, S; DI MASSO, M. y RIVERA, M (comps.). Comunes reproductivos. Cercamientos y descercamientos contemporáneos en los cuidados y la agroecología (pp 5-30), 2022, Madrid: Catarata.

IERVOLINO CARRIÓ, Alejandrina. "El Sistema Nacional Integrado de Cuidados en Uruguay: ¿Nuevas orientaciones conciliatorias para promover la equidad de género y socioeconómica?" Tesis de maestría. Universidad de la República (Uruguay). Facultad de Ciencias Sociales. [En línea], [2016], https://www.colibri.udelar.edu.uy/jspui/handle/20.500.12008/9906, [consulta 12/10/2023)

INAU, "Diálogos para la promoción de parentalidades comprometidas con la primera infancia", [En línea], http://repositorio.mides.gub.uy:8080/xmlui/handle/123456789/1560, [consulta 12/10/2023)

INAU, "Estudios de población y proyectos", [En línea], https://www.inau.gub.uy/estudios-de-poblacion-y-proyectos, [consulta 12/10/2023)

JUBETO, Yolanda; LARRAÑAGA, Mertxe; CARRASCO, Cristina; LEÓN, Magdalena; HERRERO, Yayo; SALAZAR, Cecilia; DE LA CRUZ, Cristina; SALCEDO, Lorena y PÉREZ, Ela, *Sostenibilidad de la vida. Aportaciones desde la economía solidaria, feminista y Ecológica*, Euskadi: Reas, 2014.

Ley N° 19353, CREACIÓN DEL SISTEMA NACIONAL INTEGRADO DE CUIDADOS (SNIC). [En línea], [2015], https://www.impo.com.uy/bases/leyes/19353-2015, [consulta 12/10/2023].

SAGASTIZABAL, Marina y LEGARRETA Matxalen. "La "triple presencia-ausencia": una propuesta para el estudio del trabajo doméstico-familiar, el trabajo remunerado y la participación sociopolítica", *Papeles del CEIC*, núm. 1, 2016, pp. 1-29

MUTUBERRÍA, Valeria. Distintas definiciones y abordajes de la Economía Social. El campo de la Economía Social en debate en García, Alfredo (Coord.) Repensando la economía social (pp. 11-29), Ediciones del CCC, Centro Cultural de la Cooperación Floreal Gorini, 2010

OSORIO-CABRERA, Daniela, Modos de vida vivibles: Economía(s) Solidaria(s) y Sostenibilidad de la vida. Tesis de Doctorado en Psicología Social. Universidad Autónoma de Barcelona. 2017

OSORIO-CABRERA, Daniela y VERAS-IGLESIAS, Gabriela. Habitar el "entre". Formas de lo político y producción de lo común en entramados agroecológicos y de vivienda cooperativa. Miradas feministas desde el sur global. Eds. (Di Masso, M; Rivera, M. y Ezquerra, S.). Comunes Reproductivos. Cercamientos y descercamientos contemporáneos en los cuidados y la agroecología. Catarata: Madrid. 172-192, 2022.

OSORIO-CABRERA, Daniela; VERAS IGLESIAS, Gabriela; TOMMASINO, Natania; ANDRADE, Adriana; RIEIRO, Anabel, "Los cuidados en la economía social y solidaria en Uruguay: aportes feministas para su problematización". *De prácticas y discursos*, 8(12), 2019, pp. 237-267

PÉREZ-OROZCO, Amaia, *Subversión feminista de la Economía.* Madrid: Traficantes de sueños, 2015.

PLAN NACIONAL DE CUIDADOS 2016-2020. [En línea], [2015], www.gub.uy/sistema-cuidados/sites/sistema-cuidados/files/2020-01/plan-nacional-de-cuidados-2016-2020_0.pdf, [consulta 12/10/2023)

QUIROGA, Natalia, "Economías feminista, social y solidaria. Respuestas heterodoxas a la crisis de reproducción en América Latina". *Íconos* Revista de Ciencias Sociales, 33, 2009, pp. 77-89.

RIEIRO, Anabel; VERAS IGLESIAS, Gabriela; ANDRADA, Adriana, "Miradas feministas sobre la economía social y solidaria en Uruguay, *Revista Idelcoop*, No 227, 2019, pp. 2-53

RIEIRO, Anabel; CASTRO, Diego; PENA, Daniel; VEAS, Rocío; ZINO, Camilo. "Tramas solidarias para sostener la vida frente a la COVID-19. Ollas y merenderos populares en Uruguay". *Revista de Estudios Sociales*, No 78, 2021, pp. 56-74 https://www.redalyc.org/journal/815/81569271004/html/

RIEIRO, Anabel; LATORRE, Sofía, FERRO, Camila, "Economía Solidaria y producción de conocimiento desde las tramas afectivas de la Coordinadora Nacional de Economía Solidaria (CNES) en Uruguay". *Otra Economía*, vol. 15, n. 27, 2022, pp. 49-64

RIEIRO, Anabel; WEISZ, Betty, "Economías para la vida: la heterogeneidad de la Economía social y Solidaria contemporánea en Uruguay". *GIZAEKOA-Revista Vasca de Economía Social*, 2023 (en proceso de publicación)

SARACHU-TRIGO, Gerardo, STEVENAZZI ALÉN, Felipe, ASSANDRI, Carla., BARRIOS ÁLVAREZ, Diego., CARDOZO-CARRERO, Dulcinea, MATONTE SILVA, Cecilia, OREGGIONI MARICHAL, Walter, OSORIO-CABRERA, Daniela, RIET CORREA, Juane & VERAS IGLESIAS, Gabriela, "Economía Social y Solidaria y COVID-19 en Uruguay". *Otra Economía*, 13(24), 2020, 152-169.

STEVENAZZI, Felipe.; BARRIOS, Diego; PÉREZ, Rosina.; DÍAZ, Victoria y CHECHINEL, Ana. Informe final proyecto CSIC: "Cooperativas de trabajo que gestionan centros y propuestas educativas en Uruguay. Relevamiento, dimensionamiento en el campo de la educación, principales características, propuestas pedagógicas y cooperación". Comisión Sectorial de Investigación Científica. Inédito. 2022.

TORRELLI, Milton ET AL. (Coord.) "Mapeo, caracterización y desafíos de la Economía Solidaria. Uruguay 2014/15". 2015 Informe General. http://mapeo-ecsol.blogspot.com.ar

UHARTE POZAS, Luis Miguel. "Economía social y solidaria y estado: más allá de las políticas públicas. hacia una alianza estratégica" en Uharte, L.M. (coord.) *Economía Social y Solidaria y Estado: encuentros y desencuentros*, Tirant lo Blanch, Valencia, pp. 11-41, 2024.

ECONOMÍA POPULAR DESDE TRABAJADORES/AS ARTESANOS/AS DE CHILE. AUTONOMÍA ECONÓMICA, CONFLICTO Y ALIANZAS CON LAS INSTITUCIONES

KARIN BERLIEN ARAOS
karin.berlien@uv.cl
Facultad de Ciencias Económicas
Universidad de Valparaíso (Chile)

ESTEBAN ZAMORA
esteban.uch@hotmail.com
Doctor en Filosofía
Universidad del País Vasco (UPV/EHU)

SAÚL CURTO
saul.curto@ehu.eus
Grupo de investigación 'Parte Hartuz'
Universidad del País Vasco (UPV/EHU)

1. *Introducción*

Las organizaciones/instituciones de la economía popular y solidaria se articulan entre personas que destinan sus tiempos y producciones para sostener colectivamente espacios de trabajo en contextos urbanos y/o rurales, estos se articulan en el ecosistema público con municipios, gobierno, universidades, juntas de vecinos, organizaciones territoriales y con los sistemas de control y orden público (policía y aparato judicial). Las capacidades de agencia que alcanzan estos colectivos son diversas, y dependerán de las relaciones al interior de la organización y con las demás organizaciones e instituciones del ecosistema. Dentro de los colectivos de trabajadores/as callejeros, artistas y artesanos/as, podemos observar diferentes tipos de articulaciones, sin embargo, la sostenibilidad de estas en el tiempo siempre es un desafío.

En este artículo presentaremos el proceso que vivió la organización de artesanos/as y artistas populares AGAPE, entre los años 2019 y 2022, donde a partir del relato de experiencias desde la voz de sus actores/as podemos tanto como observar los niveles de resiliencia que posibilita el colectivo, como también sus fragilidades.

El pie forzado con que se inicia este artículo intenta localizar, situar una experiencia económica empírica que está siendo interpretada, como un ejercicio teórico-práctico para tensionar conceptos que nos parecen, de alguna manera, operan como una categoría unificadora[1], como sería la "autonomía económica". En este contexto "autonomía económica" tendrá otros sentidos y es sobre estos que quisiéramos profundizar.

Entonces, primero nos vamos a situar en el sentido habitual del concepto, para: los/as hacedores de políticas públicas, entre estos economistas, sociólogas/os y politólogos/as. En este contexto la "autonomía económica" se define como una capacidad que se alcanza a través del acceso al trabajo remunerado, por lo tanto, se vincula al mercado del trabajo (oferta de las/os trabajadores/as y demanda de las empresas), en la medida que este trabajo reporta un ingreso monetario que permite el consumo de un determinado nivel de vida.

Además, particularmente cuando se interroga la capacidad de "autonomía económica" los sujetos a los cuales se apela son las mujeres. Es decir, supone que la "autonomía económica", se evalúa para ciertos individuos, como capacidad individual de generar un cierto nivel de ingresos monetarios, en el mercado del trabajo.

En este sentido, la "autonomía económica" puede ser leída desvinculada de "la economía como construcción política", ya que, en este escenario, la "autonomía económica" quedaría reducida a una situación individual de acceso o no al mercado del trabajo. Todo esto desde un paradigma formal.

O bien, también, se asume como un problema público, en la medida de que una menor participación en el mercado del trabajo, particularmente de mujeres, tiene impactos en la capacidad productiva de un país, por lo tanto, el Estado debería intermediar para el bien común, asociado al aumento del crecimiento del Producto Interno Bruto, que se alcanzaría resolviendo las necesidades individuales de ciertas mujeres Kabeer y Natali (2013), Seguino (2011).

Es decir, a nivel macro la autonomía política- económica, se encuentra vinculada a los Estados, y por otro lado a nivel micro esta es observada a nivel individual y reflejada en términos de nivel de ingresos monetarios. Dicho de otro modo, la autonomía económica a nivel micro, opera a nivel de satisfacción de necesidades básicas mediante ingresos monetarios, y

---

1 Se utiliza el concepto de "categoría unificadora", ya que se utiliza el concepto "autonomía económica" de manera global homogeneizando las singularidades, como una categoría para unificar y reducir un fenómeno social.

sólo se la reconoce parte de un ejercicio político a nivel macro, cuando es un problema de Estado.

Esta organización semiótica, asociada a la "autonomía económica" recuerda las funciones de la "economía subjetiva capitalista" mencionadas por Guattari y Rolnik (2013), por un lado, generando "discriminación" desde la organización de sistemas de jerarquías —es parte o no se es parte del mercado del trabajo, o cuál es la jerarquía que se tiene dentro del mercado—, y por otro lado el de la "infantilización" en la medida que el único mediador válido, ante el mercado, sería el Estado.

Dentro de la "economía subjetiva capitalista" no estarían consideradas las diferentes organizaciones, orgánicas, ni dinámicas colectivas entre personas, que toman decisiones y actúan fuera del mercado o fuera del Estado, sólo se trataría del ejercicio formal, de contabilidad binaria: es parte o no; o bien relacionada con montos de ingresos o números de personas que se integran aditivamente.

A pesar de esta restricción de la economía formal y/o de la economía subjetiva capitalista, el significado dominante es aquel que se ancla allí —Autonomía Económica = Capacidad de las mujeres de generar ingresos o recursos propios, en comparación con los hombres—, invisibilizando la multiplicidad de sentidos que apelan empíricamente desde las "otras" economías.

En este sentido, el ejercicio que buscará esta intervención será dar paso a una lectura plural, vinculada a las experiencias de quienes enuncian la "autonomía económica", más allá del mercado del trabajo y desvinculado de la intervención del Estado[2], recuperando la dimensión política de la estructura socio económica tras este concepto desde las ideas de las nuevas formas de poder y gestión. Dimensión política que estaría en la dinámica relacional, construyéndose como un ejercicio cotidiano, entre personas que se organizan, articulan y generan instituciones (acuerdos, formas de operar formal e informalmente), ejercicios de micropolítica que generan subjetividades colectivas. Como señalara Coraggio 2009, "Las economías son construcciones políticas y no el mero resultado natural de procesos evolutivos".

Los objetivos de este artículo, se relacionan con los elementos y acciones claves también de las dimensiones del marco teórico como son una nueva economía y un nuevo patrón cultural (Uharte, 2024), junto con

2 Sólo como nota al pie, remarcada, se habla de desvincular la intervención del "Estado", en una dimensión simbólica vinculada a un "Estado Asistencialista", quedando pendiente la capacidad de la acción colectiva para hacer Estado.

aspectos que fueron emergiendo para este análisis en torno a la "autonomía económica":

1. Abordar la dimensión meso, es decir, considerar los sistemas económicos desde los espacios relacionales, entre seres humanos —con sus diferentes instituciones—, en su entorno y con la naturaleza.
2. Observar la estructura relaciones de poder, representación y participación en la toma de decisiones, en tanto es transversal en el ejercicio el vínculo político-económico.
3. Poner al centro la organización económica para la sustentabilidad de la vida, y el buen vivir, es decir, los aspectos productivos y reproductivos. En este sentido, hacerse cargo de las diferencias culturales vinculadas al género, y otras.
4. Presentar estrategias que se perciben asociadas a la autonomía económica, para complejizar lo económico y planificar colectivamente diferentes acciones orientadas a la sustentabilidad de la vida.
5. Identificar las acciones asociadas a los principios económicos de: reciprocidad, redistribución, administración doméstica e intercambio, y proponer mecanismos colectivos para potenciar la "autonomía económica"

Este artículo intenta visibilizar la realidad social de las y los trabajadores artesanos, muchas veces tampoco tomados en cuenta al hablar de economía popular. Así, pensamos que es importante dar espacio en las investigaciones a las realidades sociales que se gestan desde los márgenes.

2. *Diseño y método*

La investigación que se presenta tiene como objeto el análisis cualitativo una la experiencia de economía popular en Chile durante el periodo 2019-2022.

Siguiendo este plan, la intervención que se presenta a continuación se realizó con el grupo de Asociación Gremial de Artistas Populares Emergentes, A.G.A. P.E, como un ejercicio inicial para avanzar hacia nuevas formas de organización. Esta es una organización que actualmente agrupa a 70 personas creadoras, que se encuentra en la Región Metropolitana de Santiago de Chile y se declara con alcance nacional. Este trabajo emerge por demanda de la misma organización, son ellas quienes hablan de la necesidad de sistematizar su economía, como la voluntad de ser "autónomas", motivando así la reflexión colectiva en torno a este significante, desplazando así la idea de "autonomía económica" a un conjunto de mecanismos para hacer comunidad (Mazzeo, 2024).

El ámbito de estudio de esta propuesta, como indicamos, nace con la Asociación, con la voluntad de sistematizar y localizar las prácticas que venían desarrollando, como también para entender lo que colectivamente se entendía por "autonomía económica", en vistas también a situarse como un actor público que dialoga en/con el Estado en sus diferentes dimensiones.

Respecto a las técnicas de investigación primaria, para realizar este ejercicio se realizaron 6 entrevistas semi-estructuradas con informantes cualitativos. Además, se realizaron 8 entrevistas informales recogidas en el cuaderno de campo. También se realizó observación participante en varios procesos internos de la asociación.

Como parte de la investigación secundaria, se analiza también el texto de esa propuesta por su nivel de representatividad de sus demandas y posiciones. Las entrevistas, la observación participante y el análisis documental se revelan como importantes para el conocimiento del recorrido y las posiciones de la Asociación.

Las hipótesis que nos planteamos son (a) que las experiencias de economía popular al desarrollarse en entornos difíciles necesitan de organización para dotarse de autonomía y poder respecto a la relaciones con otros actores, tanto para generar alianzas como para defender sus avances; (b) siendo experiencias desde lo micro y meso, tiene mucha importancia lo relacional y la reproducción de la vida; (c) que la sustentabilidad de la vida tiene que estar complementada de la producción colectiva, y la autonomía económica parece importante en esa conjunción; (d) que las acciones deben orientarse desde una economía para la transformación de la sociedad, tanto desde la administración, la gestión o la producción, para la dignificación y el reconocimiento del trabajo y las necesidades sociales.

Respecto a las variables de análisis, se hemos elegido algunas grillas teóricas que ofrecen dimensiones que consideramos interesantes para el objeto y objetivo de la investigación: la autonomía y la democracia comunal, la economía feminista, la economía substantiva y la economía social y solidaria. Toda vez que reconocen a las economías como representaciones plurales de acuerdos y del ejercicio entre los seres humanos sociales en su construcción de sociedades e instituciones. En ese universo de economías plurales también se discutirá cual es el tipo de economía, que un colectivo definido decide practicar, y se cuestiona si puede o no ser parte de lo que conocemos como Economía Social y Solidaria.

2.1. Autonomía y democracia comunal

Tal y como se plantea en el marco teórico, desde la perspectiva de la construcción de una nueva arquitectura del poder (Uharte, 2024), nos acercamos a la idea de la autonomía y la democracia comunal. Muchos de los proyectos de economía popular están asociados a perspectivas o proyectos comunitarios, a su capacidad de autonomía y de prefigurar nuevos mundos alternativos (Mazzeo y Stratta, 2021). Los últimos años asistimos a un retorno de la comunidad (Torres C., 2013) con generación de dinámicas ligadas a procesos de autonomía. La autonomía se entiende como relación de poder, como estrategia de resistencia, como control del trabajo propio (como que hacer que reproduce la vida), como autoactividad que autodetermina y autoregula lo político (Pineda, 2021, p. 11-12).

La construcción de lo comunal se basa en "lógicas comunales" a partir de una gama de conceptos como "comunalidad, lo comunal, lo popular-comunal, las luchas por los comunes, comunitismo (activismo comunitario)" (Escobar, 2016, p. 306). Los modelos de democracia comunal se conciben como laboratorios de emancipación que entiende lan democracia de manera integral y expansiva, hacia la auto-construcción colectiva de autogobiernos colectivos (Curto-López, 2024), autogobiernos políticos y económicos, y que por lo tanto hacen referencia también a la democracia económica. La producción de lo común (Gutiérrez, 2017) hace referencia a lo material, lo simbólico, lo relacional, lo productivo y lo reproductivo en todos los ámbitos de la vida, también en lo económico.

Se relaciona con la autonomía, ya que potencia la construcción del poder propio desde la autoorganización y la autogestión (Ruggeri, 2020). Sólo el aumento de las capacidades propias y la generación de nuevos poderes populares (Mazzeo, 2007) pueden ser la base para impulsar nuevos proyectos de transformación económica popular. La relación con los poderes constituidos y la gestión del conflicto instituyente-destituyente (Torres, 2016) es un aspecto fundamental para el avance o retroceso de estas experiencias.

Esta perspectiva de la autonomía y la democracia comunal, se puede se relaciona con el marco teórico en la vertiente de intentar generar formas de gobierno que vayan más allá de lo existente, pudiendo generar para ello espacios híbridos de gestión, o espacio más autónomos y propios apuntando a las nuevas institucionalidades en construcción como espacios de experimentación y transición (Uharte, 2024).

2.2. Economía feminista

Desde la perspectiva de la construcción de un nuevo sistema económico, la experiencia que analizamos desde su humildad se encuadra en esa idea de ir transformando las relaciones sociales económicas para la superación del modelo económico capitalista. Desde la idea de la democracia económica y los ecosistemas, queremos rescatar las ideas de la economía feminista que se plantean en el marco teórico (Uharte, 2024). Como ya comenzamos a discutir, resulta interesante la paradoja que genera el concepto "autonomía económica" cuando es leída desde la óptica del enfoque de género v/s el feminismo, más aún se puede agregar del "feminismo decolonial[3], en la medida que busca elaborar una estructura de análisis de las relaciones de poder desde el "Sur".

Lo primero es tensionar la oposición de "administración doméstica" versus "administración empresarial", donde a una se le asigna el lugar de lo privado y a la otra en el espacio público. Siguiendo esta lógica binaria, resultaría "natural" pensar que una organización económica adhiere a los principios de la administración empresarial[4]. Sin embargo, también podemos pensar que esta "naturalidad" no es más que una opción, que: podemos discutir, mejorar e intervenir dentro de una comunidad.

Más aún cuando el objetivo central se desplaza hacia la sustentabilidad de la vida y el buen vivir (Coraggio, 2009), desaparece la tensión entre los aspectos productivos como reproductivos ya que ambas dimensiones serán parte de hacer la vida sustentable, entonces problemas vinculados a la administración doméstica como la alimentación de los asociados/as, o temas asociados a los cuidados, en esta comunidad económica dejan de ser un problema privado y se transforma en una necesidad común. Más aún podemos incluso transferir lógicas de la administración doméstica a los espacios productivos, y abandonar así la idea de restringir toda acción económica a la lógica de una "empresa"[5] o "firma".

Sin embargo, para alcanzar estos objetivos no dejan de ser relevantes las preocupaciones de los estudios de género asociadas a los niveles de participación por sexo, la carga de tiempos de trabajo, así como la distribución de roles dentro de los diferentes espacios comunitarios y familiares. Por lo tanto, estos serán parte de la discusión.

---

3 Según el enfoque de feminismo decolonial que se encuentra en F. Vergès (2019).

4 Que se concentra en la maximización de utilidades y/o minimización de costos de producción.

5 Se abandona la idea de empresa, en la medida que deja de ser objetivo la maximización de utilidades y este se traslada hacia la sobrevivencia de la organización como un proyecto de largo plazo.

Entonces, el análisis y praxis económico feminista permite abrir al menos dos dimensiones: desde traslado de la lógica de administración doméstica hacia la comunidad socio económica; como desde la redistribución de roles y tiempos asignados a labores de cuidado y trabajo doméstico; así como también a nivel de dirigencia en la distribución de roles de representación y en la toma decisiones.

2.3. Economía substantiva

Desde la perspectiva de la construcción de un nuevo patrón cultural, es interesante recuperar la idea apuntada en el marco teórico, de que la nueva economía debe estar "imbricada" en un marco-social cultural alternativo y diferente. La experiencia analizada se sitúa en esa otra racionalidad que obedece a la construcción de relaciones culturales populares existentes, pero no hegemónicas (Uharte, 2024).

El aporte de la economía substantiva[6], vinculada a la "subsistencia", es parte de la reflexión, en la medida que su significado desborda al concepto de "subsistencia", que también nos resulta "común" en el contexto de la ciencia económicas "formal", entendido como el acceso a un ingreso mínimo, que permite el consumo de una persona de una ingesta mínima de calorías. Este tipo de análisis es lo que Polanyi (1947) denomina la "lógica de la escasez".

Sin embargo, cuando Polanyi menciona la economía sustantiva, o el significado substantivo de lo económico, lo que está abordando es cómo están instituidas las economías empíricas (Polanyi, 1976), las relaciones e instituciones que operan en los procesos productivos que se desarrollan. En este sentido cómo se organiza la subsistencia, de forma comunitaria.

Esto supone entender que las dinámicas económicas, son antes que nada dinámicas sociales, o ejercicios de biopolítica como diría Foucault[7](1980), que se inscriben y generan un cuerpo social, y que en este sentido este se vincula con la naturaleza, generando diferentes modos de producción, como también de subjetividades.

En tanto dinámica relacional, las economías reales o las economías substantivas, generan conductas relacionales que abría que observar, estas Polanyi propone serían: la reciprocidad, la redistribución y el intercam-

---

6 Presente en Karl Polanyi desde su texto la Gran transformación (1947), cuando presenta diferentes ejercicios económicos donde lo social es el elemento central de las prácticas económicas.

7 Concepto desarrollado en su texto "Microfísica del Poder", y luego ampliamente trabajado por Agamben, Negri, Delleuze, entre otros.

bio: "La reciprocidad denota movimientos entre puntos correlativos de agrupamientos simétricos; la redistribución designa los movimientos de apropiación hacia un centro y luego hacia el exterior; el intercambio hace referencia aquí a movimientos viceversa en un sentido y en el contrario que tienen lugar como entre 'manos' en el sistema de mercado". (Polanyi 1976:7)

En esta misma lógica podemos indicar que no existe una "receta", respecto a los mecanismos señalados, como sería un análisis desde un paradigma formal, sino más bien lo que se buscará es que la comunidad interrogue estos aspecto y decida colectivamente, como cree que es mejor organizarse y si se requiere algún nivel de institución y de qué tipo, así también como los mecanismos para ir evaluando y ajustando lo propuesto, en este sentido institucionalidades y orgánicas, que tengan niveles altos de flexibilidad y se sostengan en altos niveles de confianza.

2.4. Economía Social y Solidaria

Finalmente como tercer lugar de reflexión teórica, podemos incluir el aporte de la Economía Social y Solidaria (ESS), que en los últimos cincuenta años ha llegado a ser una corriente globalizada, que ha ido tomando forma en la alianza de las redes y comunidades del norte, herederas del sindicalismo y el mutualismo (Laville, 2011); y las comunidades del sur que han tenido décadas de experiencias de economías populares, junto a la adhesión a la lucha por los derechos humanos donde nace la economía solidaria (Berlien 2019; Richard 2017). La unión de las tradiciones del norte y el sur formarán lo que conocemos como ESS, corriente que se enuncia como una visión alternativa y que se encuentra en un proceso continuo de discusión y debate sobre sus conceptos, definiciones, marcos teóricos y epistemologías.

Ha diferencia de la economía neoclásica y/o economía formal, la corriente de la ESS nace de la pluralidad de experiencias, que las comunidades desarrollan, y en ese sentido apelan a una diversidad de ejercicios sociales para resolver problemas económicos, de la economía real. Lo que tienen en común estás prácticas, es que son producto de redes de personas que declaran articularse para proveer, de manera sostenible, las bases materiales para el desarrollo personal, social y ambiental del ser humano, y dentro de los valores centrales reconocen el valor de la solidaridad, como principio de las acciones locales, nacionales e internacionales.

Algunos autores, como Razeto, la definen como un sector económico, diferente del Estado y el Mercado, que se caracteriza por la importancia del "Factor C", esto es: cooperación, comunidad, compañerismo, compromiso, comunicación y cariño (Richards, 2017, en cita a Razeto, 1984; 1988; 1993; Razeto, Kleneer, Ramírez y Urmeneta 1990).

Estas diferentes tradiciones que se encuentran dentro de la Economía Social y Solidaria, tienen cuatro pilares comunes, según Manriquez, Martinez y Colin (2017)

1. "Una dimensión teórica interesada en construir un paradigma alternativo sobre la economía, que parte de la crítica al modelo convencional, y que propone un enfoque con bases epistemológicas y ontológicas diferentes.
2. Una visión de los seres humanos como seres sociales interdependientes. Donde las motivaciones económicas también incluyen el bienestar colectivo, las preocupaciones éticas y los valores morales.
3. La solidaridad es la base del valor de las relaciones sociales (Altuna-Gabilondo, 2013). La solidaridad también abarca nuestras relaciones con entidades no humanas, incorporando así nociones de sostenibilidad ambiental.
4. La práctica democrática hace posible el empoderamiento de las personas para cambiar las condiciones que afectan sus vidas mediante la influencia de las políticas y las decisiones económicas."

Siendo justamente estos cuatro principios los que aparecen y están siendo constantemente resignificados por la Asociación AGAPE, que presentaremos a continuación, declarándose por parte de los/as integrantes la adhesión explícita a esta forma de hacer economía.

Presentación de la intervención

Luego de la revisión teórica de conceptos relevantes, que muestran los elementos que sirven para interpretar las posturas y acciones de la asociación: o bien porque resuenan desde las experiencias previas, o bien porque proponen nuevos ángulos desde donde serán observadas las prácticas de la organización, o bien porque son nuevas propuestas que emergen en el trabajo colectivo.

Elementos claves para significar colectivamente

Autonomía y democracia comunal	– Lógica comunal y comunitaria – Construcción del poder propio (Autogestión, autoorganización y autogobierno). – Dialéctica del conflicto constituyente (destituyente e instituyente).

Economía Feminista	– Lógica de la administración doméstica y de los cuidados en los espacios productivos. – Participación equitativa de cargas de trabajo, en relación a la distribución del tiempo.
Economía Substantiva	– Construcción social en el centro de las actividades económicas. – Reciprocidad, redistribución e intercambio.
Economía Social y Solidaria	– Propuesta económico política transformadora. – Preocupación por intercambios éticos. – Solidaridad en el centro de las relaciones económicas. – Participación democrática.

Fuente: Elaboración propia.

3. *Trabajo de campo y análisis de datos*

El trabajo de campo, tanto entrevistas como observación, se desarrolló durante el mes de noviembre y diciembre de 2019, junto con una reunión ampliada en enero de 2020, y luego un levantamiento de información durante el mes de febrero y marzo de 2020. En medio de la planificación y organización colectiva aconteció la pandemia del Covid-19, lo que aceleró algunos procesos, como también modificó las necesidades urgentes de la organización. Con posterioridad al período de pandemia, la Asociación se plantea la posibilidad de incidir en la construcción de políticas públicas, generando una propuesta de articulado que logra ser considerada en el texto constitucional que estaba en proceso de construcción. Sin embargo, luego de la votación popular/universal este texto resulta "rechazado" a nivel nacional, lo que no sólo tendrá impacto en el proceso constituyente sino también en la organización de AGAPE y su vinculación con el Estado, particularmente a nivel municipal. En este apartado se presenta fundamentalmente el análisis de entrevistas, datos y del texto de la propuesta de ley.

La presentación de la asociación AGAPE, la presentamos desde la entrevista realizada al presidente de la organización quien además de contar los detalles anecdóticos de la asociación, también va enunciando alguna de las propuestas políticas y como desde la organización se está situando el concepto de "autonomía económica". Además de este relato, también se presenta información levantada en asambleas y formularios de consulta a las/os integrantes de la organización.

> "Somos 70 socias y socios el 56% de la organización son mujeres, hay mucho adulto mayor, madres solteras, emigrantes y gente de pueblos originarios, también gente más joven.

> Fuimos la primera organización de artesanos que trabajó con carpa, antes eso lo hacían sólo los empresarios y nos cobraban muy caro. La gente dice que es mejor trabajar con carpa, porque todo se ve mejor, también podemos dejar las cosas guardadas (...)
> Dijimos armemos una asociación Gremial, porque es más potente, porque es nuestro oficio y como gremio percibimos cosas políticas y sociales, el gremio actúa territorialmente en cualquier parte de Chile. Nosotros podemos tener personas socias de Arica a Punta Arenas, queremos una ordenanza municipal para los artesanos y artesanas y una ley, nosotros hicimos una propuesta, con los abogados de la CGT, hicimos una propuesta pensando en todas y todos... eso ya lo hicimos hace tres años.
> Nosotros le pusimos AGAPE, porque es una Asociación Gremial somos artistas, artistas populares, porque trabajamos en el espacio público y somos emergentes, porque emergemos.
> Después pensamos que AGAPE, nos contó uno de los chiquillos que antes había estado mucho tiempo en cosas de iglesia, tenía que ver con convivencia y amor, eso coincidió. A todos les gusta esto del AGAPE" (Olivares, 2020).

Las personas artesanas/creadoras se autodefinen como un gremio, como declaran, esto en el contexto de ausencia de legislación nacional para trabajadores/as callejeros, donde por lo tanto no sólo la asociación será un mecanismo para asegurar un espacio de trabajo, sino también para tener incidencia institucional y poder proponer una legislación para el sector-gremio. Por ello, han realizado una "propuesta de ley para los artistas urbanos y oficios, un proyecto de artes y oficios, creemos que ahora es el momento, hay muchos artistas que están a la deriva, no tienen seguridad social, nosotros no somos empresarios, somos creadores" (Olivares, 2020).

El mecanismo que utilizan es similar al que han utilizado históricamente las/os feriantes, donde la organización colectiva es vital para sostener el espacio de trabajo y de interacción social (Berlien, Brito, 2010), en el caso de las artesanas/os también será la feria el lugar de encuentro, y la disputa por el espacio público, la apropiación de este e incluso la voluntad de transformar este espacio de trabajo en un espacio de encuentro, educación, ejercicio político y arte, en este contexto aparecen como deseos explícitos.

> "(...) discutimos si sumarnos a un cambio constitucional, y estuvimos de acuerdo, había dudas y es normal porque nos dieron una mala educación, pero ahora es labor nuestra educarnos. Queremos en la feria hacer eso, queremos saber que fue y como fue hecha nuestra actual constitución, queremos estar preparados. Nosotros tenemos que decidir cómo queremos nuestra constitución, y la gran mayoría de las cosas" (Olivares, 2020).

La asociación en este sentido convoca a un grupo de personas, les invita a articularse colectivamente en este proceso, pero con la finalidad de constituir comunidad y ecosistema, como se aputna en el marco teórico (Uharte, 2024), y en este sentido construir y contribuir a una propuesta reflexiva que tenga un impacto en el país: tanto en leyes que generen mejores condiciones de trabajo para su gremio, como también otras que beneficien a la comunidad nacional, como sería la discusión constitucional.

La organización AGAPE se ha ido complejizando con el paso del tiempo, a partir de la participación de sus asociados/as, los procesos de toma de decisiones se resuelven en asambleas, estas se realizan "como mínimo" una vez al mes, facilitando la idea de democracia directa para la democracia económica (Uharte, 2024). Pero además la proximidad geográfica del trabajo en la feria permite que si surge alguna situación urgente se convoca y se discute con quienes puedan asistir.

La identificación con un gremio tiene que ver con el ser parte de un "oficio", donde las diferentes formas de hacer "artesanías" han sido transmitidas entre generaciones, además identifican una forma de vida asociada con el ser "artesano/a", que además supone la itinerancia, ya que la mayoría declara trabajar los meses de verano en otros lugares diferentes de Santiago, se desplazan hacia los lugares donde la gente vacaciona, o bien viajan por otros países de Latinoamérica, no sólo pensando en la venta, sino también en el intercambio de materiales y conocimientos.

Por lo tanto, no se perciben como "microempresario/a", sino como familias que adoptan o son parte de una comunidad de artesano/a, de creadores/as, de artistas. Y la feria es el espacio de reunión de esta comunidad.

En los últimos años, indican, además, han ingresado a la feria "mujeres" solas, producto de programas públicos que las han formado en el oficio como una posibilidad de integrarlas en el "mercado del trabajo", sin embargo, este trabajo para ellas dentro de sus grupos familiares se considera como un trabajo menor o complementario al que realizaban sus esposos, por lo tanto, declaran son quienes tienen más dificultades para realizar su oficio. A diferencia de las familias artesanas, donde es el grupo quien vive del oficio y por lo tanto tiene alta valoración. Así plantean que "acá hay un proceso, primero en la necesidad formamos organización y en la organización encontramos nuevas oportunidades como familia, generamos nuestra economía y es la organización lo que nos da más posibilidades" (Olivares, 2020).

Dada esta estructura, familiar, es el colectivo quien se preocupa, discute por los/as hijas/os, y busca la realización de actividades colectivas, así como también se preocupa de quienes son adultos/as mayores, y en este sentido el espacio de la "carpa" será definido también como un espacio de cuidado.

Definición colectiva del concepto "autonomía económica"

Fuente: Elaboración propia, con software MAXQDA, en base a consulta a todas/os las/os asociados/as

El primer paso de la "autonomía" lo observan en la "independencia", que se puede traducir en la capacidad colectiva de sostener una organización con perspectiva de desarrollo y despliegue comunitario, subrayada en el marco teórico (Uharte, 2024). Representado, para la comunidad de AGAPE, en el espacio de trabajo "la carpa" es definido como el espacio para el ejercicio autónomo, en la medida que se percibe como el lugar "propio". La carpa en términos simbólicos aparece como un lugar que entrega "dignidad" a todos quienes allí trabajan.

> "También hay un asunto de un trabajo digno, por ejemplo, adultos mayores o tener que irse antes, entonces son tantas cosas que pueden pasar, y aquí si te tienes que ir sólo pones una tela encima y después se cierra la carpa y se quedan los guardias, es mucho más digno (...)"
> "La carpa es un espacio de autonomía, podemos poner parlantes, micrófonos, en la feria hacemos convivencias en la noche, porque como trabajadores/as también tienen queremos compartir. Eso ha significado que se hacen relaciones personales importantes, hay cabros que son músicos y entonces hacemos música en vivo, la carpa nos da la autonomía que el "espacio es nuestro" (Olivares, 2020).

Los mecanismos que ha decidido el grupo para financiar el espacio propio, y su acondicionamiento también han sido acciones que definen como autónomas, partes de su "propia economía".

> "Tenemos alfombra, cableado, ampolletas led. Todo esto lo compramos colectivamente (...)
> (...) El desayuno lo hacemos para todos, por grupos (8 días hacemos 8 grupos) como organización ponemos café azúcar y el agua, y el gas, los grupos ponen el pan y las cosas para el pan, antes no se pensaba, pero ahora pensando en los vegetarianos también y ahí ah resultado. El grupo trae sus cosas vende el desayuno y juntamos recursos para la organización, y con eso recuperamos un poco de plata para la organización. Porque hacer una feria genera gastos, flete.
> Nos vendemos a nosotros mismos. Hagamos una economía de nosotros, la plata queda acá, Lo conversamos hagamos una economía con nosotros, que circule con nosotros, porque si no Uds. van a comprar el desayuno fuera" (Olivares, 2020).

Además de vender desayunos la organización ha realizado almuerzos, ha distribuido costos entre sus asociados/as. Estas acciones permitieron lograr tener autonomía energética en la feria, buscando la autogestión de la comunidad y el desarrollo autocentrado (Mazzeo, 2007). Logrando reunir el dinero, con aportes de todas/os, para la compra de paneles solares, el cableado y los materiales que requerían para ponerlos en funcionamiento.

> "También gracias al municipio, ganamos un proyecto, nos adjudicamos \$1.400. 000 y los paneles costaban \$2.000.000, ¿cómo lo implementamos? Con un carro de arrastre, dijo un compañero, lo cables. Ahora necesitamos una bisagra. Somos la única feria que tiene paneles solares" (Olivares, 2020).

Junto con la reflexión respecto a la autonomía eléctrica, también llegó la preocupación por el reciclaje, para esto plantearon el problema "qué hacer con la basura" en un encuentro vecinal, donde además estaban convocados profesionales del Municipio de Santiago, entonces la organización propuso participar en el ejercicio de reciclaje: instaló contenedores, organizó el almacenamiento en alianza con vecinos/as, y colaboró en la entrega, en una primera etapa a una "cartonera" que recuperaba la basura y luego la empresa logró la vinculación directa con el municipio y la contratación de la persona que realizaba esa labor. Además de estas acciones, también son utilizados algunos de los materiales recuperados para los procesos productivos.

> "Ahora nosotros queremos vender ese material de reciclaje, algunas cosas las ocupamos las botellas, latas y cartón. Pero aún nos falta en eso.

> Acá la gran mayoría trabaja con cobre, plata, hilos teje, pintores, el cuero (eso se recicla mucho), también reciclamos el cable" (Olivares, 2020).

Junto con las acciones de organización para el trabajo también se han comenzado a organizar compras colectivas, las cuales fueron planificadas y discutidas con anterioridad a la pandemia del Covid 19, y luego en el contexto de la pandemia fueron articuladas, con celeridad. Permitiendo el abastecimiento temprano de las familias que quedaron sin espacios de trabajo, dada la emergencia.

> "Ayer tomamos la decisión de comenzar el comprando juntos, para satisfacer las primeras necesidades, eso lo estamos definiendo, esto no es obligatorio, pero la idea es que también las familias se puedan sumar, la idea es no obligar sino entrar a la conciencia.
> También queremos sumar a otras organizaciones, para comprarnos" (Olivares, 2020).

Como declara el dirigente, la adhesión a estas acciones se sostienen en la información y en el ejercicio voluntario de participación de las y los asociados. Proceso que para el dirigente es posible realizar gracias a que la asociación ha estado continuamente preocupada de la educación, formación y circulación de información dentro de sus socias/os.

> "También hemos tenido reuniones con el ministerio de economía, necesitamos capacitaciones para estar preparados en el sistema, también otras cosas, pero lo primero la gente tiene que educarse, no sólo pensando en la universidad sino también de todo, somos parte del mercado, esto también aprender en una economía distinta es eso, pero queremos formarnos en economía social solidaria, no tan individualizada" (Olivares, 2020).

Por otra parte, analizamos la propuesta de articulado que la organización AGAPE crea y promueve para el proceso constituyente bajo el título "Declaración para la Nueva Constitución de Chile, de las/os Artistas Populares y Artesanas/os" (AGAPE, 2022). La propuesta contiene tres artículos generales donde interpelan en su primer artículo al Estado y reivindican el reconocimiento y la consideración de las instituciones, para que éstas reconozcan "a todas las personas que se dedican a las artesanías, artes y oficios como pilares fundamentales en la construcción de un modelo de economía solidaría y sostenible" pero a su vez también como parte", de la identidad y las tradiciones culturales representativas de las distintas regiones y territorios de Chile.

En su segundo artículo proponen que es "deber del Estado" ejercer de garante de "la conservación, desarrollo y difusión de la producción que emana de la creación artesanal, artística y de oficios" y con ello, apostar también para facilitar "instancias adecuadas que permitan tanto su comercialización como el intercambio de saberes y conocimientos", así como la cesión "de espacios públicos sin otras restricciones que las que establecen la ley y el orden público". Junto a ello, le instan a elaborar políticas que contribuyan a dar visibilidad, garantizar el acceso a materias primas, facilitar y diversificar los mecanismos de financiamiento y generar la motivación y el incentivo para el ejercicio de los oficios.

También plantean la necesidad de establecer mecanismos de cerfitifación que acrediten la condición de artesanos y las condiciones tributarias acordes a las necesidades de la profesión.

En su tercer artículo se plantea por una parte la defensa y protección de las creaciones artesanales, artísticas y de oficios. Por otra parte, también propone como deber del Estado "velar por la conservación del patrimonio cultural y de las identidades de los pueblos de Chile" y su producción artística.

En el texto que acompaña a la propuesta de articulado, también hablan de del reconocimiento que buscan "*como artistas, cuidadores/as y trabajadores/as y* que se reconozca nuestro derecho al trabajo libre, independiente y creativo", como "embajadores/as de cultura". Se consideran ejemplo para su pueblo ya que generan "espacios donde la comunidad puede disfrutar del arte popular, reconocer su cultura, su identidad, así como también integrarse a un espacio de expresión y sanación individual y colectiva". Junto a ello reivindican su derecho a migrar porque son artistas itinerantes que se desplazan intercambiando saberes entre territorios.

Así, solicitan a las y los nuevos constituyentes que se encargaban de realizar la Nueva Constitución una "Ley integral para la artesanía y las/los trabajadores de oficios, que tenga las siguientes características y cumpla las siguientes funciones:

Integrarse a la formalidad (tributar en impuestos internos y tener reconocimiento por el Ministerio del trabajo y el Ministerio de Economía) pero entendiendo la naturaleza del oficio,

- Reconocer económicamente el aporte para el reciclaje, toda vez que además de reutilizar materiales también generan procesos productivos con basura cero
- Señalar el derecho a utilizar los espacios públicos para el arte.
- Permitir trabajar libremente dentro de todo el país, y tener el apoyo de y cooperación de todos los municipios, porque las ferias se enriquecen cuando son itinerante.
- Tener derecho a protección social: salud, pensión y vivienda.

- La creación de un Fondo Artesanal, que dependa del Ministerio de Economía, donde el Estado haga un aporte para la compra de materiales, necesidades de capacitación,
- Reparación contra las violencias que han vivido, como la condonación de las multas por el trabajo en los espacios públicos, así como también que se devuelvan las mercaderías cuando son requisadas.
- Protegerles de la violencia con que ha operado el capitalismo apropiando los saberes y culturas de los pueblos para el lucro.
- Fomentar las artes y los oficios en el currículum escolar, así como la necesidad de crear una Escuela de Artes y Oficios, con el apoyo y reconocimiento del Estado, validando así como profesores/as a quienes guardan un saber y conocimiento que no ha sido reconocido históricamente por el Estado.

Finalmente se reconocen como "parte de la clase trabajadora que ha apoyado, dinamizado, así como también sufrido las violencias del Estado para sostener este proceso constituyente, en el que creemos, pero también observamos críticamente" apuntado que saben muy bien que los costos de ese proceso han estado marcados en nuestros cuerpos, como también en los de muchos/as que esperanzados dejaron sus ojos y vidas en la protesta popular".

En esta propuesta de articulado se ve claramente la intención de AGAPE de aspirar a la regularización y al reconocimiento por parte de Estado a partir de la Nueva Constitución, como forma no sólo dignificar la profesión, sino también como forma de poner unas nuevas bases de reconocimiento y facilitación institucional para evitar las trabas y el conflicto constante que tiene que librar para desarrollar su actividad artesanal. Muchas veces han sido "identificados", multados, objetos de acoso, han sufrido requisas de material, etc. por las autoridades, debido a la falta de cesión de espacios y permisos para desarrollar su actividad.

Este documento fue entregado a la conversión constitucional, durante el primer semestre de 2022, como también al Ministro de economía de la época, a la Alcaldesa y a diferentes actorías públicas con la finalidad de alcanzar incidir en el texto constitucional, lo que se consiguió parcialmente.

Sin embargo, como el proceso de votación para el nuevo texto constitucional fue rechazado por el 60% de la población nacional el mes de septiembre del año 2022, no fue posible cristalizar este esfuerzo colectivo en la institución pública, pero además dejó al colectivo con un alto nivel de frustración.

El segundo semestre del año 2022 esta situación se agravó, ya que con posterioridad a este resultado estas comunidades de artesanas/os comienzan a sufrir el hostigamiento policial y se ven enfrentadas a una política pública que lee este rechazo como un mandato a criminalizar y por tanto erradicar a las y los trabajadores callejeras/os, en la comuna de Santiago.

Luego de un período de fuerte organización política socio económica y de resistencia, incluso ante la pandemia del covid 19, la imposibilidad de alcanzar la aprobación de las demandas de derechos sociales ante las urnas se devuelve con una fuerte represión, tensión e incluso logra desestructurar la organización.

Este proceso se expresa con fuerza el mes de diciembre de 2022 cuando la organización se quiebra y divide, dejando por un lado a un grupo (1) que busca sólo mantener la organización para lograr permisos precarios para hacer feria, y por otro al grupo (2) que buscaba una propuesta de economía transformadora, que postulaba una visión autonómica en un sentido económico amplio, considerando la organización para la sostenibilidad de la vida y no sólo del espacio de trabajo.

Dentro de esta fracción se observa que por un lado y vinculadas al grupo 1 quedan aquellas personas que habían entrado hacía poco tiempo al oficio y desde un proceso de formación por los programas públicos, y por otro lado al grupo 2, mayoritariamente aquellas personas que se identifican como artesanas de oficio y que tienen una historia familiar vinculada a este.

4. *Resultados*

Los resultados obtenidos se pueden estructurar en base a las variables de análisis que hemos definido más arriba.

4.1. Autonomía y democracia comunal

En las dinámicas de AGAPE se aprecia un impulso desde la autonomía, que aspira a constituirse en sujeto propio, con agencia y para el aumento de su capacidad de acción y decisión propia. Su autoorganización supone un acto de autodeterminación, de autoconstituirse como sujeto económico y político. Desarrollan una perspectiva comunitaria para para impulsar dinámicas de autogestión y soluciones colectivas. Aunan fuerza colectiva (poder popular) tanto para desarrollar espacios propios (la carpa), dinámicas de apoyo mutuo y solidaridad (pandemina), o elaboración de propuestas y reivindicación de derechos (proposición de ley). Buscan una interpelación al Estado para su reconocimiento, su apoyo y garantía de sus derechos como trabajadores no tomados en cuenta y no respetados. Proponen una colaboración con las instituciones como forma de regularizar y dignificar su trabajo. Son conscientes que eso sólo vendrá si ellos mantienen su autonomía y su capacidad de agencia e intervención.

4.2. Economía feminista

En las dinámicas de AGAPE se realiza una conjunción de los espacios productivos y los reproductivos, tanto en el reparto de tareas como en la integración de los trabajos de cuidado en relación con los ámbitos del trabajo productivo. Tanto el aspecto de la alimentación, como el tema de los cuidados son ejemplo de ello. Se impulsa un reparto de tareas que buscas ser equitativo, y el reconocimiento del trabajo de reproducción. Se asume la idea de interdependencia que existe entre las personas que forman la comunidad en la medida que dentro de la dinámica se integran tareas de sostenimiento mutuo.

4.3. Economía substantiva

La visión de la economía que hay en AGAPE supera la visión de la mera producción mercantil, el valor de cambio y los beneficios económicos. Por el contrario, desarrollan la producción social asociada al valor de uso y poniendo en el centro la resolución de las necesidades sociales de la comunidad. Las personas y sus necesidades son el centro de la economía, y se busca el beneficio social. Parte de las aportaciones, donaciones o beneficios conseguidos se utilizan para la mejora de infraestructuras o para necesidades de la propia asociación. Además, se impulsa el intercambio entre los socios de la comunidad organizada.

4.4. Economía social y solidaria

Desde las dinámicas de AGAPE se concibe la economía como un espacio de transformación no sólo para la mejora de las vidas, sino también para las transformaciones sociales. Además del trabajo gremial de aunar a la comunidad de artesanas, también se relacionan con otras asociaciones y colectivos de la economía alternativa. Junto a ello, luchan por ejercer un cambio a nivel nacional por el reconocimiento de los derechos de las trabajadoras artesanas.

Eje teórico	Elementos centrales	Ejercicios socioeconómicos
Autonomía y democracia comunal	– Lógica comunal y comunitaria – Construcción del poder propio (Autogestión, autoorganización y autogobierno). – Dialéctica del conflicto constituyente (destituyente e instituyente).	– Dinámicas de autoorganización y autodeterminación – Gestión colectiva y horizontal para la producción de lo común – Propuestas de reconocimiento de derechos como base para establecer nuevas relaciones con la institucionalidad
Economía Feminista	– Lógica de la administración doméstica y de los cuidados en los espacios productivos. – Participación equitativa de cargas de trabajo, en relación a la distribución del tiempo.	– Desde el espacio común propio "la carpa". – En la organización de alimentación – En la organización de cuidados. – En la vinculación de la lógica doméstica "familiar" en la lógica productiva.
Economía Substantiva	– Construcción social en el centro de las actividades económicas. – Reciprocidad, redistribución e intercambio.	– La organización y las personas que son parte, son el centro de la preocupación colectiva. – Es posible la donación, la redistribución de los aportes, como el intercambio constante entre asociados/as.
Economía Social y Solidaria	– Propuesta económico política transformadora. – Preocupación por intercambios éticos. – Solidaridad en el centro de las relaciones económicas. – Participación democrática.	– El espacio de trabajo es percibido como un espacio de transformación social, que no sólo se espera tenga incidencia gremial, sino también nacional en la constitución. – En este proceso se cuida la participación, la circulación de información y la toma de decisiones colectivas. La democracia es el motor que posibilita, de manera sustentable, la acción colectiva.

A partir de los ejercicios de micropolítica presentados, tanto desde la economía en ejercicio de la Asociación AGAPE, como desde el cuerpo teórico revisado. Es posible repensar la "autonomía económica". Siendo el conjunto de estos elementos; más las redes y autogestión para la educación; la preocupación respecto al entorno: la naturaleza, la ciudad y otros colectivos; los dispositivos materiales; y las subjetividades comunitarias, colectivas, históricas. Todas dimensiones que convergen en la acción colectiva y permiten resignificar el concepto de la “autonomía económica”.

5. *Discusión y conclusiones*

Podemos identificar por un lado que los procesos para la autonomía económica son polifónicos y dependen desde el lugar dc interpretación, esto obliga a leerlos desde las propias comunidades que lo acuñan y considerando que incluso dentro de estas pueden guardar interpretaciones diversas.

Las organizaciones de la economía popular, como la organización AGAPE, se articulan como actores públicos políticos y económicos pero desde un lugar de alta fragilidad, donde estos esfuerzos colectivos deben estar acompañados por el Estado y sus instituciones o al menos no criminalizados y menos perseguidos y reprimidos, ya que permiten garantizar derechos para quienes desarrollan sus trabajos, guardan y reproducen los saberes y oficios donde la academia no llega.

En estos procesos de acompañamiento es clave incluir a las y los mismos actores en los procesos de formación, para garantizar no sólo se reproduzca un saber productivo, sino también se garantice la cultura que lo sostiene, en este sentido la dimensión reproductiva para estos saberes, oficios y artes.

6. *Referencias*

BERLIEN K. y BRITO, L. (2010). *Los Cachureos de la Avenida Argentina.* Mago Editores.

BERLIEN K. (enero-diciembre 2019), Emergencia de la economía solidaria: el tejido de las arpilleras chilenas en tiempos de dictadura. (A partir de la serie de arpilleras que llegó a Países Bajos entre 1979 y 1982), *Revista Míriada*,-(15), 91-128.

CORAGGIO, J.L. (2009). *Economía social y solidaria. El trabajo antes que el capital.* Ediciones Abya-Yala.

CURTO-LÓPEZ (coord.) (2024). *La emergencia de la democracia comunal.* Tirant lo Blanch.

ESCOBAR, A. (2016). *Autonomía y diseño. La realización de lo comunal.* Editorial Universidad del Cauca.

FOUCAULT, M. (1980). *Microfísica del Poder.* Las Ediciones de la Piqueta. Guattari, F. y Rolnik, S. (2013). *Micropolítica. Cartografías del deseo.* Edición Tinta y Limón.

GUTIÉRREZ, R. (2017). *Horizontes comunitario-populares*. Traficantes de sueños.
KABEER, N. y NATALI, L. (2013), Gender Equality and Economic Growth: Is there a Win win? *IDS Working Papers*,
LAVILLE, J. (2011). *L'Economie solidaire*. CNRS éditions
MANRIQUEZ, M. (julio- diciembre 2017), Reflexiones en torno a la Economía Solidaria: una revisión de la literatura, *Iztapalapa Revista de Ciencias Sociales y Humanidades*, (83),11-42.
MAZZEO, M. (coord.) (2007). *Reflexiones sobre el poder popular*. El Colectivo.
MAZZEO, M. y STRATTA, F. (2021). ¿Qué es la economía popular? Experiencias, voces y debates. El Colectivo.
MAZZEO, M. (2024). La comunidad autoorganizada. Traficantes de sueños.
OLIVARES, W. (2020) Entrevista realizada en marzo de 2020. Santiago de Chile.
PINEDA, C. E. (2021). Pensar las autonomías: otros caminos de emancipación, en A. Hopkins, A. y C. E. Pineda, C. E. *Pensar las autonomías*, (pp. 9-23). Bajo tierra.
POLANYI, K. (1947). *La gran transformación*. Ediciones de La Piqueta
POLANYI, K. (1976). El sistema económico como proceso institucionalizadoen M. Godelier (comp.), *Antropología y economía.en*: (pp. 155-178). Antropología CIESAS-UAM-UIA
RAZETO, L. (1984). *Empresas de Trabajadores y Economía de Mercado*. Ediciones PET.
RAZETO, L. (1994). *Las Donaciones y la economía de la Solidaridad*. Ediciones PET.
RAZETO, L. KLENEER, A. RAMÍREZ A. y URMENETA, R. (1990). *Las Organizaciones Económicas Populares*. Ediciones PET.
RICHARDS, H. 2017 Un concepto de economía solidaria: Organización Ilimitada" pag 151- 170 en libro Ensayos sobre Economía Cooperativa Solidaria y Autogestionaria EDITORIAL: Forja, Chile.
RUGGERI, A. (2020). *Autogestión y revolución*. Descontrol.
RUSSELL, R. y TOKATLIAN, J. G. (diciembre 2002) De la autonomía antagónica a la autonomía relacional: una mirada teórica desde el Cono Sur, *Perfiles Latinoamericanos*, (21), 159-194.
SEGUINO, S. (2011). Gender Inequality and Economic Growth: A Reply to Schober and Winter-Ebmer, *World Development* (39) 8,: 1485-87
TORRES C., A. (2013). *El retorno a la comunidad*. El búho.
TORRES, T. (2016). Reflexiones sobre lo destituyente, los movimientos y el poder popular ¿Hacia nuevas formas de subjetivación?, *Cadernos de Estudos Sociais e Políticos*, (10) 5, 61-72.
Uharte, L.M. (2024). "Economía Social y Solidaria (ESS) y Estado: más allá de las políticas públicas. Hacia una alianza estratégica", en Uharte, L.M. (coord.) *Economía Social y Solidaria y Estado: encuentros y desencuentros*, Tirant lo Blanch, Valencia, pp. 11-41.
VERGES, F. (2109). *Un féminisme décolonial.*, La fabrique éditions.

ALIANZAS ESTRATÉGICAS EN LAS ALBA. LA RELACIÓN ENTRE MOVIMIENTOS SOCIALES Y ESTADO

Unai Vázquez Puente
unai.vazquez@ehu.eus
Facultad de Educación de Bilbao.
Universidad del País Vasco (UPV/EHU)

1. *Introducción*

El objetivo de esta investigación es analizar una experiencia de alianza estratégica entre el Estado y los movimientos sociales, concretamente la alianza creada entre algunos gobiernos latinoamericanos y movimientos populares en torno al ALBA (Alianza Bolivariana para los Pueblos de Nuestra América). Analizamos la experiencia de articulación inspirados en la idea de cogobernación, que consideramos que es una propuesta válida para llevar a cabo la alianza estratégica que se plantea en el marco teórico de este libro (Uharte, 2024).

Cuando hablamos de co-gobernación, nos estamos refiriendo a "abrir las puertas del gobierno y el Estado a la participación de las mayorías populares en la toma de decisiones, en la ejecución de las mismas y en el control de los resultados, para construir colectivamente un nuevo tipo de institucionalidad, de legalidad y legitimidad, conjuntamente con procesos de articulación y constitución del pueblo en sujeto político (Rauber, 2017: 43)

El trabajo se estructura de la siguiente manera: tras esta introducción, un capítulo dedicado a

2. *ALBA: cogobernación y alianzas estratégicas entre movimientos sociales y estado*

2.1. El ALBA desde la dimensión política. Nueva arquitectura de poder

Hay que destacar que el ALBA-TCP cuenta con un organismo conocido como el Consejo de Movimientos Sociales (CMS-ALBA) que está al mismo nivel consultivo y organizacional que el Consejo de Ministros, lo que sitúa al organismo integracionista como un nuevo modelo de relación entre Organizaciones Internacionales y la sociedad civil (ALBA-TCP, 2023). La andadura del CSM-ALBA inicia en 2006, mientras se celebraba en Caracas el VI Foro Social Mundial. El entonces presidente Chávez se reúne con los movimientos sociales y plantea la necesidad de crear el CMS-ALBA, mediante la propuesta de "fortalecer la articulación con los movimientos sociales a partir de las luchas y trabajo propio de las organizaciones, en una instancia que permita el diálogo vinculante de estas propuestas en las decisiones del ALBA" (García, 2013, p. 95). Más adelante, en abril 2007, en el marco de la V Cumbre del ALBA se lanza la declaración de Tintorero, donde se aprueba la creación del CSM-ALBA (Portal ALBA, 2023):

> Los Movimientos Sociales y fuerzas políticas Latinoamericanos y del Caribe reunidos por primera vez con los representantes de gobiernos del ALBA, (...) reafirmamos nuestro apoyo a los Gobiernos Progresistas de la región para la realización de encuentros encaminados a lograr no sólo el acercamiento gubernamental sino el acercamiento de los pueblos hermanos del continente.

En este manifiesto ya se denota, si bien todavía no es más que una declaración de intenciones, la responsabilidad o intencionalidad de co-gobernar por parte de los MPT junto con los gobiernos del ALBA-TCP. En cualquier caso, y antes de adentrarse en la investigación cualitativa, cabe mencionar que si bien el ALBA-TCP es paradigmático en cuanto a estructura, muchos autores destacan que "en este ciclo político, el ALBA encuentra sus propios límites internos y no logra erigirse como 'otra integración posible' o como una 'integración alternativa'" (Álvarez, 2019). Su actividad es muy variable en base a los ciclos políticos y económicos. Pero, desde una visión crítica:

> La relación entre gobiernos "progresistas" y movimientos sociales tendría que haber trascendido la alianza coyuntural culminada con la derrota del ALCA. En cambio, desde entonces ha primado un lento desgaste recíproco. Lo anterior habría implicado el desarrollo contingente pero continuo de una teoría plausible y una estrategia mínimamente eficaz de integración "alternativa", que en este momento no se ha dado. (Morales, 2021).

2.2. El ALBA desde la dimensión económica. Las medidas concretas

En lo económico, la realidad del mapa latinoamericano es tan plural como las definiciones y clasificaciones que pueden hacerse del mismo. Así, podemos hablar de Nuevo y Viejo regionalismo estratégico, el cual, según destaca McKineey (2015, p. 29) está centrado en el concepto promovido por la nueva teoría de comercio internacional articulada por Paul Krugman y Elhanan Helpman en los ochenta. La contribución de la nueva teoría del comercio internacional fue introducir el concepto de empresa y la competencia imperfecta a los modelos de comercio internacional entonces predominantes. De este modo, se consideraba que la base para el comercio internacional eran las ventajas comparadas entre las naciones, y la receta, por tanto, era el libre comercio que conduciría al crecimiento. Esta "receta" es la clave a la hora de clasificar los distintos modelos de integración regional, ya que como regionalismo estratégico se entiende tanto el ALCA como el ALBA-TCP. En cambio, el primero busca lo que se denomina "regionalismo abierto", caracterizado por la búsqueda de acuerdos de libre comercio y la primacía de la inversión extranjera situándolos como paradigma del desarrollo económico (sin tener en cuenta que los productos y capacidades productivas y distributivas de los diferentes países no son las mismas, entiéndase la relación asimétrica Norte-Sur/Productos de valor agregado-materias primas). Pero la experiencia empírica ha demostrado el fracaso de la "receta", representada en el denominado "Consenso de Washington" y la consiguiente década perdida (Vázquez, 2014). Así, surge un rechazo frontal a las recetas de la Integración Hacia Afuera y el Regionalismo Abierto. A éste se opone un Nuevo Regionalismo Estratégico, que en lugar de mirar hacia afuera (como el ALCA) tiene un carácter endógeno (con un enfoque más holístico, centrado no solo en la economía sino con formas alternas de producción y de empresa y enfocado en el Ser Humano y su relación con la naturaleza). Como destaca Aponte-García (2014, p. 59): "El ALBA es original de dos maneras significativas. Aunque incorpora elementos de comercio y de inversión al igual que los otros acuerdos, el ALBA es diferente porque tiene como objetivo el comercio solidario y el de los Pueblos".

En cualquier caso, estamos nuevamente ante la centralidad del Estado, siendo este que puede ejercer de aparato de dominación, que precariza el trabajo y traspasa enormes recursos públicos hacia el sector privado. O el que es actor fundamental para el desarrollo de una economía en beneficio de todos y todas (Federación TRASOL, 2019). Finalmente, cabe destacar la falta de avances del ALBA-TCP, en lo económico, mencionado por algunos autores:

> Como proyecto contra-hegemónico (sic), no ha logrado trascender la fase de resistencia y esbozo de redes alternativas. Ello se debe a la lógica rentista de la política exterior venezolana, al giro hacia la "actualización" en Cuba, a las limitadas posibilidades de complementación entre economías primario-exportadoras y, por último, a la ausencia de una perspectiva político-ideológica y económica clara. (Benzi, 2016).

Situación en la que la variabilidad de la renta petrolera venezolana, ha influido notoriamente (Aponte-García y Linares, 2019) y más recientemente el bloqueo económico (Montenegro, 2021).

2.3. El ALBA desde la dimensión cultural. Sensibilización, formación política e investigación

Hay distintas articulaciones continentales y mundiales con las que cuentan los movimientos sociales y populares, Cumbres de los Pueblos, Foro Social Mundial, Foro de Sao Paulo, Foro de las Américas, Cumbre Antiimperialista, etc. Es en estos foros, donde la mayoría de los movimientos sociales, por lo menos los que cuentan con base social organizada y carácter emancipador (Aguirre, 2018), ha decidido apostar por otro modelo, no "más social" sino socialista, identificado desde las clases subalternas y con respeto a la *pacha mama*, u orientado en el "Vivir Bien" o "Buen Vivir". (Márquez-Duarte, 2022).

Para analizar la posibilidad de existencia de un modelo relacional alternativo entre las Organizaciones Internacionales y la sociedad civil, materializado en el CMS-ALBA, hay que analizar el mencionado organismo, también, desde sus propios documentos y declaraciones. En lo concreto, ya desde los inicios del ALBA movimientos, con la Carta de Belem, enmarcada en el FSM de 2009 y que se considera el inicio de la andadura de la Articulación de Movimientos hacia el ALBA (Alba Movimientos), se plantean los compromisos para avanzar en estos términos: Destacan la necesidad de la creación de espacios políticos y hegemonía mediante programas concretos del ALBA como los de la Escuela Latino Americana de Medicina (ELAM) para que alumnos/as latinoamericanos/as de cualquier país puedan estudiar en Cuba, la alfabetización de adultos mediante el método cubano "Yo Sí Puedo", Los cursos del Instituto universitario de América Latina de Agroecología (IALA) realizados por Vía Campesina en Brasil y financiados por Venezuela, o la formación política en la escuela del Movimiento de los Sin Tierra (MST) en la Escuela Nacional Florestán Fernández (ENFF). (ALBA Movimientos, 2023). De mismo modo, más de una década después, en la III. Asamblea Continental del ALBA Movimientos, los objetivos prioritarios siguen enfocados en la dimensión cultural. En el encuentro por los 10 años del fallecimiento de Hugo Chávez se plantea que:

> A partir de un análisis de coyuntura profundo sobre el contexto político y social de nuestro continente, avanzamos en ubicar acciones concretas de unidad anti-imperialista (sic), solidaridad e internacionalismo, formación política, comunicación popular, y construcción de pensamiento estratégico para la emancipación de nuestros pueblos. (ALBA Movimientos, 2023).

Principalmente, además, si algo se ha desarrollado en todo este tiempo han sido las escuelas de formación política.

> Nos declaramos en ofensiva ideológica para contrarrestar el permanente trabajo del imperialismo por conquistar las cabezas y los corazones de nuestro pueblo. En ese marco, continuaremos nuestro trabajo en la Formación Política a nivel continental, impulsando la creación de Escuelas y realización de cursos (...). Igualmente fortaleceremos nuestras herramientas comunicacionales desde una perspectiva popular e integradora de los diferentes países de nuestro continente. (ALBA Movimientos, 2023).

No solo impulsadas en América Latina por el ALBA Movimientos, sino ampliadas a todo el mundo mediante la Asamblea Internacional de los Pueblos AIP, que fue creada, o presentada públicamente en 2019 en Caracas con el objetivo de:

> Seguir trabajando a nivel comunitario, nacional y regional. Prestaremos atención a la batalla de ideas, a la articulación de las luchas, a la comunicación, a la movilización y a la formación política con la única aspiración de dar herramientas, ideas, y fuerza a todas y cada una de las personas del mundo que se oponen contra cualquier injusticia. (Asamblea Internacional de los Pueblos, 2023).

3. *Metodología*

La investigación comienza en 2017 y se prolonga hasta 2023. Se han realizado estancias de larga duración en Argentina y Bolivia (de marzo a agosto 2017), Venezuela (de marzo a mayo 2018), Brasil (de mayo a agosto 2018) y Chile (de marzo a agosto 2023). En la elección de los países se han priorizado los que destacan, por un lado, por tener una organización fuerte en cuanto a movimientos sociales y/o escuelas de formación política referentes, por otro, países que pertenezcan al ALBA-TCP. En total se han interpelado de forma directa, entre entrevistas y grupos focales, a más de 46 personas, 55% mujeres y 45% de hombres. Se recogen testimonios de diversos países como: Argentina, Chile, Bolivia, Venezuela, Colombia, Panamá, Cuba, Brasil o México, entre otros. En lo que respecta al perfil de los y las entrevistadas, es muy variado: militantes de base, cuadros políticos, dirigentes/as y coordinadores/as de ALBA Movimientos, así como a políticos/as y altos cargos institucionales o cargos técnicos de diferentes gobiernos. En la tabla de entrevistas se recoge la codificación en base a estos perfiles, muestra que ha sido seleccionada buscando una representación significativa y proporcional en cuanto a función de cargos tanto institucionales como de los movimientos populares. Del mismo modo, se ha marcado como criterio la equidad en cuanto a género, representación o cargo político y territorio de acción o actividad.

Tabla 1. Entrevistas y Grupos focales.

MODELO	Nº	ARTÍCULACIÓN	CARGO[1]	PAÍS	AÑO
Grupo Focal	13	Movimiento Popular	CUADRO POLÍTICO	ARGENTINA	2017
Ent. Colect.1	5	Movimiento Popular	CUADRO POLÍTICO	VENEZUELA	2017
EC2	3	Movimiento Popular	MILITANTES	ARGENTINA	2018
EC3	3	Movimiento Popular	MILITANTES DIRIGENTES	VENEZUELA	2023
Ent. Pers.1		Movimiento Popular	DIRIGENTE	CUBA	2017
EP2		Institución	DIRIGENTE	BOLIVIA	2017
EP3		Movimientos Popular	DIRIGENTE	ARGENTINA	2017
EP4		Movimiento Popular	MILITANTE	ARGENTINA	2017
EP5		Movimiento Popular	DIRIGENTE	ARGENTINA	2017
EP6		Institución	DIRIGENTE	ARGENTINA	2017
EP7		Movimiento Popular	MILITANTE	ARGENTINA	2017
EP8		Movimiento Popular	MILITANTE	COLOMBIA	2017
EP9		Movimiento Popular	CUADRO POLÍTICO	PANAMÁ	2017
EP10		Movimiento Popular	CUADRO POLÍTICO	BRASIL	2018
EP11		Institución	DIRIGENTE	VENEZUELA	2018
EP12		Movimiento Popular	CUADRO POLÍTICO	CUBA	2018
EP13		Institución	DIRIGENTE	VENEZUELA	2018
EP14		Movimiento Popular	MILITANTE	VENEZUELA	2018
EP15		Movimiento Popular	MILITANTE	MÉXICO	2018
EP16		Institución	DIRIGENTE	VENEZUELA	2019
EP17		Movimiento Popular	DIRIGENTE	COLOMBIA	2022
EP18		Institución	CUADRO TÉCNICO	BOLIVIA	2023

1 Se utiliza como referencia la estratificación mayoritariamente utilizada por los movimientos sociales latinoamericanos. Véase: MST-Movimiento de los Trabajadores Rurales Sin Tierra, Sector Nacional de Formación (2009). Método de trabajo y organización popular. Colectivo ediciones. Se diferencian e categorías. Militante corresponde al miembro que no tienen responsabilidades de coordinación. Cuadro político es quien ostenta responsabilidades intermedias de coordinación. Dirigente se refiere al pequeño grupo a quien corresponde la coordinación general del movimiento. El mismo criterio clasificatorio en base a responsabilidades se aplica para los cargos institucionales.

MODELO	Nº	ARTÍCULACIÓN	CARGO[1]	PAÍS	AÑO
EP19		Institución	EMPLEADO	BOLIVIA	2023
EP20		Movimiento Popular	MILITANTE	BRASIL	2023
EP21		Institución	CUADRO TÉCNICO	BOLIVIA	2023
EP22		Movimiento Popular	MILITANTE	CHILE	2023

Fuente: Elaboración propia.

Además, de forma indirecta, se ha interpelado a otras 105 personas, mediante la realización de una encuesta, entre junio y julio de 2023, como forma de triangulación de técnicas para el contraste de los resultados. Para elección de esta muestra, cuyo objetivo era que fuese de 100 personas, el criterio utilizado es el mismo que para las entrevistas (Ver anexo 1).

Aun así, la técnica principal ha sido la entrevista, en este caso se ha priorizado que sea abierta y/o semiestructurada, incluso informal, en alguno de los casos. La razón principal para la elección de esta técnica ha sido la de buscar la respuesta a los objetivos planteados, pero procurando que está se de en un espació cómodo, donde la persona entrevistada no se sienta interpelada de forma muy directa, no sienta una amenaza o riesgo, ya que, al tratarse de temas delicados políticamente, que pueden influir en las relaciones entre gobiernos y movimientos, esto podría haber supuesto respuestas de escaso valor analítico.

Otra de las técnicas fundamentales ha sido la observación. Tanto para el desarrollo de esta técnica, como para crear los espacios de confianza en las entrevistas, las estancias de larga duración, el tiempo total de la propia investigación, el enfoque militante y la utilización de la Investigación Acción Participativa como técnica ha resultado crucial, aunque se aplica desde la visión etnográfica.

Para el análisis de los datos se ha utilizado una metodología común, basada en agrupaciones y comparativas de las respuestas en base al cuadro de dimensiones, propuestas, tipos de medidas/medidas concretas descrito en el marco teórico. La revisión de la transcripción de las entrevistas siempre se ha hecho triangulando con las notas de campo de la observación participante, para una interpretación más adecuada, que tenga en cuenta el contexto. Además, nos hemos valido de herramientas informáticas como “Sphinx” y el programa “iQ3”, para la realización de una encuesta, para el cruce de los datos y contraste con los resultados obtenidos en el trabajo de campo.

4. *Resultados*

4.1. Las dimensiones generales de la alianza político-estratégica

En primer lugar, en todas las entrevistas se destaca que "a partir de 2005, con Chávez y Fidel se abre un espacio político para la integración no solo del ALBA-TCP que son gobiernos, sino de los movimientos sociales como un actor fundamental de los procesos de cambio social" (EP10), fruto de las luchas contra el ALCA.

Pero de las entrevistas individuales, grupales y grupos focales sobresale una idea principal de separar los que es ALBA-TCP de ALBA Movimientos: "Nosotros (ALBA Movimientos) nos estamos articulando en luchas concretas, que son las luchas de los pueblos. No es que vayamos por caminos antagónicos ALBA-TCP Y ALBA Movimientos, yo creo que son caminos paralelos con muchos puntos de confluencia" (EP1). De hecho, este tipo de expresiones, donde se reconoce a la otra ALBA, pero se centran más en la labor propia, es la tónica dominante: "Ahí hay que definir dos cosas: separar ALBA-TCP de ALBA Movimientos. Muchas veces se los confunden como lo mismo y yo digo que son como hermanas gemelas porque son hijas del mismo parto, pero no son la misma cosa" (EP1).

Del total de 17 personas que responden directamente a la pregunta sobre la dimensión de la alianza político-estratégica, 13 de las 14 que pertenecen al ALBA Movimientos lo hacen para destacar la importancia de la autonomía: "Es necesaria una autonomía absoluta de los movimientos sociales cuando los Estados están gobernados por fuerzas progresistas" (EP11). Mientras que 2 de los 3 responsables del ALBA-TCP, responden en una línea más de visibilizar las sinergias: "en el ALBA está el Consejo de los Movimientos Sociales de los países que integran el ALBA, pero también está ALBA Movimientos que muchos de los que participan en el Consejo de Movimientos Sociales del ALBA son miembros de ALBA Movimientos. No excluye" (EP2).

Y es que desde el propio inicio se plantea un problema estructural:

> Chávez quiere armar el Consejo de Movimientos Sociales y los movimientos del continente, encabezados por el MST, que es uno de los movimientos más grandes y con más trayectoria, le duplica la apuesta a Chávez. Le dicen: no hay problema con el CMS-ALBA, pero ahí vas a tener solo los movimientos que están dentro de los países del ALBA y nosotros, en Brasil, también queremos tener ALBA, en Argentina también queremos tener ALBA, queremos tener ALBA en todo el continente. Entonces se le plantea que se arme una plataforma autónoma y paralela que aglutine los movimientos de todo el continente que estaban referenciados con el proyecto bolivariano de integración continental postcapitalista. (EP3).

Lo que se traduce en que, para la alianza político-estratégica: "en la práctica sí hay distintos planteamientos, en las tácticas. La estrategia es la misma" (EP12). Dentro de esa relación táctica-estrategia, la solución parece apuntar en asumir y coordinar ese dualismo, tal y como se describe desde la coordinación general de ALBA movimientos:

> En la Carta de Belém, nos orientamos hacia esos mismos principios (del ALBA-TCP). En términos organizativos son procesos autónomos, sí, que caminan hacia ese proyecto común ideado por el Comandante Chávez y por Fidel: La articulación de carácter bolivariano, antiimperialista, soberano, con un objetivo claro puesto en la construcción del socialismo afro, indo, nuestroamericano y feminista (EP17).

Queda patente la existencia, asumida por todas las partes, de dos ALBA. Esto sitúa el interés investigador en los puntos de confluencia de ambas articulaciones y las alianzas que surjan en lo táctico y sobre todo en lo estratégico.

4.2. La dimensión política

En cuanto a la existencia o no de una nueva arquitectura de poder, como se señala en el marco teórico (Uharte, 2024), cabe reseñar que si bien se marcan 5 variables (legal, planificación, nuevo modelo de gestión, institucional y espacial) la mayoría de respuestas se centran en los planes y programas por un lado y en el nuevo modelo de gestión por el otro, lo que denota una clara mayor actividad en estos ámbitos. Es por ello que nos centraremos más exhaustivamente en analizar los datos en estas actividades.

– **Nuevo marco jurídico:** En general, la totalidad de los entrevistados destaca la importancia del ALBA-TCP como un nuevo paradigma, también en lo legal, ya que de ser una Alternativa Bolivariana para las Américas pasa a ser una Alianza, con todo lo que supone a nivel de estructuración como organización internacional:

> La institucionalidad del ALBA-TCP, permitieron e impulsaron al ecosistema regional de otras articulaciones de Estados, y de la misma forma, a la articulación de movimientos a asumir la discusión sobre un nuevo paradigma en materia de integración que no pusiera solamente como prioridad el desenvolvimiento comercial de algunas economías sobre otras, sino apuntaba a construir escenarios comerciales económicos que fueran complementarios y permitieran resolver, desde una mejoría en lo material, las condiciones de vida de nuestros pueblos. (EP17).

Del mismo modo se hace referencia a las nuevas constituciones que impulsaron este tipo de cambios:

> Uno de los principales elementos que se reflexionaba en el marco del ALBA Movimientos está inspirado por la experiencia República Bolivariana de Venezuela. (...) Los procesos constituyentes de la época cambiaban radicalmente la concepción liberal de democracia, de condiciones para llegada de capitales internacionales, y de valores centrados en la soberanía y la independencia. (EP17).

También desde lo institucional, en este caso desde el gobierno boliviano, se destaca la participación de los movimientos populares en la constitución: "La configuración misma de la constituyente se hace con los movimientos sociales y tiene repercusión en las políticas públicas" (EP18).

– **Planificación:** Planes y programas: Uno de los grandes objetivos del ALBA-TCP es, precisamente, la realización de planes y programas, denominadas Misiones Gran-nacionales, con la educación y la salud como epicentro (ALBA-TCP, 2023). En su página web, destacan sobremanera los logros en educación, con 4.989.404 personas alfabetizadas; y en salud, con 3.642.623 personas que recuperan la visión mediante la Misión Milagro (ALBA-TCP, 2023) y así se ha podido corroborar con el trabajo de campo: "La mayoría de las entrevistas informales destacan la importancia de las misiones (programas sociales)" (Cuaderno de campo, 2017, 2018, 2023). Las referencias de los y las entrevistadas a las misiones (planes y programas del ALBA-TCP) son recurrentes (especialmente en la primera ronda de 2017 y 2018). En todas las entrevistas y en todos los países es un tema que ha destacado, es aquí donde se da el mayor desarrollo de los potenciales de ambas ALBA: "Nuestro deber es apoyar en campañas conjuntas que sean de beneficio tanto de las fuerzas populares como de líneas de gobierno que sean confluyentes con los valores que defendemos desde los movimientos sociales" (EP1).

Atendiendo a los datos de la encuesta, los resultados son similares, destacando el trabajo conjunto desde ambas ALBA, aunque hay que tener en cuenta que entre los movimientos populares la respuesta afirmativa a la colaboración en planes compartidos es menor que entre los y las entrevistadas por pertenecientes a las instituciones gubernamentales.

Tabla 2. Datos encuesta.

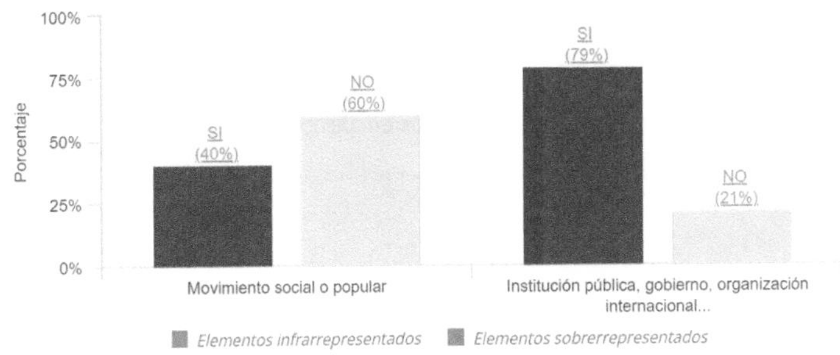

Fuente: Elaboración propia.

Dentro de estos planes, la mayoría destacan la importancia, por un lado, de la educación-formación y la salud, en definitiva, políticas sociales. Por el otro, está la defensa del "proyecto político", principalmente con referencias al legado de Fidel y Chávez. En lo referente a las políticas sociales, el desarrollo y potencialidad de las mismas ha podido ser corroborado mediante el trabajo de campo, con visitas y participación en las misiones Robinson (Alfabetización) y Barrio adentro (Salud) en Venezuela, bachilleratos populares y diferentes programas de alfabetización de adultos en Argentina y especialmente la Misión Milagro en Bolivia y en Argentina.

Respecto a planes estratégicos, la defensa del proyecto político, en las entrevistas abundan las respuestas más centradas en aspectos de coyuntura política, con la defensa de los gobiernos de izquierda y especialmente los procesos considerados revolucionarios.

> Frente a los embates de la derecha la prioridad es reconstruir y defender la tentativa histórica de que hay de quitar derechos, de reformas estructurales en los Estados y plantear una resistencia. La Perdida de espacios (...) hace que lo urgente sea plantear una resistencia en unidad política, en estos términos la articulación entiende que tanto la revolución cubana como la bolivariana son dos faros de resistencia para defender y plantear un horizonte de construcción (EP10).

Aquí, se mezclan la defensa de "las revoluciones", la sensibilización y comunicación o creación de hegemonía cultural, con los mecanismos para hacerla. Donde destaca la formación política y las políticas sociales. En

Venezuela, desde el Ministerio de Comunas y Movimientos Sociales, por ejemplo, destacan que: "Nos hemos dedicado al diseño de una política pública para la construcción del sistema nacional de formación comunal" (EP13).

En la misma línea, los resultados de la encuesta reafirman esa búsqueda conjunta de hegemonía:

Tabla 3. Datos encuesta

¿Hay una búsqueda conjunta de Hegemonía o contra-hegemonía al sistema neoliberal (cultural, política)?

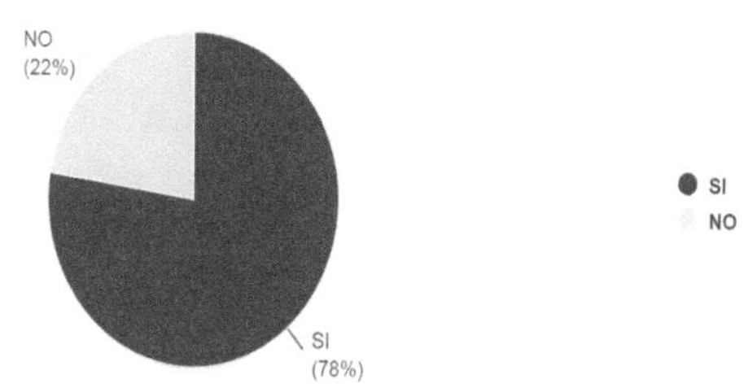

¿Hay un espacio de interlocución estable en esa cogobernación o trabajo conjunto (mesa coordinación o similar)?

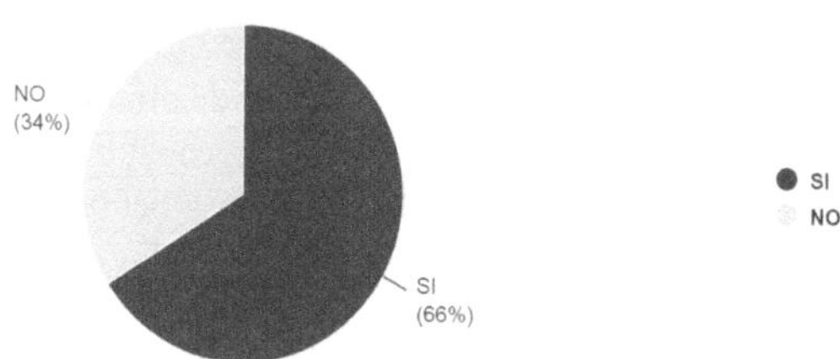

Fuente: Elaboración propia

En general, según destacan más del 65% de los y las interpeladas, los programas y planes estratégicos pasan por la educación, la salud y la resistencia en unidad política o defensa de las revoluciones, en definitiva, por la hegemonía política. La pregunta que queda por responder, es el grado de colaboración, coconstrucción o cogobernación existe en el que parece ser uno de los ámbitos de mayor actividad de ambas ALBA.

– Gestión: Se trata de analizar si existe algún grado de coconstrucción o cogobierno entre las dos ALBA. En este apartado, la mayoría de las respuestas están más enfocadas en la declaración de intenciones que en prácticas reales (principalmente por parte de los cargos pertenecientes al ALBA-TCP): "Para el ALBA (TCP) es importante trabajar los movimientos sociales porque el poder de cambiar las cosas no están manos solamente de los presidentes y ministros, sino fundamentalmente está en manos de nuestras organizaciones" (EP2). También destacan que la colaboración entre ambas ALBA es escasa o se circunscribe a aspectos muy concretos (más generalizada esta respuesta entre la militancia del ALBA Movimientos): "No hay cogobierno ni 'co' nada. Hacemos lo que podemos con esfuerzos propios porque realmente no ha habido ni un acompañamiento, ni estamos legitimados. El gobierno no ha actuado nada para desarrollar este tipo de movimiento social" (EC1). Aunque hay que tener en cuenta que este tipo de expresiones tan contundentes no son la tónica general, ya que también se reconoce al gobierno de Venezuela como uno de los mayores impulsores de trabajo conjunto institucionalidad-movimiento popular: "En el caso de Venezuela, donde claramente el ministerio de comunas es el encargado de avanzar en la consolidación no sé si de cogobierno sino de democracia participativa y de la construcción de lo que llaman Estado Comunal" (EP17).

Triangulando con los resultados de la encuesta también se puede apreciar mayores porcentajes de actividad conjunta en Venezuela, aunque llama la atención también los resultados de Argentina, pese a no ser un país perteneciente al ALBA-TCP

Tabla 4. Datos encuesta

Cruce: País (escriba el país donde desarrolla su labor militante o profesional) / Cogobernación ¿Trabajáis en planes conjuntos entre movimiento social y gobierno o institución pública?

PAÍS (ESCRIBA EL PAÍS DONDE DESARROLLA SU LABOR MILITANTE O PROFESIONAL)	COGOBERNACIÓN ¿TRABAJÁIS EN PLANES CONJUNTOS ENTRE MOVIMIENTO SOCIAL Y GOBIERNO O INSTITUCIÓN PÚBLICA? SI		NO	
	N	%	N	%
Themes.NewCategory 1	39	45%	47	55%
Venezuela	17	63%	10	37%
Argentina	12	63%	7	37%
Europa	2	15%	11	85%
Chile	8	30%	19	70%

Elementos infrarrepresentados *Elementos sobrerrepresentados*

La relación no es significativa. Valor de P = 1,0 ; Chi2 = 0,1 ; Grados de libertad = 0.

Configurar la temática

En cualquier caso, desde la observación en el trabajo de campo, cabe destacar que abundan las notas interpretando las ambigüedades en las respuestas de los y las entrevistadas con cargos institucionales: "Parece evadir la cuestión central de la relación entre las ALBA" (Cuaderno de notas, 2018); "No responde directamente a la pregunta sobre la funcionalidad del CMS-ALBA" (Cuaderno de notas, 2019).

En cuanto a las razones de la falta de cogobierno, estas son variadas y en general reafirman la necesidad de las dos ALBA: El factor diplomático e institucional, el factor de las escalas espaciales (países) y, por último, el factor temporal (dinámicas o tiempos) de los actores. Estás razones las desarrollamos en los siguientes subapartados.

Sí se ha detectado, tanto mediante la observación participante como en las entrevistas, una gran diferencia en la intensidad del trabajo conjunto en base a cada país, con formas e idiosincrasias muy diferentes, con atisbos de cogobernación. Pero, desde luego, estos trabajos no están coordinados por ninguna de las ALBA, sino que gobiernos que pertenecen al ALBA-TCP y movimientos sociales del mismo país y que forman parte del ALBA Movimientos, en ciertas ocasiones, hacen trabajos conjuntos (Cuaderno de notas, 2018, 2023).

En el caso de Venezuela se alude a que "es muy difícil distinguir dónde termina el movimiento y dónde comienza la institución. Muchas veces los responsables hacer efectivas las misiones, de ejecutar las políticas en el territorio, es gente por supuesto que viva en las comunidades, casi siempre están en el consejo comunal" (EP16).

Parecido sucede en Bolivia "Muchos dirigentes pasan a ser ministros, sin querer queriendo, los movimientos sociales quedan huérfanos" (EP18). También en Bolivia se remarca que: "Yo no hablaría de cogobierno, pero sí de una estrechísima relación entre movimientos sociales y gobierno" (EP19).

Por contra, en el caso de Brasil, que nunca perteneció al ALBA, la dinámica es diferente: "siempre está la promesa de políticas públicas, pero nunca son políticas pensadas, o tal y como las demanda el movimiento social, son políticas que están formatadas (sic) de acuerdo a una lógica de mercado" (EP20).

Por todo lo anterior, atendiendo puramente a la dinámica de las ALBA y en base a los resultados, el ámbito donde más posibilidades de cogobierno parece existir es el de las Misiones Gran-nacionales de salud y educación, es decir, las políticas sociales:

> Sí hay relación en cuanto al trabajo concreto, por la base. Donde funcionan los equipos de Operación Milagro se articulan con movimientos del ALBA y en el territorio, se da ese trabajo en algunos países. Pero no es que algo que

> está planificado y pensado así desde las instancias de dirección, sino que se da por la propia cercanía político-ideológica y de trabajo concreto en algunos países, como en Argentina. (EP3).

– El factor Institucional en la cogobernación

Destaca especialmente que todos y todas las entrevistadas plantean la necesidad de una coordinación de las ALBA: "Hay necesidad de articular en términos de hacer más efectivas algunas propuestas políticas. Articulación en términos de propuestas de trabajos conjuntos, más que por recursos" (EP17). Podría interpretarse como lógico que el CMS-ALBA fuese el espacio para la coordinación, pero que la realidad que resaltan las entrevistas es diferente:

> Hace poquito hubo una reunión de algunos movimientos sociales en Venezuela, con el Gobierno. En realidad, fue una reunión del ALBA-TCP con la que participaron algunos movimientos sociales. El más representativo sin duda es el MST de Brasil (...). Participaron, pero más en calidad de movimientos sociales "compañeros" que como Consejo de Movimientos Sociales. Así que entiendo (interpreto) que formalmente existe (el CMS), pero que no existe en la realidad. (EP4).

Y así lo corroboran también desde el Capítulo Venezuela de ALBA Movimientos: "Bueno, hablando desde los movimientos del ALBA, con el Consejo de Movimientos, no ha habido... Así como se ve en el organigrama que debería funcionar, está claro que no funciona" (EC1).

Retomando los motivos para esta falta de cogobernación, o incluso coordinación, desde el factor institucional: Las personas con cargos de responsabilidad en ALBA Movimientos mencionan las diferencias en la práctica cotidiana de los Estados frente a los movimientos sociales como una de las variables a tener muy en cuenta. Se destacan especialmente las afecciones en las relaciones internacionales. Por ejemplo, el hecho de incluir en una institución internacional como el ALBA-TCP a movimientos de terceros países, es interpretado por esos países como injerencia en las políticas internas, ante lo cual:

> Lo que se plantea, para no alterar tampoco las diplomacias necesarias que tienen que tener entre los Estados nación, que la articulación de movimientos sociales hacia el ALBA funcionase de manera autónoma a lo que era el mecanismo de integración del ALBA (TCP). Que del ALBA (TCP) participasen los movimientos populares que sí hacían parte de los países que hacían parte del ALBA (TCP) y después, que nosotros construyéramos la articulación continental (ALBA Movimientos) con canales de articulación de inteligencia común, porque el proyecto que impulsábamos era el mismo (EP5).

Si bien esta interpretación puede parecer somera, o de fácil solución técnica, al profundizar sobre las causas en las entrevistas el problema de fondo se denota más estructural: "El Estado es, en sí, la centralización y concentración de decisiones" (EP18); "Es natural la confrontación entre lo constituido, el poder constituido, el poder burgués, y el movimiento social" (EC1), lo que se traduce en:

> El Estado muchas veces es una piedra en el camino porque maneja sus estructuras. Por eso te digo, que es natural la confrontación. El Estado es burgués, aunque sea con un gobierno que está de nuestro lado (eso nos permite conseguir muchas cosas). Pero también al no haber un cambio de sistema a nivel legal y estructural total... es un problema grande. Porque los movimientos y la creación de poder popular, si se quiere hacer revolución, realmente tienen que entrar de una vez en la estructura del poder. Tienes que escuchar los planteamientos desde abajo (EC1).

Esta idea es recurrente también en el grupo focal, destacando las dificultades, a día de hoy, de superar la dicotomía movimiento popular versus Estado:

> En una relación soñada, en principio, no debería haber dos ALBA. El gobierno de Bolivia se autodenomina el gobierno de los movimientos sociales. Falta mucho para que eso se concrete, todavía hay resabios del Estado colonial, patriarcal, burocrático, capitalista... En la medida en que esa institucionalidad se destruya y nazca una nueva eso sucederá (una ALBA unificada).

– El factor de las escalas temporal y espaciales en la cogobernación.

Otro de los elementos que aparece como hándicap para la cogobernación es el temporal. En general, entre la mayoría de entrevistados/as del movimiento popular, hay una preocupación de los constantes cambios de gobiernos, gabinetes y representantes de las instituciones que dificulta las alianzas estratégicas, para lo que la planificación a largo plazo resulta crucial: "Tú no puedes llevar a los movimientos sociales hacia ciertos tiempos y ciertas imposiciones" (EC1). Se critica que en ocasiones la agenda va "atada a la lógica de los gobiernos y con los tiempos de los gobiernos. Sabemos que los tiempos no necesariamente son los de movimientos sociales. De hecho, los gobiernos pueden caer, pero los movimientos continúan" (EP14).

Aun así, existe la perspectiva de que se podría funcionar a diferentes ritmos:

> mientras los gobiernos tienen que pensar, muchas veces, en el corto o mediano plazo porque tienen que renovar en elecciones, los movimientos podrían ir aportando en formación, establecer los lazos entre los pueblos, dar una disputa en términos de contrahegemonía, generar medios de comunicación, intercambios de procesos de economía, etc. Cuando hablo de complementa-

> riedad me refiero a que ALBA Movimientos se ve como una pata de la mesa en términos estratégicos. Con tiempos propios, con lógicas propias, pero que está dentro del mismo proyecto. (EP3).

En la dimensión espacial, las dificultades son mayores a medida que la escala es mayor y parece vislumbrarse una mayor posibilidad de co-construcción y/o cogobierno a medida que la escala va disminuyendo. Ya hemos visto la escasa coordinación a gran escala entre ambas ALBA, pero desde los propios poderes ejecutivos se plantea algo que parece contradictorio, pero que puede entenderse en una lógica *win-win*: "las organizaciones con militancia en el territorio, no dependientes del gobierno, tienen mayores espacios de coordinación con el gobierno. Su fortaleza tiene que ver con el hecho de estar involucrados con las luchas más en los espacios territoriales" (EP16).

Estos mismos datos se obtienen en la encuesta, que destaca como son más los movimientos sociales quienes trabajan sobre terreno, con la característica, además, de que son más las mujeres quienes destacan esta labor.

Tabla 5. Datos encuesta.

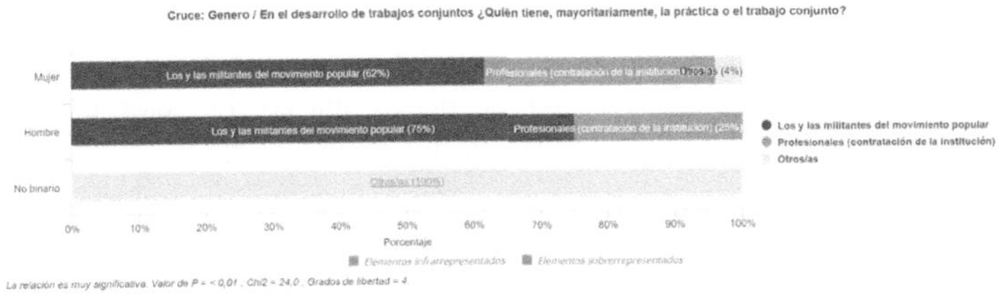

Fuente: Elaboración propia.

Existe, por tanto, una necesidad, por parte de los gobiernos que se denominan populares, de coordinar con los movimientos, sobre todo allá donde les cuesta más llegar. Pero parece claro que esto se da más en base a necesidades concretas y espacios a escala menor, como veíamos anteriormente con las Misiones sociales (tanto de cada Estado como las Grannacionales):

> Entonces, hay como un espacio donde se coordina, se cogobierna, donde se belígera, una mesa donde se da el "coñazo" (se reclama). Yo creo que en general es así con todos los movimientos que están más por fuera de la órbita estatal. Las otras, incluidas las misiones, hay canales más regulares (EP16).

4.3. La dimensión económica

Referente a la posibilidad de un nuevo sistema económico, como se reivindica en el marco teórico (Uharte, 2024), hay que decir que en general en todas las entrevistas, 91%, se reconoce al ALBA-TCP como nuevo paradigma, pero esto no se traduce en una cogobernación en lo económico. De hecho, según los resultados del trabajo de campo, destacan más los espacios creados por el Mercosur, pese a no enmarcarlos como paradigmáticos, que los del propio ALBA-TCP:

> Los brasileños hicieron el Consejo Productivo Social, que tuvo el lanzamiento que lo hizo Lula, ahí lo que había era la mitad eran funcionarios y la mitad eran de organizaciones sociales. participaban porque se daban cuenta que era bueno estar, que eso no iba a ser utilizado políticamente por el gobierno, ni iba a haber un reproche a alguna organización porque dijera: bueno ustedes están ahí porque después seguían exactamente con todos sus reclamos. luego hubo mucha economía popular. Una mesa de economía popular que funcionó con independencia. No solamente en los encuentros se hablaba de cómo reclamar, sino también de cómo actuar (EP6).

Si bien se habla constantemente en las entrevistas de la ESS, y son diversos los proyectos que se han impulsado desde el ALBA Movimientos y sus organizaciones: "hay una línea de trabajo sobre la parte económica, de economía popular" (EP3), éstas no tienen una colaboración clara y directa por parte del ALBA-TCP, siendo los movimientos los que se autofinancian:

> Los Estados no han puesto mucho dinero en esto. Yo me acuerdo que quisimos hacer una asamblea del ALBA en Bolivia, se le pidió dinero al Estado boliviano, nos 'sacaron cagando' (denegaron) y a los 2 meses salió Evo con una Asamblea Continental de Movimientos que la financió "con todo" (fuertemente) y todos nos quedamos como diciendo: ¡estábamos tratando de articular esto!, nos dijeron que no y armaron otro (EP7).

Esta es una idea que se repiten constantemente y en diferentes cumbres y países: "Cuando se reunieron los presidentes del ALBA-TCP el 5 de marzo (2017). La articulación de los movimientos del ALBA ahí debía estar. ¿Por qué no estuvo? Nos ven como... ¡Ustedes ahí peleen!, ¡luchen con lo que tienen!, pero no hay un apoyo... Y económico menos" (EC1). Además, se deduce claramente de las interlocuciones que no es una cuestión de falta de recursos: "Los compañeros de Argentina decían: con los boletos nuestros, si nos lo dan en dinero, en Argentina hacemos montones de cosas" (EC1).

Por contra, no es menos cierto que en todas las entrevistas de los países miembros del ALBA-TCP han salido experiencias del movimiento popular que si son financiadas por el Estado. Especialmente en Venezuela y Bolivia.

En Venezuela, por ejemplo, desde el Ministerio de Comunas y Movimientos Sociales así se destaca por parte de ministros y viceministras entrevistadas en diferentes legislaturas: "El Banco de la comuna es la instancia donde el gobierno nacional le va a depositar el dinero, le va a transferir los recursos y ellos van a financiar sus proyectos en las comunidades" (EP16). "Esta unidad de acompañamiento está integrada por servidores públicos del ministerio, pero también por voceros del poder popular" (EP13).

Esta realidad es corroborada por los movimientos populares locales que forman parte del ALBA Movimientos, principalmente por los impulsores de ESS como la Comuna El Maizal (cuaderno de notas, 2021). "pese a todas las dificultades, desde el ministerio de comunas y movimientos sociales siempre hemos tenido apoyos. Como decimos nosotros: irreverentes en la discusión, pero leales en la acción" (EC3).

Misma tendencia se denota de los resultados de la encuesta, donde podemos observar que Venezuela es el país donde más cofinanciación existe, seguido, a distancia, de Argentina.

Tabla 6. Datos encuesta.

Cruce Múltiple

País (escriba el país donde desarrolla su labor militante o profesional)	COGOBERNACIÓN ¿TRABAJÁIS EN PLANES CONJUNTOS ENTRE MOVIMIENTO SOCIAL Y GOBIERNO O INSTITUCIÓN PÚBLICA?				¿HAY UN ESPACIO DE INTERLOCUCIÓN ESTABLE EN ESA COGOBERNACIÓN O TRABAJO CONJUNTO (MESA COORDINACIÓN O SIMILAR)?				¿HAY UNA COFINANCIACIÓN DE LOS PLANES O PROYECTOS CONJUNTOS?			
	SI		NO		SI		NO		SI		NO	
	N	%	N	%	N	%	N	%	N	%	N	%
Themes.NewCategory 1	29	63%	17	37%	18	62%	11	38%	11	61%	7	39%
Venezuela	17	63%	10	37%	11	65%	6	35%	8	73%	3	27%
Argentina	12	63%	7	37%	7	58%	5	42%	3	43%	4	57%

Elementos infrarrepresentados   Elementos sobrerrepresentados

País (escriba el país donde desarrolla su labor militante o profesional)/Cogobernación ¿Trabajáis en planes conjuntos entre movimiento social y gobierno o institución pública? : La relación es muy significativa. Valor de P = < 0,01 ; Chi2 = 4,8 ; Grados de libertad = 0.
País (escriba el país donde desarrolla su labor militante o profesional)/¿Hay un espacio de interlocución estable en esa cogobernación o trabajo conjunto (mesa coordinación o similar)? : La relación no es significativa. Valor de P = 1,0 ; Chi2 = 0,0 ; Grados de libertad = 0.
País (escriba el país donde desarrolla su labor militante o profesional)/¿Hay una cofinanciación de los planes o proyectos conjuntos? : La relación no es significativa. Valor de P = 1,0 ; Chi2 = 0,4 ; Grados de libertad = 0.

Fuente: Elaboración propia.

Algo similar ocurre en Bolivia, donde se destaca que el control del dinero público se hace con la participación de los movimientos sociales:

> En Bolivia la rendición de cuentas está normada y cada año se hacía una rendición por parte del Ministerio (de Minería, en este caso), pero no era burocrático, sino que tenía que hacerse en alguna región donde hubiese proyecto minero y tenía que invitarse a todos los actores sociales (EP19).

4.4. La dimensión cultural

– **Sensibilización:** Por lo que concierne esta primera medida de análisis planteada, los resultados apuntan a que está enfocada más en los medios de comunicación, tanto de masas como militantes, que en sectores concretos (juventud, clase política, etc.), aunque sin descartar los mismos: "Dentro de los territorios desarrollamos el trabajo enmarcado en las líneas juvenil, campesina, trabajo de mujeres, etc. La sensibilización y la formación es considerada siempre como un eje transversal, que atraviesa toda la tarea de la Corriente" (EC1). En la mayoría de las entrevistas destaca la importancia de crear hegemonía cultural o contrahegemonía como herramienta para la implementación de un nuevo sistema económico y social: "Cuando tú asumes la comunicación desde una perspectiva política, asumes la comunicación para la comunicación política, asumes la comunicación como un acto educativo, como un acto transformador, como un acto creador del sujeto" (EP1). De hecho, más del 70% de quienes entran a responder la dimensión cultural lo hace utilizando los mencionados conceptos.

Destaca, además, que se une muy estrechamente la comunicación con la formación política, es decir, más unida a la sensibilización, concienciación que a la propaganda: "En la formación política se ve a la comunicación como el instrumento de propaganda del proceso político y eso es un error garrafal, es un error que nos está llevando a la quiebra de la comunicación política" (EP1).

Por último, sobre todo desde los países donde la derecha gobierna o los movimientos populares sufren persecución, destacan a importancia de crear herramientas que permitan concienciar sobre su situación: "Nosotros estamos en el ALBA (Movimientos), justamente, para que la represión que sufrimos se vea también afuera. Los medios de comunicación aquí bloquean todo y entonces cualquier cosa opositora o un poquito que se distancia del gobierno es anulada enseguida" (EP8).

– **Formación política:** En lo referentes a la segunda medida para el análisis, la formación política, hay que recordar que los términos: Educación, política, formación (alfabetización y educación incluidas) son los que más se repiten en las entrevistas abiertas y semiestructuradas, lo que da una dimensión de la importancia que se otorga desde los movimientos a esta dimensión.

Los modelos alternativos se centran en las denominadas Escuelas de formación política. Estas escuelas son impulsadas por el propio ALBA Movimientos a nivel continental y tienen réplicas en casi todos los países donde el ALBA Movimientos tiene presencia:

– México: "Nosotras como MST México aprendemos de los procesos de la Escuela Florestán Fernandes de los hermanos del MST de Brasil para replicar las experiencias" (EP15).

– Argentina: "Es algo que se le da una gran importancia. Nosotras desde nuestra territorial hemos tenido una compañera que ha estado casi dos años en la escuela (Florestán Fernandes ENFF del MST) para aprender de la metodología y aplicarla en la Mariátegui (Escuela en Argentina)" (EC2).

– Panamá: "Estamos en una propuesta, ya general, de país, como organización nacional, de presentar una escuela de formación de movimientos sociales, que obviamente tiene una base de lo que se da en la escuela del MST" (EP9)

– Cuba: "Tenemos 3 escuelas con diferentes objetivos. La escuela internacionalista Hugo Chávez nace precisamente de los cursos realizados en la ENFF del MST" (EP12).

– Chile: "Con el MST tenemos mucha relación, nos inspiraron" (EP22).

En todas las entrevistas destaca especialmente la Escuela Florestán Fernandes en Sao Paulo, que según remarcan tanto militantes de base como dirigentes del ALBA Movimientos, el MST, juega un papel trascendental: "Una referencia para todos los movimientos del continente, ha sido el MST, porque han logrado un método, una sistematicidad en la construcción de objetivos, de clarificación de contenidos, de necesidades que hay en términos de formación política" (EP5).

Es, además, según destacan desde movimientos sociales muy diversos entre los que existen grandes tensiones políticas, el punto de unión o de inflexión sobre los trabajos conjuntos que se pueden impulsar:

> Nosotros lo que empezamos a ver en el ALBA fue que cada organización tenía sus propios procesos de formación, algunas incluso escuelas, y si algo podíamos hacer, que va muy por el costado de las diferencias políticas posibles como las que hablábamos antes, es compartir a nivel continental cómo son los mecanismos de formación que cada uno tiene (EP4)

Este aspecto ha podido ser corroborado mediante la estancia y participación en un curso de dos meses en la mencionada escuela ENFF (2018) como en la Escuela José Carlos Mariátegui (2023), con movimientos de todo América Latina, que apenas tenían relación entre ellos en sus respectivos países y que comienzan a hacer trabajos conjuntos tras la experiencia de la escuela.

Por otro lado, analizada la importancia que se da a la formación política desde la institucionalidad, desde el ALBA-TCP, se denota un ímpetu menor o cuando menos, una concreción inferior: "En el ALBA tenemos que revelarnos, tenemos que cuestionar y tenemos que recuperar esos procesos de comunicación, más que de educación, que se daban entre nuestros pueblos" (EP2). Existe una visión de la importancia de la formación política y la creación de escuelas:

Nos hemos dedicado al diseño de una política pública para la construcción del sistema nacional de formación comunal. Núcleos de formación comunal, cultura y comunicación en el territorio, es su apellido. Para eso hemos tenido un encuentro y hemos formado a la unidad de acompañamiento al poder popular (EP13).

Pero esta, no parece traducirse en trabajo conjunto con los movimientos sociales.

– Investigación: En base a las entrevistas, no se desprende apenas actividad en este ámbito, o por lo menos no una actividad significativa. Si bien el ALBA-TCP destaca la importancia de las incubadoras universitarias en sus principios en intenciones, estas no se materializan en cogobierno con los movimientos. De hecho, de las más de 40 personas contrastadas entre grupo FOCAD y entrevistas, solo una detalla una experiencia que, en realidad, por lo observado en el trabajo de campo, está más relacionada con la formación política en general que con crear estructuras en la universidad:

> Hay experiencias de cátedras. Cuando la disputa, en las universidades, de poder no era suficiente como para instalar una cátedra en el sitio más formal del programa, se ha utilizado mucho el esquema de cátedra libre, en el patio de la facultad. Pero hoy se pelean porque se introduzcan en el programa... (EP4).

Lo que si se destaca en las entrevistas realizadas en Bolivia, es el intento que hubo de crear una universidad que respondiese a las demandas del movimiento indígena, aunque esta no se enmarcase en el ALBA:

> La universidad indígena era interesante porque estaba orientada a la dimensión comunitaria, pretendía formar desde el modelo indígena comunitario y productivo. En los hechos no funcionó, por un lado, los dirigentes llevaban a sus hijos, no a representantes de la comunidad y, por otro lado, el director nunca entendió la cosmovisión y replicó una universidad tradicional (EP21).

A modo de resumen, el siguiente cuadro muestra los resultados de las entrevistas categorizados en base las respuestas recibidas en cada una de las dimensiones analizadas, de una manera simplificada. El color rojo se presenta cuando más del 75% de las respuestas han sido de carácter negativo respecto a las medidas concretas. El verde, cuando las respuestas positivas son igual o mayor al 75% y el amarillo cuando las respuestas son más variadas y/o ambiguas y se encuentran entre el 25 y el 75%.

Tabla 7. Tabla resumen resultados
Dimensión política: una nueva arquitectura del poder

Tipo de medidas	Medidas concretas
1° Legales: Nuevo marco jurídico	· Constitución · Leyes: nacionales, regionales, locales
2° Planificación: Planes y programas	· Planes nacionales, regionales, locales · Planes estratégicos
3° Gestión: Nuevo modelo de gestión	· Coconstrucción · Cogobierno
4° Institucionales	· Organismos específicos: composición y rango · Transversalidad · Nueva institucionalidad
5° Escalas: Espaciales	· Escala internacional · Escala nacional · Escalas menores: locales, regionales

Cuadro 2. Dimensión económica: un nuevo sistema económico

Tipos de medidas	Medidas concretas
1° Concepción de la ESS	Proyecto integral: más allá de inclusión social y laboral
2° Transición	Plan para la transición
3° Medidas integrales En general no. (Solo en casos específicos de Venezuela y Bolivia).	· Modelos de gestión alternativos · Modelos de propiedad alternativos
4° Medidas coyunturales (fortalecimiento) En general no. (Solo en casos específicos de Venezuela y Bolivia).	Apoyo a oferta: · Apoyo financiero (presupuestos, subvenciones, préstamos...) · Apoyo fiscal · Apoyo material (espacios, suministros, servicios...) · Apoyo al empleo Apoyo a demanda: · Compra y contratación pública responsables · Apoyo a comercialización (mercados sociales, moneda social...)

Cuadro 3. Dimensión cultural: un nuevo patrón cultural

Tipos de medidas	Medidas concretas
1° Sensibilización	· General: ciudadanía · Sectorial: mass media
2° Formación política	· Escuelas de formación política
3° Investigación	· Incubadoras universitarias

Fuente: Elaboración propia.

5. *Discusión y conclusiones*

Cumplidos los objetivos de la investigación, centrados en la evaluación de la materialización de las relaciones entre los movimientos sociales populares y los gobiernos del ALBA-TCP, hay que mencionar que, en términos generales, si ponemos el foco en los dos primeros objetivos específicos, no se aprecia una relación estrecha ni en la creación de nuevas arquitecturas de poder, ni en propuestas conjuntas de carácter económico anticapitalista. En cualquier caso, siguiendo con la institucionalidad, si bien en torno al propio ALBA-TCP y ALBA Movimientos no se cumplen las expectativas planteadas en la investigación, no es menos cierto que se ha podido apreciar una estrecha relación y colaboración tanto de arquitectura conjunta de poder como económicas, tanto en la República Bolivariana de Venezuela como en el Estado Plurinacional de Bolivia, avalado por sus respectivas constituciones y leyes propias y validado tanto por la encuesta como por las entrevistas realizadas.

Respecto al tercer objetivo específico, la existencia de un nuevo patrón cultural con la formación política y comunicacional como estandarte, es aquí donde los resultados son más significativos. En términos generales todas las personas entrevistadas, tanto desde los movimientos sociales como desde la institucionalidad, destacan la creación de hegemonía política o contrahegemonía como uno de los objetivos importantes de los valores del ALBA. Esto se materializa, sobre todo, en la defensa de los gobiernos del ALBA, la legitimidad democrática de los mismos y las denuncias de las agresiones "imperialistas" que sufren por parte del Hegemón en forma de sanciones, bloqueos económicos y acoso mediático; en definitiva, la presión desde los poderes reales: militar, económico e ideológico.

Atendiendo a la hipótesis principal de la investigación: "Existe una cogobernación entre movimientos sociales o populares y gobiernos del cambio en el impulso de valores político-ideológicos, con el objetivo de construir una nueva hegemonía, reflejada concretamente en la sensibilización y en la formación política"; cabe destacar que, hay indicios de existencia de la misma, plasmada en el mencionado trabajo conjunto contrahegemónico. Dentro de este trabajo, resulta evidente que el trabajo más intenso se da en la sensibilización y la formación política y para la misma, las misiones gran-nacionales de alfabetización y las escuelas de formación política tienen un papel predominante. Aun así, haría falta una profundización en la investigación para poder calificarla como de cogobernación. Como veíamos en el marco teórico, la cogobernación necesita de trabajo conjunto tanto en la toma de decisiones y en la ejecución de las mismas, como en el control de los resultados. En base al trabajo de campo, las entrevistas realizadas y la propia encuesta, se aprecian asimetrías importantes que habría que estudiar con más detenimiento.

En cualquier caso, sí que se puede concluir lo siguiente:

– El carácter de articulación de los movimientos tiene una impronta internacionalista, que trasciende sólo el intercambio de organizaciones respecto una lectura común de la coyuntura o la caracterización del enemigo (como podía suceder en las diferentes ediciones del Foro Social Mundial) sino se articula alrededor del proyecto común, y su quehacer consiste en no solamente el combate al proyecto capitalista y su fase neoliberal, sino a la construcción de una sociedad post capitalista que en palabras de la articulación es el socialismo afro-indo-nuestroamericano, caribeño y feminista.

– En el caso de los movimientos, el objetivo, más que el cogobierno, es el reforzamiento y la práctica concreta de los principios fundacionales del ALBA (cooperación, complementariedad, solidaridad) entre las instancias gubernamentales y los movimientos sociales, respondiendo al proyecto común, pero entendiendo la pertinencia de cada uno en su campo natural.

– El CMS-ALBA muestra la limitación propia de ser una instancia institucional desde la cual se impulsa una articulación de movimientos, su estado actual (prácticamente desaparecido) es muestra de ello. Por el contrario, una articulación impulsada desde los movimientos propiamente dichos, más allá de que en sus países haya o no gobiernos del ALBA-TCP, permite una mayor articulación "desde abajo". Este elemento entra el contacto con la propia naturaleza democrática de los movimientos del ALBA Movimientos, ya que su estructura orgánica (Asamblea Continental, Coordinación Continental, Coordinación Política y Secretaría Operativa Continental) responde a una estructura de triángulo invertido donde la instancia asamblearia es la de mayor democracia y orientación política.

– Aunque en términos organizativos, ALBA-TCP y ALBA Movimientos sean procesos autónomos el uno del otro, responden a un proyecto común bolivariano y soberano. Pueden pensarse como tácticas de articulación, de diferente naturaleza, pero que responden a una misma estrategia: la construcción del socialismo afro, indo, nuestroamericano y feminista.

– En la actualidad, superada la década de haberse realizado la primera Asamblea Continental de ALBA Movimientos en Brasil y a las puertas del doble decenio del ALBA-TCP, se vislumbra la necesidad de impulsar un vínculo entre las coordinaciones de ALBA Movimientos y el ALBA-TCP, identificado y mencionado por ambas ALBA, y que podría materializarse en los siguientes aspectos, fijándonos los criterios de cogobernación: Los movimientos deben tener su espacio autónomo, pero con una capacidad de incidencia real dentro del propio ALBA institucional. Es decir, que se organice autónomamente pero que se respete el organigrama, tal y como está planteado en el ALBA-TCP, de que cada vez que hay una cumbre de la comisión política del ALBA-TCP, ALBA Movimientos sea invitado y reconocido al nivel que se reconoce el CMS-ALBA.

6. *Bibliografía y materiales de consulta*

AGUIRRE, C.A. (2018). *Movimientos antisistémicos y cuestión indígena en América Latina. Una visión de la larga duración histórica*. Quimantú.

ALBA Movimientos (2023, abril). *Declaración de la VII Reunión de Coordinación Continental del ALBA Movimientos 2023*. https://albamovimientos.net/a-10-anos-de-su-siembra-chavez-vive-en-el-alba-declaracion-de-la-vii-reunion-de-coordinacion-continental-de-alba-movimientos/

ALBA Movimientos. (2023, abril). *Carta de los movimientos sociales de las Américas Belem do Pará 2009*. https://albamovimientos.net/carta-de-los-movimientos-sociales-de-las-americas-belem-do-para-2009/

ALBA-TCP. (2023, abril). *Acta estructura y funcionamientos del ALBA-TCP*. https://www.albatcp.org/acta/estructura-y-funcionamiento-alba-tcp/

ÁLVAREZ, M. V. (2019). El regionalismo post-liberal en Sudamérica: ¿En fase de despolitización? Los casos de ALBA, UNASUR y MERCOSUR. *Relaciones Internacionales*, 92(2), 1-28. https://doi.org/10.15359/ri.92-2.2

APONTE-GARCÍA, M. (2014). *El nuevo regionalismo estratégico: Los primeros diez años del ALBA-TCP*. CLACSO.

APONTE-GARCÍA, M. Y LINATES, R. (2019). Venezuela, PDVSA y el ALBA-TCP en la Batalla Geopolítica por el Petróleo. *Revista Política Latinoamericana*. 5(8), 1-17. https://politicalatinoamericana.org/revista

Asamblea Internacional de los Pueblos AIP-IPA. (2023, abril). *Carta fundacional de las Asamblea Internacional de los Pueblos 2019*. https://ipa-aip.org/es/que-proponemos/

BENZI, D. (2016) El exitoso ocaso del ALBA. Réquiem para el último vals tercermundista. *NUSO Revista Nueva Sociedad.* (261), 77-91.

BRICEÑO, J. (2013). Ejes y modelos en la etapa actual de la integración económica regional en América Latina. *Estudios Internacionales*, *45*(175), 9-39. https://doi.org/10.5354/0719-3769.2013.27352

CHAVES, Rafael (2019). "La segunda generación de políticas de fomento de la economía social en España y en la Comunitat Valenciana. Un primer balance", en Fajardo, Gemma y Chaves, Rafael (Dir.). *La economía social en la Comunitat Valenciana: regulación y políticas públicas*. CIRIEC. Valencia, 19-27.

Federación TRASOL (2019). *Levantando trabajo sin patrón: Coopetativismo y autogestión*. Quimantú.

FERNÁNDEZ, M.I. (2021). Conflictos territoriales y movimientos sociales. Los límites de un modelo de crecimiento sin participación. En Garretón, A., *Política y movimientos sociales en Chile. Antecedentes del estallido social de Octubre 2019*, (pp. 63-75). LOM Ediciones.

FLORES, S. (2018). La búsqueda del carácter contrahegemónico de las cooperativas de trabajo. En Federación de Cooperativas de Trabajo TRASOL (Ed.), *Trabajo sín patrón. Experiencias y reflexiones desde la autogestión* (pp. 56-65). Quimantú.

GARCÍA, A. (2013). El ALBA de los pueblos. En LEÓN, Irene (Coord.), *La ALBA: el horizonte latinoamericano del Siglo XXI* (pp. 88-130).FEDAEPS-ALAI.

LAVILLE, Jean-Louis (2016). "la economía social y solidaria frente a las políticas públicas", en Puig, Carlos (coord.). Economía Social y Solidaria: conceptos, prácticas y políticas públicas. Hegoa. UPV/EHU. 41-64.

MÁRQUEZ-DUARTE, F. D. (2022). *Decolonizing politics and theories from the Abya Yala*. E-International Relations Publishing.

McKINNEY, C. A. (2015). *El ALBA-TCP: Origen y fruto del nuevo regionalismo latinoamericano y caribeño*. CLACSO.

MONTENEGRO, Y. A. (2021). Sanciones impuestas por Estados Unidos a Venezuela: Consecuencias regionales. *Revista de Relaciones Internacionales, Estrategia y Seguridad*, 16(2), 121-140. https://doi.org/10.18359/ries.5916

MORALES, J.C. (2021). El alba-tcp: ¿un modelo de integración en vías de extinción? *Revista de historia, ciencias humanas y pensamiento crítico*, 1(1), 6-24. https://doi.org/10.5281/zenodo.4549697

Portal ALBA (2023). Declaraciones: *Declaración de Tintorero*. https://portalalba.org/documentos-alba/compromiso-sucre-movimientos-sociales-del-alba-tcp/

RAUBER, I. (2017). *Refundar la política: Desafíos para una nueva izquierda indo-afrolatinoamericana*. Edíciones desde abajo.

UHARTE, L.M. (2024). "Economía Social y Solidaria (ESS) y Estado: más allá de las políticas públicas. Hacia una alianza estratégica", en Uharte, L.M. (coord.) *Economía Social y Solidaria y Estado: encuentros y desencuentros*, Tirant lo Blanch, Valencia, pp. 11-41.

VAILLANCOURT, Y. (2011). "La economía social en la co-producción y en la co-construcción de las políticas públicas". Revista del Centro de Estudios de Sociología del Trabajo, 1-38 (1).

VÁZQUEZ, U. y UHARTE, L.M. (2021). De la gobernanza a la co-gobernación: explorando vías para la inclusión social de los sectores subalternos a través de los movimientos populares. En OLIVERO, S. Y MARTÍNEZ, A.J., ¿Hacia la construcción de sociedades inclusivas? (pp. 1317-1347). Dykinson S.L.

VÁZQUEZ, U. (2014). Los movimientos sociales globales en América Latina y El Caribe: El caso del Consejo de Movimientos Sociales del ALBA-TCP *Cuadernos de Trabajo HEGOA*, 1-47 (63).

Anexo 1. Datos generales encuesta.

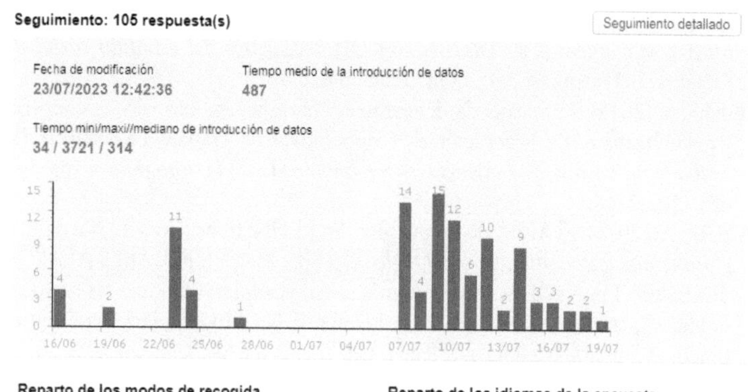

Reparto de los modos de recogida

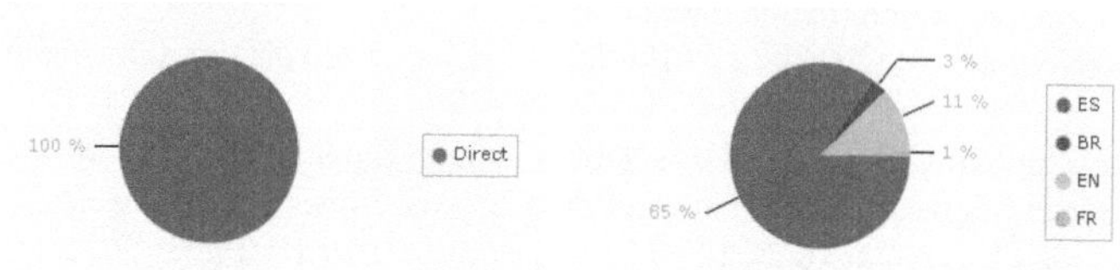